本书为国家社科基金项目"社会性别视角下的妇女非政府组织研究"（07CSH014）、中央高校基本科研业务费专项资金资助项目"农村社会管理的组织基础研究"（2012RW010）与"农村妇女研究中心"培育项目（2013PY048）的成果。

农村社会发展丛书·钟涨宝 主编

性别之网：社会转型中的农村妇女组织

Within Gender: The Rural Women's Organization in the Social Transition

张翠娥 著

中国社会科学出版社

图书在版编目（CIP）数据

性别之网：社会转型中的农村妇女组织／张翠娥著 . —北京：
中国社会科学出版社，2014. 12
ISBN 978 - 7 - 5161 - 5365 - 9

Ⅰ.①性…　Ⅱ.①张…　Ⅲ.①农村—妇女工作—组织工作—
研究—中国　Ⅳ.①D442. 61

中国版本图书馆 CIP 数据核字（2014）第 303375 号

出 版 人	赵剑英
责任编辑	田　文
特约编辑	丁玉灵
责任校对	张依婧
责任印制	王　超

出　　　版	中国社会科学出版社
社　　　址	北京鼓楼西大街甲 158 号（邮编100720）
网　　　址	http://www. csspw. cn
	中文域名:中国社科网　　010 - 64070619
发 行 部	010 - 84083685
门 市 部	010 - 84029450
经　　　销	新华书店及其他书店

印刷装订	三河市君旺印务有限公司
版　　　次	2014 年 12 月第 1 版
印　　　次	2014 年 12 月第 1 次印刷

开　　　本	710×1000　1/16
印　　　张	15. 75
插　　　页	2
字　　　数	242 千字
定　　　价	48. 00 元

凡购买中国社会科学出版社图书，如有质量问题请与本社联系调换
电话：010 - 84083683

本书为国家社科基金项目"社会性别视角下的妇女非政府组织研究"（07CSH014）、中央高校基本科研业务费专项资金资助项目"农村社会管理的组织基础研究"（2012RW010）与"农村妇女研究中心"培育项目（2013PY048）的成果。

农村社会发展丛书·钟涨宝 主编

性别之网：社会转型中的农村妇女组织

Within Gender: The Rural Women's Organization in the Social Transition

张翠娥 著

中国社会科学出版社

图书在版编目（CIP）数据

性别之网：社会转型中的农村妇女组织／张翠娥著 . —北京：
中国社会科学出版社，2014.12
ISBN 978 - 7 - 5161 - 5365 - 9

Ⅰ.①性⋯　Ⅱ.①张⋯　Ⅲ.①农村—妇女工作—组织工作—
研究—中国　Ⅳ.①D442.61

中国版本图书馆 CIP 数据核字（2014）第 303375 号

出 版 人	赵剑英
责任编辑	田　文
特约编辑	丁玉灵
责任校对	张依婧
责任印制	王　超

出　　　版	中国社会科学出版社
社　　　址	北京鼓楼西大街甲 158 号（邮编 100720）
网　　　址	http://www.csspw.cn
	中文域名:中国社科网　　010 - 64070619
发 行 部	010 - 84083685
门 市 部	010 - 84029450
经　　　销	新华书店及其他书店

印刷装订	三河市君旺印务有限公司
版　　　次	2014 年 12 月第 1 版
印　　　次	2014 年 12 月第 1 次印刷

开　　　本	710×1000　1/16
印　　　张	15.75
插　　　页	2
字　　　数	242 千字
定　　　价	48.00 元

《农村社会发展丛书》编委会

主　　编　钟涨宝

学术顾问　陆学艺　郑杭生

编　　委　（以姓氏拼音为序）

江立华　雷　洪　吴　毅

万江红　周长城　钟涨宝

《农村社会发展丛书》总序

自周、秦以来，中国一直是个农业国家，是个农业社会的社会结构。直到1978年，农民仍占82.1%，只能说还是个农业国家的社会结构。真正发生大变局，转变为工业国家社会结构是改革开放30年后。改革开放30余年，我国坚持以经济建设为中心，基本实现了经济现代化。2010年，中国的GDP达到39.8万亿元（约合6.2万亿美元），按不变价格计算，比1978年的3645亿元增长20.6倍，年均递增9.9%。三大产业结构由1978年的28.2∶47.9∶23.9转变为2010年的10.1∶46.9∶43.0。在经济建设取得巨大成就的同时，中国的社会建设却"落"下了不少课。由此带来的是老百姓上学难、就医难、住房难、城乡差距加大、社会矛盾凸显。而这些问题，对于生活在中国当代社会的普通老百姓来说，体会得痛楚而深切。从世界各国发展经验看，在社会现代化进程中，从农业社会向工业社会转变，首先经历的是经济发展为主的阶段；在工业化中期向工业化后期转变中，关注的是经济社会协调发展；进入后工业社会时期，则是社会发展为主的阶段。现在，从整体看，我国经济结构已达到工业社会中期阶段水平。但社会结构和社会发展水平尚处于工业化初期阶段。

经济结构与社会结构是一个国家（或地区）最基本、最重要的两个结构，两者互为前提、相互支撑。一般说来，经济结构变动在先，推动着社会结构的变化；而社会结构调整了，也会促进经济结构的优化和持续变化，所以经济结构和社会结构必须平衡、协调，相辅相成。国内、国外的经验和教训说明，经济结构不能孤军独进，社会结构的变化可以稍后于经济结构的变动，但这种滞后有一个合理的限度，超过了这个限度，如果长期滞后，就会阻碍经济结构的持续变化，从而阻碍经济社会的协调发展。改革开放以来，随着经济体制改革和经济快速发展，社会结构已经发生了深刻变动。但是，由于没有适时进行社会体制改革，社会建设的投入也不足，使社会结构相对滞后，出现了经济和社会两大基本结构不契合、不匹配的状况。

总体来看，当前我国的经济结构与社会结构存在着严重的结构差，这是中国经济社会发展中最大的不协调，也就是我们常说的存在一条腿长、一条腿短的畸形尴尬状况，这是产生当今中国诸多经济社会矛盾和问题，而且久解不决的结构性原因。而"三农"问题为什么长期解决不好？凡是一个经济或社会问题，不是一个单位、一个地区的问题，而是比较普遍存在的问题；做了工作，一年两年解决不了，而且多年解决不了。这一类问题就是经济社会的结构问题、体制问题。靠加强领导、靠加强工作是解决不了的。必须通过改革，通过创新体制，调整结构才能得到解决。"三农"问题之所以迟迟解决不了，就是这样一个普遍性的问题。"三农"问题就是一个需要从经济社会结构层面来认识，从改革体制的层面才能解决的问题。"三农"问题，说到底是个结构问题、体制问题。我们搞工业化，但没有按社会发展规律搞城市化，用种种办法把农民封闭在农村里。

现在的城乡结构、经济社会结构，既不平衡，也不合理。这种城乡结构、经济社会结构是由于 20 世纪 50 年代以来，我国长期实行计划经济体制条件下的户口、土地、就业、社会保障等一系列制度而形成的，总称为城乡二元结构。这种城乡二元结构，同国外讲的不完全一样。刘易斯的二元结构，主要是讲城乡二元经济结构；中国的城乡二元结构，是在上述一系列体制下逐步形成的，既是经济结构，也是社会结构，应该称作城乡二元经济社会结构。它以户口制度为基础，把公民划分为非农业人口和农业人口。国家对城市居民（非农业户口）实行一种政策，对农民（农业户口）实行另一种政策。对这种格局，有学者称为"城乡分治，一国两策"。

1978 年改革开放，农村率先改革，实行包产到户和家庭联产责任制。农村改革到今年 35 年了，"三农"工作取得了巨大的成就，而这些成就是在农村改革还没有完全到位，还是在城乡二元经济社会结构的背景下实现的。虽然成绩很大，但问题也很多，应该有个好的总结和反思。从建设中国特色社会主义现代化事业，从国家长治久安，从中国跻身世界先进国家行列的全局看，解决"三农"问题仍是最大的难点和重点，仍然是我们各项工作的重中之重。现在的这套结构是不行的。今后要着力破除城乡二元结构，形成城乡经济社会一体化格局。统筹城乡经济社会发展是解决好"三农"问题的根本途径。

"统筹城乡经济社会发展"，最早是在党的十六大政治报告中提出来的。作为建设现代化农业，发展农村经济，增加农民收入的重大原则，也就是解决好"三农"问题的根本方针。2002年后每年中央全会所作的决定，都一再重申这个重大原则，2008年党的十七届三中全会再次重申："必须统筹城乡经济社会发展，始终把着力构建新型工农、城乡关系作为加快推进现代化的重大战略。"10年过去了，我国的城市和乡村都有了很大的发展，经济和社会也都有了很大的进步，这是要充分肯定的。但是城市发展得快，农村发展得慢；经济这条腿长，社会这条腿短的格局，还没有从根本上扭转。一个重要的例证，就是城乡差距还在继续扩大。这表明统筹城乡经济社会这个方针还没有得到全面有效的贯彻。所谓统筹，就是要兼顾、要协调、要平衡，使城乡经济社会协调发展。在这里，统筹的主体是党中央、国务院和各级地方党委和政府，按照统筹兼顾的原则，进行宏观调控，改变过去重（城市）一头、轻（农村）一头，乃至挖一头（农村）、补一头（城市）的做法。所以，要落实贯彻统筹城乡经济社会发展这个重大战略和方针，作为统筹主体的各级党委和政府，首先要有明确的认识。其次，要贯彻落实统筹城乡经济社会发展，必须对现行的城乡体制机制进行改革。要统筹城乡经济社会发展，就一定要统筹安排进行诸如户口制度、土地制度、财政金融体制、教育医疗体制、社会保障体制等方面的改革，这些方面的每一项改革，都涉及全局，单靠农业、农村方面的力量是改不动的，而必须由党和国家，各级党委、政府统筹安排来进行。所以，要实现城乡经济社会一体化的理想，应该把统筹城乡经济社会发展加进改革的内容，称为统筹城乡经济社会的改革和发展。最后，要实现统筹城乡经济社会发展的战略任务必须在组织上落实。政治路线决定组织路线，组织路线是为政治路线服务的。新中国成立以来，特别是改革开放以来，社会主义建设实践证明，这个理论是正确的。所以，在新时期，建一个为党中央解决好"三农"问题的工作机构，从组织上落实统筹城乡经济社会的改革和发展这个重大战略任务，就很有必要。

统筹城乡经济社会发展，进行农村的经济社会建设离不开对农村深入细致的研究。从杨开道先生（1899—1981）到李守经先生（1932—2000），再到钟涨宝教授，华中农业大学社会学系一直秉承优良传统，孜孜不倦，潜心农村社会发展研究，产生了一大批优秀研究成果。这套《农村社会发展丛书》便是钟涨宝教授及其团队近年来产生的优秀成果选编。丛书以农民、农业和农村为主线，从中国实际出发，系统研究了农村社会变迁、农村组织、农村教育和农村社会保障等值得关注的农村社会面临的重大问题。更为可贵的是，钟涨宝教授及其团队多年来扎根农村基层，了解民情民意，探索农村性质，剖析农村结构，寻找农村发展之道，不可谓不勤劳，不可谓不努力，付出总有回报，这套丛书的出版即为世人展示了该团队的执着精神及卓越水平。

丛书研究大部分来源于农村经验，但又不是单纯农村经验的展示和罗列，而是包含着研究者对农村长久和深入的思考，是一套不可多得的优秀作品，值得同行学者、新农村建设的实践者以及关注中国农村发展的朋友们品鉴。

2013 年 4 月 18 日

农村社会发展与社会转型研究的新探索

——序钟涨宝教授主编《农村社会发展丛书》

从 1978 年以来，中国的社会转型进入了一个新的阶段，具有了以往不曾具有的特点。其中一个最明显的特点，就是在经济体制改革的带动下，社会结构转型和经济体制转轨两者同时并进、相互交叉，形成相互推动的趋势。这里，社会结构主要是指一个社会中社会地位及其相互关系的制度化和模式化的体系。社会结构转型就是不同的地位体系从传统型向现代型的转型；经济体制转轨则指的是从高度集中的计划经济体制向市场经济体制转换。无论是社会结构转型还是经济体制转轨，都是广义的社会转型的内容。用世界的眼光看，这种转型的复杂性在其他发展中国家的现代化过程中是很少见的。更进一步说，两种转变的实质在于文明形态的变更。而这种深层次的文明转型发生在中国这个地区发展极不平衡的巨型国度里，经历了不同路径的探索和实践，也呈现出纷繁复杂的社会现象。

另一方面，在 20 世纪与 21 世纪的交替期间，旧式现代性已经进入明显的危机时期，全球社会生活景观因此呈现出重大转折的种种迹象。在世界，在中国，探索新型现代性便成为一种势在必行的潮流和趋向。所谓旧式现代性就是那种以征服自然、控制资源为中心，社会与自然不协调，个人与社会不和谐，自然和社会付出双重代价的现代性。而所谓新型现代性，就是指那种以人为本，人和自然双盛、人和社会双赢,两者关系协调和谐,并把自然代价和社会代价减少到最低限度的现代性。作为一个具有历史规律性的人类追求方向,提倡并促进新型现代性的全面实现应该是具体研究领域的一种学术自觉。因此,这种对新型现代性的追求需要更多有志之士在相应的具体层面进行系统研究。这其中,作为社会系统重要构成的农村是一个不可忽视的研究领域。在城市化基本实现的当下,在推进新农村建设的现实背景下,如何进一步推动农村转型升级,实现城乡一体化,最终建成中国特色的新型社会主义,是摆在学界面前的一个重大课题。

事实上,在中国社会学的发展史上,农村研究一直占据重要地位。早在中国社会学的传播和发展时期,社会学的前辈们就深入到农村广阔的天地之中,探索和思考中国农村社会发展和转型面临的问题。从某种意义上说,对农村的经验研究成为早期中国社会学的研究重心。

改革开放后,中国社会学在中断近30年后得以恢复,农村社会学的教学与研究也获得长足发展。其中,华中农业大学社会学系是国内较早恢复农村社会学教学与研究的系所之一。我国第一位农村社会学博士、老一辈著名社会学家杨开道先生(1899—1981)曾经是华中农学院(华中农业大学的前身)的筹委会主任,他所开创的中国农村社会学教学研究事业给该校留下了宝贵遗产和优良传统。1986年,该校开设了国内第一个农村社会学专业。华中农业大学社会学专业自建立之日起,就十分重视农村社会学教学与研究中的学风建设,不但继承和发扬了杨开道先生的"理论研究与实地调查相结合,用科学方法研究中国农村"的学术理念,而且在首任系主任李守经教授的带领下,逐步形成了严谨治学、求真务实的教学和科研风气与传帮带、团结合作的工作氛围,以及"教学、科研、社会实践"三结合培养社会学应用人才的教学理念。现今,这种优良的教风学风由钟涨宝教授带领他的团队进一步发扬光大,他们所取得的成绩有目共睹,为学界公认。

这样一种注重"理论研究与实地调查相结合",务实开拓创新的精神理念，一定程度上与我近年来提倡的中国社会学要有一种"顶天立地"的精神相契合，也是一种"理论自觉"的自我实践。所谓"顶天"，就是社会学研究要站在国际社会学研究的前沿，把握当前学术研究的前沿问题，也就是说，中国社会学必须要有国际视野。所谓"立地"，是指社会学研究一定要立足于本土研究，扎根本土社会，这就是本土视野。"顶天立地"就是要把追求前沿与深入基层结合起来，把世界眼光与草根精神结合起来。只有把两种视野结合起来，农村研究的水平和价值才能得到提升。而所谓"理论自觉"是指对社会学理论或社会理论进行"建设性的反思"。显然，"理论研究与实地调查相结合，用科学方法研究中国农村"的学术理念，其实质正是"顶天立地"和"理论自觉"。正是在这样一种务实开拓创新的精神理念下，该校的农村社会学研究一直走在学科的前沿，取得了丰硕的成果。

此次由钟涨宝教授主编的《农村社会发展丛书》无疑是农村社会学领域的又一新探索，也是对中国农村社会学的又一大贡献。该丛书立足农村社会转型和体制转轨的时代背景，综合运用社会学理论和方法，以实现农村社会和谐发展和促进农村社会建设为目标，围绕"农村社会发展行为逻辑与制度安排的互动规律"这一主线，对我国农村社会政策、农村社会组织、农村社会保障等核心问题进行系统的交叉学科研究。具体而言，这套丛书综合运用了个案研究、统计调查、历史比较研究等多种社会学研究方法，对农村经济社会变迁进行了不同侧面的研究，着重关注了当前农村发展和转型过程中的热点问题，比如农村社会保障、农民合作经济组织、民间金融组织、农村教育等事关城乡一体化的社会问题。有关这些问题的系统研究，对探索农村社会发展规律，消减农村社会发展进程中不协调的音调，从而将农村社会发展的代价减缩至最小程度，实现农村社会的良性运行和协调发展，具有重要的理论和实践价值，是对如何实现新型现代性的一种积极回应。我们有理由相信，这套丛书的出版，对于读者在理论上认识把握中国农村社会发展大有裨益，对于相关部门的政策制定亦具有重要的参考价值。

　　总之，这套丛书凝聚了华中农业大学社会学系多年来农村社会学研究的心血，把握了学术研究的前沿，是一套值得研读的精品。

　　是为序。

郑杭生

2010 年 3 月 25 日于
中国人民大学理论与方法研究中心

目　　录

第一章　导言

现代社会是一个高度组织化的社会，政治、经济、文化等社会生活的不同方面都被编织到各种各样的组织网络中。随着组织在社会发展进程中的重要性日益提升，组织也逐渐成为考察社会结构与社会变迁的重要视角。20世纪90年代以来，非政府组织的大量产生与发展成为我国社会结构变化中一个引人关注的现象，其中，伴随着第四届世界妇女大会召开而蓬勃发展的妇女非政府组织特别引人注目。作为妇女非政府组织一个重要的组成部分，农村妇女组织的发展过程不仅折射着非政府组织的发展规律，而且反映了我国社会性别文化的变迁轨迹，是一个亟待探索的研究领域。

第一节　问题的提出

本书聚焦于农村妇女组织，不仅因为在人口外流所导致的农业劳动力女性化背景下农村妇女的组织状况关系着农业生产的发展，因而农村妇女组织的培育是当前农村社会发展的现实需要，更因为农村妇女深受性别与城乡的双重压迫，是弱势群体中的弱势群体，对其组织的考察有助于在多重视角下分析性别问题。

一　研究背景

本书是在社会性别理论的产生与发展、中国妇女非政府组织日益发展壮大以及城镇化推进过程中农村妇女不断分化这样一个宏观的社会背景下展开的。

（一）社会性别理论的兴起

社会性别理论脱胎于女权运动、女性主义理论和妇女研究，是20世纪中后期新兴的一个理论流派，其在全球范围的发展大体上可以分为三个阶段。第一阶段是20世纪70年代，这是社会性别研究发展的艰苦时期。此阶段的社会性别研究基本上处于一种边缘化状态。第二阶段是20世纪80年代到90年代，这一时期妇女研究和社会性别研究有了一定的发展，在发达国家的大学中获得了一定的学科地位，并得到了一定程度的重视。第三阶段自20世纪90年代至今，这一阶段的社会性别研究发展迅速，逐渐从边缘走向中心，高校和妇女研究中心开始加入到社会性别研究中，许多大学开设了社会性别研究的相关课程并设立了学位，有关妇女研究和社会性别研究的国际大会也有规律地在世界范围内举行（苏红，2004）。

一般认为，中国学者对社会性别理论的了解始于1993年天津师范大学妇女研究中心与海外中华妇女学会合作举办的"第一届中国妇女与发展研讨会"。在这个研讨会上，社会性别一词第一次被介绍到中国，引起了学者们尤其是女性学者的震动与兴趣。1995年第四届世界妇女大会在北京召开，使社会性别概念开始在国内广泛流传，由此推动了社会性别理论在中国的发展。

社会性别理论在我国的传播和发展大致经历了启蒙、传播和发展三个阶段。总体而言，社会性别的研究与应用在中国至今仍算是一个新鲜事物。2000年以来，随着研究者学科意识的不断增强及越来越多的受过良好学科训练的中青年学者的加盟，在各种项目的推动下，性别与社会研究的学科化建设进展迅速（王金玲，2005）。社会性别研究吸引了包括政治学、社会学、人类学、心理学、法学等不同学科的众多学者，社会性别视角逐渐成为这些学科研究的重要理论视角，提高了这些学科解决旧问题，提出新问题的能力。

社会性别理论引入中国后，极大地推动了国内的妇女研究。在社会性别理论引入以前，妇女研究主要是基于生理性别而形成的针对妇女群体的研究，社会性别理论的引入不仅将性别区分为生理性别与社会性别，而且为妇女研究提供了新的研究思路。首先，它使妇女研究突破了仅研究妇女群体的局限，由仅限于研究妇女和纯探讨妇女问题，转为将妇女问题放到更为广阔的视野中，将男性也包括进来，把研究内容拓展为研究人类社会中的社会性别关系。这种转变是妇女研究的一个重大突破，它拓展了研究内容，创新了研究思路，使妇女研究跨入了一个新的发展阶段。其次，它使对性别的探讨由不可更改的生理性别转为可以改善的社会性别，从一个全新的视角来分析和认识性别不平等。如果性别是生而具有、不可改变的，则妇女作为一个弱势群体呈现的社会问题无法解决，而由人类社会所塑造的社会性别却是可以改变的，这就为认识妇女问题和解决妇女问题提出了一个新方案。

（二）中国妇女非政府组织的发展

20 世纪 80 年代以来，非政府组织在世界范围内以惊人的速度兴起，成为学界、政界广泛关注的议题。作为一种特殊的组织类型，非政府组织在国内外学术界有着众多的名称，常见的除非政府组织（Non-Governmental Organization，NGO）外，还有非营利组织（Non-Profit Organization，NPO）、公民社会或市民社会（Civil Society）、第三部门组织（The third sector）、社会组织（social organization）、公民团体、中介组织、群众团体、人民团体、志愿组织、民间组织、社会团体等。有的学者指出这些概念之间存在着明显的差异，也有学者认为它们本质相同，更多的学者则混用这些概念，默认其为同一。从严格的语义来看，这些概念之间确实存在着不可忽视的差异，不同用语从不同的角度强调了组织某个方面的特征，但这些不同名称在实质上并没有太大的区别。

就官方的用语来看，仅改革开放以来，中国政府就先后使用了"社会团体"（1978—1998）、"民间组织"（1999—2006）和"社会组织"（2007 年以来）来指称这一与政府部门和企业不同的组织类型。自 2007 年 10 月胡锦涛总书记在党的十七大报告中使用"社会组织"概念后，民政部随即在《2007 年度社会组织统计数据》和《2007 年民政事业发展统计报告》中以"社会组织"来称呼这类组织。此后，社会组织逐渐成为政界及民众对这类组织的统称。在本书中，为突出这类组织的非政府性，同时区别于社会学范畴中的社会组织概念①，将此类组织统一称为非政府组织。因此，本书所说的非政府组织概念基本对应当前民政部所称的社会组织，指的是政党、政府等传统组织形态之外的各类民间性的社会组织，包括社会团体、基金会、民办非企业单位等，即非政府、非企业的所有组织。

新中国建立以来，我国非政府组织的发展大体上可以分为四个阶段（邓国胜，2004）：一是初始发展期（1949—1966），此阶段建立了妇联、青联、科协、工商联等大型人民团体和大量的学术性、文艺类社会团体；二是停滞期（1966—1978），此阶段受"文化大革命"影响，已经成立的各种社团几乎都停止了活动，也没有成立新的社团；三是恢复发展期（1978—1995），为了适应改革开放的需求，此阶段新建了大量的社会团体，行业协会、基金会的发展尤其迅速；四是迅速发展期（1995年至今），此阶段各类非政府组织发展迅速，在社会经济乃至政治发展中扮演了新的角色。

据中国社会组织网提供的数据，如图1-1所示，我国非政府组织的发展虽有曲折，但总体上增长迅速。民政部2013年6月19日发布的《2012年社会服务发展统计公报》显示，截至2012年年底，全国共有社会组织49.9万个，这些社会组织业务范围涉及科技研究、教育、文化、卫生、宗教、体育、生态环境、法律服务、社会服务、工商服务、农业及农村发展等社会生活的各个领域，在社会经济文化各方面发展中扮演着重要的角色，承担着不可替代的社会功能。

---

① 社会学范畴中的社会组织有广义与狭义之分。广义的社会组织泛指一切人类共同活动的群体，包括家庭、家族等初级群体；狭义的社会组织指人们为了实现某种共同目标，将其行为彼此协调与联合起来所形成的社会团体，包括企业、政府、学校、医院等（具体见郑杭生主编《社会学概论新修》，中国人民大学出版社2003年第三版，第192页）。无论广义还是狭义，其所指的社会组织范围均明显大于本书所说的非政府组织。

（个）

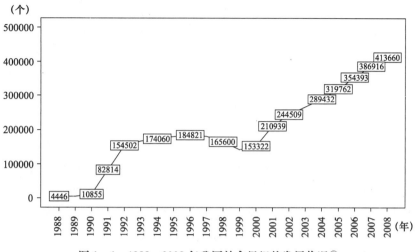

图1-1　1988—2008年我国社会组织的发展状况①

　　伴随着非政府组织的蓬勃发展，以妇女为主体或服务对象的非政府组织数量也在不断增加，尤其是1995年联合国第四次世界妇女大会在中国的召开，使妇女非政府组织获得了一个良好的发展契机，各类妇女非政府组织如雨后春笋般迅速产生、成长。当前，妇女非政府组织已经成长为一股不可忽视的组织力量，主要表现在：第一，数量增长很快。虽然由于非政府组织统计中社会性别敏感的缺乏，目前性别并没有成为组织分类的一个基本标准，因而无法获得妇女非政府组织的准确数据，但据中华全国妇女联合会与中国妇女研究会2009年10月联合发布的《"北京＋15"中国非政府妇女组织报告（影子报告）》，截至2008年，中国妇联基层组织有83.3万多个，高等院校妇女组织有844个，民政部注册登记的妇女社团组织有2892个。第二，类型日趋多元。除了自上而下建立的以妇联为核心的各级各类妇女团体，还出现了大量自下而上组建的新型妇女非政府组织，产生了研究型、服务型、联谊型和综合型等不同类型的妇女非政府组织。第三，活动领域不断扩展。妇女非政府组织的活动领域已经广泛涉及反家庭暴力、环境保护、艾滋病防治、扶贫、科技传播等各个领

① 数据来源于中国社会组织网（http：//www.chinanpo.gov.cn/index.html）。

域。第四,功能不断增强。随着妇女非政府组织的发展壮大,其力量日渐强大,社会影响力也日益增强。与此同时,中国妇女非政府组织的发展也呈现出很多问题,如结构不太合理、功能不够强大等,迫切需要加强对其的调查研究,以采取有效措施,促进其健康发展。

(三) 农村妇女的分化

改革开放以来,我国的城镇化进入了快速发展时期。伴随着城镇化的发展,大量农村人口离开农村进入城市。由于城乡二元结构的存在,农村人口的流动并不像发达国家一样是一种完全的流动,而是一种职业与身份相分离的流动。这种分离式的大规模流动,对城市而言,形成了一个大规模的没有融入城市的农村流动群体;对于农村而言,则造成了农业劳动的女性化、老龄化和农村的空心化。

从性别视角透视农村人口流动的发展过程可见,在农村流动人口的大军中,一开始,女性的身影相对较少。20 世纪 90 年代的研究显示,当时的农业劳动力转移存在着明显的性别差异,农村妇女劳动力向非农产业的转移具有滞后性,由此导致全国不同程度地出现了农业劳动力女性化趋势 (高小贤,1994)。这种性别差异或者称女性滞后效应,很大程度上是农村劳动力的转移资本在家庭内部分配时基本上遵循 "先男后女、先长后幼、先内后外" 的原则,即按照父权制的逻辑来进行分配的结果 (金一虹,1998)。然而,2000 年以来,随着举家进城成为重要的流动形式,女性与男性的流动人口数量已经不相上下。但农村女性流动人口在面临与男性相同的城市融入困境的同时,还面临着性别的不平等。这种双重的压迫使流动女性成为弱势群体中的弱势群体。留守农村的女性尽管留在熟悉的场域,但男性的缺席使她们不仅承担着更为繁重的农业劳动,而且在教育孩子、照顾老人上也肩负着更为重要的责任。

简言之,农村人口流动使农村妇女逐渐分化为两个大的阵营。这两个大的阵营都因各种原因而陷入发展困境,迫切地需要借助组织的力量来维护其权益,但其身处的环境不同、面临的问题迥异,使其组织的宗旨、动力和形式等都存在着较大的差异。这也构成了本书的一个重要的背景。

二　研究目的与意义

（一）研究目的

改革开放以来，中国的社会结构发生了深刻的变化，其中，非政府组织的兴起是其中一个值得深入探讨并且迫切需要研究的社会现象。本研究关注作为非政府组织重要组成部分的农村妇女组织的发展，以此一窥中国社会结构尤其是性别结构的发展变化，同时揭示中国社会性别文化的发展趋势。

具体来说，本书在社会性别理论的指导下，通过对不同类型农村妇女组织的实证调查，旨在达到以下三个主要目的：第一，了解城镇化背景下我国农村妇女组织的发展状况，明确其结构与功能，揭示其存在的问题；第二，了解农村妇女组织发展在推动农村两性平等上的作用，明确其对农村社会性别文化重构的影响；第三，针对农村妇女组织发展中存在的问题，提出具有针对性的对策建议。

（二）研究意义

1. 理论意义

本书运用社会性别理论考察农村妇女组织的发展状况，不仅有助于弥补当前非政府组织理论中性别视角的欠缺，推动非政府组织理论的发展完善；而且由于非政府组织产生与发展的过程有效地勾连了个人与社会，因此对农村妇女组织展开深入研究有助于更好地认识社会性别的建构与重构过程，促进社会性别理论的进一步发展完善。

2. 实践意义

本书运用社会性别的理论与方法对农村妇女组织发展状况进行调查研究，一方面有助于我们全面认识农村妇女组织的角色，准确评价其功能，明确其存在的问题，由此采取有效措施促进其健康发展，从而促进女性的发展和两性的平等；另一方面，农村妇女组织是非政府组织的重要组成部分，本书也有助于深化对非政府组织发展状况与存在问题的认识，可为相关部门制定非政府组织的发展策略提供参考。

第二节　文献回顾

农村妇女组织的研究是以非政府组织的研究为基础的。然而，近年来，虽然非政府组织研究已经成为一个全球性的研究新热点，无论是理论研究还是实证探讨都取得了丰硕成果，但是，建立在非政府组织的理论与实证研究基础之上的妇女组织研究却相对薄弱，对农村妇女组织的研究在国内外都为数不多，研究整体上还处于起步阶段，远未成熟。因此，本书将农村妇女组织研究放在整个妇女非政府组织中，从妇女非政府组织的内涵与类型、产生背景与意义、发展现状与问题、发展前景与对策四个方面来进行研究回顾。

一　妇女非政府组织内涵与类型研究

（一）妇女非政府组织的内涵

由于妇女非政府组织是非政府组织的一种特殊类型，学者们对妇女非政府组织内涵的探讨多通过对非政府组织概念的界定进行。然而，对于什么是非政府组织，学者们不仅使用的名称不同，而且对其内涵也一直未能达成一致的认识。邓国胜（2001）曾将此类组织国内外的定义概括为四种视角，即从法律上定义、从组织的资金来源定义、依据组织的"结构—运作"定义、根据组织的特征进行定义，并认为四种定义各有侧重，但相互之间的差异很大，相比较而言，第四种定义更具有包容性，也更便于国际间的横向比较。总体来看，尽管各个学者对非政府组织定义时表述有或多或少的差异，他们在其应具备的基本特征上观点却大体一致，多认为非政府组织应具有组织性、非政府性、非营利性、自主性、志愿性等特点（万江红、张翠娥，2004）。

在妇女非政府组织的内涵界定中，除了从非政府组织进行界定外，一些学者还使用了另外一个紧密相连的概念，即妇女组织。从字面意思来看，妇女组织的概念无疑比妇女非政府组织的概念更广泛，它本身并不涉及组织性质的判断，只要是以维护妇女权益、促进妇女发展、实现妇女解放为宗旨，专门从事女性问题研究或为女性提供服务的组织，都属于妇女组织。从这个意义上说，妇女非政府组织不仅可以看作非政府组织的一种特殊类型，也可以看作妇女组织的一个组成部分，即妇女组织既包含妇女非政府组织，也包含妇女的政府组织。但在实际上，当前我国绝大多数妇女组织都是妇女非政府组织，因而在研究中两者时常被混用。

事实上，如黄列（2006）所指出的，妇女非政府组织的界定不仅面临着非政府组织如何界定的问题，同时还面临着妇女组织如何界定，即妇女组织是以性别群体划分（完全由女性组成）为基础，还是以关注的问题涉及妇女（如妇女学、妇女法）或是妇女独有的问题（如生育健康）或是女性是特定的组织目标为依据的问题。就已有研究来看，学者们在探讨妇女非政府组织时甚少将"妇女非政府组织"作为一个整体进行概念界定，因而对于究竟何为妇女非政府组织，在实际的研究中存在着一定的认识差异。有的认为妇女非政府组织（WNGO）的目标人群主要为妇女和女童，组织主要目标是妇女解放，提高生活水平和反对性别不平等的非政府组织（Karl，1995），有的认为妇女非政府组织是专门从事妇女问题的研究或为妇女提供服务的组织（李莉，2010）；更多的则不进行界定，但在研究中实际上将其视为以妇女为主体构成的非政府组织（刘伯红，2000 等）。

（二）妇女非政府组织的类型

从某种意义上说，各种适用于非政府组织的分类体系，基本上都适用于妇女非政府组织。据此，妇女非政府组织可以依据组织的服务对象分为互益型与公益型；可以依据是否是会员制分为会员制与非会员制；可以依据经费来源分为自给自足型、部分收费型和无偿投资型；可以依据组织的活动宗旨分为具有切身利益型、具有社会福利性质型、具有共同志愿型；可以依据组织的活动范围分为地方型、全国型和国际型；可以依据组织结构的松紧分为松散型、紧密型、金字塔型、网络型；还可以依据与政府关系的紧密程度分为自上而下型（官办）与自下而上型（民办）等。除了这些比较简单的分类，它也可以借鉴一些比较复杂的非政府组织的类型划分，如一些学者引入了主体加功能的双重分类标准，把目前中国的全国性社团分为 17 类：产业部门、社会服务与社会福利、公共事务、信息与技术服务、卫生、体育、教育、文化艺术、新闻出版、科学技术、人文社会科学、环境能源、特殊性质企业行业组织、职业组织、地区组织、个人联谊、其他组织（万江红、张翠娥，2004）。

在妇女非政府组织的研究中，学者们从不同的视角出发，对其进行了多种多样的分类。主要有：依据功能定位，分为研究型、服务型、联谊型及综合型（刘伯红，2000），或分为研究学术型、行业型、社会服务型、联谊型、网络型（谢莉、毕霞，2012）；依据活动领域，分为行业型、学会型、社会服务型与联谊型（张钟汝，2006）；依据与妇联之间的关系，分为依附型和独立型等。

值得注意的是，目前学术界对包括妇女非政府组织在内的非政府组织的分类，仅仅是一种"解读导向"（赵鼎新，2012：9）的分类，即关注于揭示非政府组织的某一类特征，而对有助于深层次分析非政府组织实践机制的"解释导向"的分类则显欠缺。如何依循"解释导向"对非政府组织进行类别划分，并在此基础上深入剖析导致不同类型组织实践差异的机制是妇女非政府组织与整个非政府组织研究面临的重要问题。

二 妇女非政府组织发展背景与意义研究

（一）妇女非政府组织的发展背景

世界范围内的妇女非政府组织发展一方面得益于妇女运动的推动，另一方面也是非政府组织发展的结果。

就中国妇女非政府组织的发展来看，其背景不仅表现出与世界妇女非政府组织发展的共同性，还具有其独特性。英国学者郝秋迪（Judi Howel）指出，由于中国社会经济的快速变革，居于国家和社会间的组织呈现出多元化和多样化的态势，妇女非政府组织的发展正是这种社会变化的产物（仪缨，1999）。伊丽莎白·克罗尔（Elisabeth Croll）则指出，改革开放给中国的妇女运动带来了新空间、新组织与新声音，新的发展和新的空间使妇女参与社会政治事务具有了可能性。她认为，妇联有效地争取了政府对妇女的权力，与此同时，在女性觉醒的基础上产生了新型妇女组织，其中有正式的政治组织，也有现有政治构建之外的妇女组织（仪缨，1999）。刘伯红（2000）认为，中国妇女非政府组织的产生，既是对结社全球化国际潮流的回应，也是中国社会发展变化的客观需求，同时，还得益于中国妇女组织发展的历史和政治基础。

（二）妇女非政府组织发展的意义

妇女非政府组织作为非政府组织的重要组成，首先具有非政府组织发展的一般意义，如扩大社会公平、参与社会治理、转变政府职能、促进民主建设、实现社会整合以及和谐社会构建等，除此之外，妇女非政府组织的发展还具有其独特的意义。瑞典学者杜鲁德与伦妮塔·弗莱登瓦尔（Drude & Lenita Freidenvall，2005）通过对女性参政的研究发现，妇女组织的发展对于女性参政具有重要作用。塞恩斯伯里与黛安娜（Sainsbury & Diane，1996）对北欧妇女参与劳动市场状况的研究则显示，妇女组织有助于促进女性就业。国内的研究亦揭示了妇女非政府组织发展的重要意义，如推动了妇女法律法规的制定与实施，促进了妇女参与社会发展（刘伯红，2000）；宣传了社会性别平等意识，改善了大众舆论（陈秀峰、鲁克雄，2010），等等。

三　妇女非政府组织发展现状与问题研究

（一）国外妇女非政府组织的发展现状与问题

研究显示，在19世纪中叶到20世纪20年代美国第一次妇女运动中，美国已经出现了一批有明确奋斗目标的妇女非政府组织，但其影响力还非常有限。美国当代重要的妇女组织主要是在20世纪60年代以来产生与发展的，它们成为了推动妇女政治地位提升的核心力量。经过半个世纪的发展，美国的妇女非政府组织已经成为一个组织成员众多、组织结构完善、组织资金充沛的重要利益集团（李睿，2005）。

国外妇女非政府组织的类型也非常丰富。以加拿大为例，不仅有志愿为提高妇女地位而工作的女性主义团体，如蒙尼托巴妇女地位行动委员会、魁北克妇女联合会、诺娃斯考塔妇女地位行动委员会等；也有不以提高女性地位为根本，但反映女性某种利益要求的妇女志愿组织，如加拿大大学妇女联合会、基督教青年妇女协会等。此外，还有为妇女提供各种专门服务的组织，如强奸危机中心、受虐待妇幼之家、妇女就业咨询中心等；为联邦司法部门和省政府服务的咨询委员会,如加拿大妇女地位咨询委员会;各种专业人员的志愿协会,如加拿大争取妇女进步研究所等(孙戎,1993)。

从妇女非政府组织的发展历程来看,无论是发达国家还是发展中国家,妇女非政府组织的发展都呈现出不断壮大的趋势。研究显示,妇女非政府组织的发展还呈现出从一开始关注妇女福利等的发展到逐渐关注妇女参政等政治问题的趋势(Lorine,2006;王虎,2007)。总体来看,不同国家的妇女非政府组织所关注的问题与其所处的社会发展阶段相契合,发达国家的妇女非政府组织更关注妇女参政问题,欠发达国家的妇女非政府组织多致力于虐待妇女等问题,冲突地区的妇女非政府组织则着重于推动和平事业。

对于妇女非政府组织的发展状况,学者们的看法和评价并不相同。奥斯卡·安德森(Oscar Anderson,Jr.,1958)认为美国妇女组织在煽动问题和为立法施加不断的压力方面发挥了惊人的作用。伊耶勒和姆班纳索尔(Ijere and Mbanasor,1998)也持相似看法,认为这些组织的独立性及其取得的成绩,常常使那些认为妇女没有能力为了特定的目标自行组成团体的人们惊叹不已。有学者认为妇女非政府组织在帮助弱势群体上具有优势,并能有效地帮助需要帮助的人(Wellard and Copestake,1993);还有学者将其视为"世界的良心",认为它们对政府活动起到监督约束作用,如果没有它们,公民社会就不可能长期存在(Karl,1995)。里奇·纳戈(Richa Nagar,2003)指出,为推动妇女发展提供一个不同视角和观点相互对话的空间,将有助于提高妇女组织共同关注与探讨妇女发展中存在的冲突和问题的程度,从而促进妇女和妇女组织的共同发展。费米达·汉迪(Femida Handy,2006)对印度草根妇女组织的实地调查表明,妇女组织在改善妇女生活上发挥了重要的作用。学者们亦指出了妇女非政府组织发展中存在的不足,如斯坦贝格(Steinberg,2001)提出,妇女非政府组织缺乏问责制,这使其在全球决策过程中的作用受到争议。

(二)中国妇女非政府组织的发展现状与问题

1. 妇联组织的发展现状与问题

在中国妇女非政府组织的研究中,妇联组织的研究一直是其中非常重要的组成部分。尽管对于妇联组织是不是真正的非政府组织,国内外学者意见不一，争论非常激烈，但却也形成了一个共识，即对中国妇女非政府组织的研究，必须关注妇联组织的发展。

西方学者不仅多将妇联看作典型的政府组织的非政府组织（GONGO），而且常简单照搬西方的非政府组织理想模式来分析中国的非政府组织，由此得出的结论自然是认为中国并不存在真正的非政府组织。对这一现象，仇乃华（2000）从多个角度进行了批驳。她指出，西方在看待妇联、其他非政府组织及中国妇女运动中存在误区，容易把其看成是具有统一的不变的主观意志和身份认同的组织体。仇乃华强调，不能用静止的眼光看待中国妇女非政府组织。就妇联组织的性质，仇乃华认为，妇联自产生起的确就是 GONGO，但 GONGO 并不能全面揭示妇联组织的性质，事实上，妇联组织的性质在其发展的三个不同阶段是不同的，第一阶段的妇联是不同妇女组织的联合体，第二阶段的妇联被正式纳入按行政区建立的国家体系，第三阶段的妇联把自己定义为 NGO。由此可见，妇联具有双重身份，对其性质的认识不能采取本质主义即非此即彼的二分法，单纯地把妇联看作是非政府组织或政府组织是不全面的。对妇联应进行历史考察，应该看到妇联自身的角色是随着中国社会的发展不断发生变化的。

国内学者对妇联组织性质的观点大体上可以分为三类：一是认为妇联组织属于准政府组织，它与政府组织最大的区别在于它没有强制的公共权力，没有执法权（周波，2008）。二是在此基础上更进一步，认为妇联组织属于政府组织。如有学者指出，由于我国没有处理妇女（性别）事务的政府机构，妇联实际上被看作是全国性的妇女政策机构，因而妇联是一个政府组织或政府机构而不属于非政府组织（王政，2004）。三是认为妇联组织属于非政府组织（李静之，2001），或不明确界定妇联组织的性质，但将妇联组织作为一个非政府组织来进行探讨，如刘伯红（2000）在对中国妇女非政府组织的发展的研究中，就将妇联组织作为妇女非政府组织的一种重要类型来进行分析。

对于妇联组织的性质，国内还有不少学者指出，不能简单套用西方的观点，将妇女和妇女组织放在与国家对立的关系之中进行分析，应该将中国妇女组织的发展放在中国特定的文化和制度背景下来进行研究。持此类观点的学者不纠结于妇联组织的性质，而是尝试揭示其发展的现状。学者们的研究广泛涉及妇联的结构、功能、面临的挑战等各个方面，既有对整个妇联组织发展的理论分析，也有对某地妇联组织的实证调查，还有对妇联在扶贫、下岗再就业、反对对妇女的暴力犯罪、社区工作、城乡基层建设、农村妇女政治参与等方面的作用分析。金一虹（2000）认为，妇联组织面临着内在的机构性矛盾、系统内层级式控制机制弱化、妇女利益群体多极化及民间妇女团体兴起、传统运作方式不适应、观念系统面临挑战等众多问题，并不断地回应着这些问题进行改革。刘筱红等（2008）通过对农村妇女竞选村委会成员的政治环境进行分析后指出，作为妇联基层组织的农村村级妇代会组织虚置是一个较为普遍的现象，这导致农村妇女处于一种无组织的原子状态，实际上很难获得组织支持。

2. 新型妇女非政府组织的发展现状与问题

改革开放的深入和第四届世界妇女大会在北京的召开，极大地推进了妇联系统之外的各类民间妇女组织的发展，针对这类组织自下而上的特点，通常将其统称为新型妇女非政府组织。

学者们运用各种方法，从不同的视角对这些新型妇女非政府组织进行了研究探讨，主要涉及这一特殊类型的组织所具有的特征、功能状况及其所面临的问题等。

学者们对新型妇女非政府组织发展状况的研究，较多地运用个案方法，通过考察一个或多个典型案例对新型妇女非政府组织的发展状况进行深入剖析。如高小贤（1999）通过对陕西省妇女理论婚姻家庭研究会的分析，指出中国民间妇女团体具有一定的活动空间，但这个空间还没有制度化，很大程度上依然要依靠人为的力量去运作，因此，不同的民间妇女组织需要寻找自己的最佳定位，在实践和发展中创造自己的服务特色和运作特色，为今后的制度化发展奠定基础。郭建梅（2000）以北京大学妇女法律中心为个案，通过分析其特点和运作方式，她认为，由于新型妇女非政府组织具有较强的非政府性，因此其运行机制比较灵活自由，专业优势和人才优势较强，获取信息、筹集资金、参与活动及拓宽领域的机会和渠道更多，工作的针对性、预见性、方向性更强。张洪英（2003）则运用质性研究方法，以"热心大嫂"服务中心为例，探讨了妇女组织的社会资本和个人资本在资源动员过程中的作用。

随着新型妇女非政府组织的壮大，对某一类型的新型妇女非政府组织发展的研究也日益增多，其中尤以对研究型妇女非政府组织的调研为多。如杜芳琴（2000）对高校妇女研究中心建立与发展历程、组织形态与学术定位的分析，陈秀峰等（2010）对主要由高等院校或社科院系统的女性知识分子自发组织起来的研究型妇女非政府组织在性别平等意识建构中的研究与行动的分析。

对某一地域的新型妇女非政府组织发展状况进行的调查分析主要集中在东部发达地区，如张钟汝等对上海的新型妇女非政府组织发展状况的调查分析（张钟汝、吕明霞、李汉琳，2005；张钟汝，2006），刘秀伟对北京市新型妇女非政府组织公信力的调查分析（刘秀伟，2011），谢莉等对江苏省妇女非政府组织在社会管理中的作用的调查（谢莉、毕霞，2012）等。

更多的学者则对新型妇女非政府组织发展进行了理论探讨。如王凤仙、米晓琳（2007）通过文献研究，探讨了 NGO 话语对民间妇女组织自我认同的影响，通过对前 NGO 话语时期、NGO 话语传播初期、NGO 话语系统传播时期三个不同阶段民间妇女组织的自我认同的比较，认为近年来民间妇女组织在逐渐从关注妇女事业向关注公民社会发展转变，而这一转变是与西方主流 NGO 话语在中国的系统传播直接相关的。

对于新型妇女非政府组织发展面临的问题，郭建梅（2000）指出，其存在的问题与困难在非政府组织的发展中具有代表性，主要有包括三个方面：一是认识上的限制，二是缺少社会机制的保障，三是资金来源匮乏。

如果拓展视野，则不难发现，与将新型妇女非政府组织独立出来进行专门研究相比，大多数学者是在非政府组织的研究中纳入了对新型妇女非政府组织的考察。他们的研究或采用调查研究的方式，或采用个案研究的方式，虽然未将新型妇女非政府组织独立出来进行研究，却在研究的对象中包含了各种各样的新型妇女非政府组织。具有代表性的如郭建梅（2000）的《中国民间组织的生存与发展——以北大法学院妇女法律研究与服务中心为例》、程蹊（2005）的《从典型个案看农民工 NGO 的建立——基于海南外来工之家、北京打工妹之家的实证对比分析》、左芙蓉（2006）的《非政府组织与社会服务——以中国基督教女青年会为例》等。在这些研究中，新型妇女非政府组织或被作为非政府组织的典型代表，或被作为某类非政府组织的代表（并未突出其性别特征）进行分析，其目的更多在于揭示非政府组织的发展状况与问题。简言之，所选个案虽是妇女非政府组织，但研究并未突出个案的性别特征。

3. 妇联与新型妇女非政府组织的关系

在妇联组织与新型妇女非政府组织的关系问题上，学界的共识是两者各有优势，为了更好地发展，应该合作与整合。马冬玲（2006）通过对妇联组织与民间妇女组织在促进农村妇女参与村委会选举中的努力、效果与挑战的分析，指出妇联组织与民间妇女组织各具优势，这形成了二者合作的基础。

高焕清、李琴（2012）通过对妇女这一作为底层社会的"底层"群体的基本特征进行分析，指出民间妇女组织必须更深入和更广泛地整合，才能帮助弱势妇女群众进行有效的利益表达。在各类妇女组织中，妇联具有整合妇女组织的优势，但各类妇女组织自身也应寻求更好的方式进行整合。

整合后的妇联组织与新型妇女非政府组织应建立怎样的关系，学界的观点主要可以分为两类：一种观点认为妇联应该与新型妇女非政府组织连接组成一个组织网络，妇联应在这一网络体系中承担更为重要的责任，成为组织网络的核心（张钟汝、程福财，2002；金一虹，2000）；另一种观点虽然也同意将各类妇女组织连接成网络，但认为将妇联置于核心地位，会使妇联与新型妇女非政府组织的地位不平等（徐宇珊，2004）。

4. 妇女非政府组织与政府的关系

对于妇联与政府的关系，学者们一致认为，两者关系紧密。对于这种密切的关系，学者们认为其在具有积极作用的同时，也带来一些局限性。积极作用主要表现在：有助于妇联参与政策的制定，进入决策层；可获得国家对妇女问题的关注；能够建立全国网络；等等。局限则表现为妇联组织在推动社会性别主流化的同时，可能使妇女地位边缘化，而且这种模式会使妇联组织在妇女利益与国家利益发生冲突时面临两难选择，从而影响自身的发展（李静之，2001）。

对新型妇女非政府组织与政府之间关系的考察均显示，其与政府的关系不如妇联与政府的关系紧密。但研究者一致认为，新型妇女非政府组织与政府之间的良好关系，是其生存与发展的重要保障（庄平，2004 等）。

至于各类妇女组织与政府的关系，学者们指出，它们与政府关系的紧密性是不同的。有学者指出，不同妇女组织与权力中心之间的关系依据紧密程度排序依次为：妇联→妇联衍生组织→其他党政组织的衍生组织→民办组织→特定妇女群体的自组织（杜芳琴，1999）。

四　妇女非政府组织发展趋势与对策研究

大多数学者对妇女非政府组织的发展前景持乐观态度，认为中国社会日益增长的开放性，将使中国妇女非政府组织获得更大的发展空间（金一虹，2010）。对于妇女非政府组织的发展趋势，有学者指出，中国妇女非政府组织的发展将呈现广泛组织妇女参加社会发展，日益专业化、区域化与多样化，国内外联合发展等趋势（刘伯红，2000）。也有学者指出，妇女组织未来将出现网络化趋势，妇联将成为这个网络的最主要纽结，妇联的运作机制也将发生适应性的变化（金一虹，2000）。对于妇联组织的发展，学者们认为其面临着从政府组织向非政府组织的转型（付春，2004），而新型妇女非政府组织的数量将进一步增加，影响力进一步加强（张钟汝、程福财，2002）。

为了促进妇女非政府组织的健康发展，学者们提出了众多的建议。有学者指出，中国妇女非政府组织的发展中应注意三个关系的建构：一是建构妇女非政府组织与政府之间的新型伙伴关系，二是建构新型妇女非政府组织与妇联组织之间的新型合作关系，三是建构妇女非政府组织与妇女间的新型平等关系（刘伯红，2000）。在妇联组织的发展对策上，有学者提出，核心是调整组织结构体系，形成遍布各条战线、各个领域的纵横交错的组织网络，以充分发挥组织的功能（张桂华，1993），也有学者认为应加强其组织建设（丁娟等，2005）。

五　研究评价

综上可知，妇女非政府组织的研究已略呈体系，但远未系统与深入。在研究特点上，主要表现为：第一，成果数量增长迅速。无论是被包含在非政府组织研究中的妇女非政府组织的调查研究，还是将妇女非政府组织独立出来进行的研究探讨，在 20 世纪 90 年代以来都明显增加，尤其是 1995 年世界妇女大会在北京召开后国内相关研究的数量增长迅速，并呈现出持续增长的趋势。第二，研究领域不断扩展。伴随着研究成果数量的增多，研究在内容上也逐渐丰富，在领域上则呈现出明显的拓展趋势，主要表现为介入的学科不断增多，经济学、政治学、社会学、法学等不同学科的研究者，基于不同的理论视角，对妇女非政府组织发展的不同方面进行研究探讨。第三，研究的方法日益多元。已有研究所采用的方法既有问卷调查，也有个案深访，还有基于统计数据的分析和理论探讨。第四，研究的深度明显增加。随着时间的推移，研究不断深入，对妇女非政府组织的认识更为全面。

政治学、经济学、社会学、法学等不同学科的学者对妇女非政府组织的研究视角不同，研究的侧重点也不同。政治学的研究侧重于探讨妇女非政府组织与政府之间的关系，关注妇联组织的性质与功能以及新型妇女非政府组织在促进公民社会发展上的意义，强调妇女非政府组织的政治话语权及政治功能；经济学的研究侧重于探讨妇女非政府组织与经济发展之间的关联，并从关注非政府组织产生与发展的经济原因逐渐集中到非政府组织尤其是妇女非政府组织在提升妇女经济实力以及在扶贫中的作用；社会学的研究则更关注组织与社会环境的关系，不仅注重探讨社会因素对妇女非政府组织产生与发展的影响，而且注重分析妇女非政府组织的产生与发展对社会环境的影响；法学则主要关注妇女非政府组织的法律环境，着重探讨如何完善非政府组织的相关法律法规。虽然关注点不同，不同学科的研究者在以下一些方面还是达成了共识：首先，随着中国社会经济的迅速发展，妇女非政府组织的发展空间在不断拓展；其次，妇女非政府组织在改善妇女生存环境、提升妇女社会经济地位上确实发挥了较为明显的作用；再次，妇女非政府组织的发展不仅需要提升组织自身的能力，而且需要提升广大妇女群众的主体自觉性与积极性。

随着研究的日益推进，跨学科研究的成果显示：妇女非政府组织研究并非某个"权威"学科的专属，对这一领域的多学科共同关注，不仅使其研究获得更多元、更兼容和更开放的空间，而且使研究更为系统和深入。但已有研究的不足也非常明显，其中最突出的在于欠缺社会性别敏感。这不仅仅表现在囊括妇女非政府组织在内的非政府组织整体研究中，按性别分类未受到足够重视，妇女非政府组织作为一类特殊的非政府组织很少独立成类，因此在非政府组织的实证研究中难以了解妇女非政府组织的发展现状与存在问题；而且表现为以妇女非政府组织为个案的调查研究，也多以揭示非政府组织的发展规律为目标，很少致力于揭示其作为性别组织在结构和功能上的独特性，尤其是没有能够深入地探讨妇女非政府组织的发展与社会性别文化之间的关系。并且，由于深受西方的影响，学界过于以城市文化来观察分析中国的妇女非政府组织，这不仅导致对农村妇女非政府组织发展的漠视，而且无法挖掘中国自身的特色。将非政府组织作为社会的一极并视为公民社会重要组成源于西方文化，与中国传统文化并不契合。在中国传统社会中，社会的一极长期以来是由融合了血缘与地缘关系的村落社区来承担的。

综上可见，对农村妇女组织的发展进行性别透视，不仅可以弥补当前研究中性别视角的缺失，揭示农村性别文化的变迁规律，而且有助于探讨中国妇女非政府组织发展的特色，探索中国情境下非政府组织的发展规律。

第三节　研究设计

一　理论依据

（一）社会性别理论

社会性别理论是本书的主要理论视角。社会性别理论将性别区分为生理性别与社会性别，认为社会性别是一种社会建构，两性的社会角色和地位责任不是与生俱来，而是被建构出来的。社会性别理论要求用发展变化的视角看待社会性别，将女性视为发展的主体而不是工具，它反对孤立地研究女性和女性问题，认为应该将其放在两性共同塑造的社会角色和权力结构中进行研究，并认为社会性别制度和性别结构中，不仅包括两性之间不平等的权利关系，同时也有对两性发展的不同限制和制约。借鉴社会性别理论的观点，本书在考察妇女非政府组织时，提出了组织性别的概念，并认为组织的性别也可以分为生理性别与社会性别，致力于在揭示其生理性别与社会性别关系的基础上，探讨组织的发展与社会性别文化重构的关系。

（二）组织制度生态学理论

组织制度生态学理论是组织生态学理论发展的一个新的分析视角和研究框架，是组织生态学理论与新制度理论的结合。组织制度生态学理论一方面借鉴了新制度理论的一系列概念，如合法性、制度性同形等；另一方面，将组织生态学的观点应用于制度理论，主要表现在：用组织选择理论研究组织形式的配置对现存制度安排的破坏和对组织—制度共同进化的影响；用生态位重叠理论和共生理论研究组织之间对制度资源的竞争，明确制度环境与制度安排的生态学基础；用种群演化理论研究制度演进规律，建立基于自然选择过程的制度演化研究框架；以家庭选择、亲属选择和群体选择为基础，研究进化利他主义和本土利他主义的制度基础；用生物多样性原理研究组织制度的分化和组织多样性的形成机理。组织制度生态学理论为本研究对组织与环境关系的探讨提供了理论依据。

二　核心概念

（一）妇女非政府组织与妇女组织

本书中将非政府、非企业的所有组织称为非政府组织，其内涵与非营利组织基本等同。在我国，这类组织也称为社会组织。在非政府组织中，满足以下两个条件之一，就可以称为妇女非政府组织。条件一：以妇女为主体组成；条件二：主要以妇女为服务对象或研究对象。据此，当前中国的妇女非政府组织主要包括以下三种类型：一是以妇女为主体组成的非政府组织，如女企业家协会、女医生协会等；二是主要以妇女为研究对象的非政府组织，如各省市、各高校建立的妇女研究中心等研究机构；三是主要以妇女为服务对象的非政府组织，如为农村流动妇女服务的打工妹之家等。

实际考察发现，组织服务对象或研究对象为妇女的非政府组织基本上都是以妇女为主体组成的，而在中国的特殊国情下，并不存在着西方国家那样的理想状态的非政府组织，因此，本书将妇女非政府组织视为一个由非政府性强弱不等的妇女组织所构成的集合。故此，在本书中，妇女组织即妇女非政府组织。

（二）农村妇女组织

依据妇女非政府组织的定义，在本书中，农村妇女组织指以农村妇女为主体组成，或以农村妇女为服务对象或研究对象的非政府组织。由于农村妇女因人口流动而分化为进入城市的流动妇女和留守农村的在村妇女，因此，无论是以城市中的流动妇女和（或）农村中的在村妇女为主体组成，还是以城市中的流动妇女和（或）农村中的在村妇女为主要服务对象或研究对象的非政府组织，均为本书所指的农村妇女组织。

（三）社会性别

性别作为生命存在的方式，用于人类，一般指男女。《现代汉语词典》将性别定义为"雌雄两性的区别，通常指男女两性的区别"（中国社会科学院语言研究所词典编辑室，1983：1293）。女性主义对性别进行了重构，提出了社会性别的概念，将性别区分为生理性别与社会性别。其中，生理性别（sex）指先天的、一般不可改变的男女两性的生理差异，亦指解剖学上所体现出的两性差异；社会性别（gender）指非生而具有的，可改变的，建立在男女生理差异基础上的社会性差异与社会性关系，是一种社会建构。

三　研究内容

本书运用定性为主，定量为辅的方法，通过对农村妇女组织的实证调查，运用社会性别视角，探讨农村妇女组织的结构与功能，揭示

其存在的问题并提出对策,具体研究内容如下:

第一,农村妇女组织发展状况研究。对农村妇女组织进行分类考察,深入探讨其结构与功能,归纳不同类型农村妇女组织各自的结构特征与功能特色,分析其组织环境状况,揭示其发展中存在的问题。

第二,农村妇女组织体系研究。在分类对农村妇女组织进行探讨的基础上,将农村妇女组织作为一个整体,分析其发展背景、特征、问题与趋势。

第三,运用社会性别的视角,在以上各章分析的基础上,从理论上探讨农村妇女组织的性别建构及其对社会性别文化建构的影响。

第四,农村妇女组织的发展对策。通过以上分析,针对农村妇女组织存在的问题,依据组织与环境理论,分别从政府和妇女组织两个方面,提出促进农村妇女组织健康发展的对策建议。

四 思路框架

妇女组织是依据性别划分的一类特殊的非政府组织,它由妇女组成,为妇女服务。在男权社会,妇女组织的产生,是两性和谐发展的需要,其发展的历程,是与环境相互作用的过程,这一过程深受社会性别文化的影响,同时也影响着社会性别文化的发展。因此,妇女组织承担着特殊的角色,具有其他类型组织不可替代的功能。

本书从微观、中观和宏观三个层面展开。其中,微观层面以个体为分析单位,关注组织内的个体行为及个体成员之间的相互关系,借助于组织成员与服务对象等不同视角来认识农村妇女组织;中观层面以组织为分析单位,关注组织自身的结构与功能,侧重于探讨不同类型的农村妇女组织发展的特征及其发展中存在的问题与困难;宏观层面关注的是作为种群的农村妇女组织,以组织体系为分析单位,侧重于考察作为性别组织的农村妇女组织体系在社会性别文化重构中的地位与作用。

为了更好地揭示不同类型农村妇女组织的发展特征,本书在微观和中观层面对农村妇女组织进行分类探讨,在宏观层面,再将妇女组织作为一个整体来进行系统分析。据此,本书共七章,各章基本内容如下：

第一章：介绍研究背景、目的与意义、研究现状、研究设计及研究的创新与不足。

第二章：以自上而下建立的农村基层妇联组织为代表，通过分析其结构与功能，探讨其转型，揭示强政府性妇女非政府组织的发展特征与问题。

第三章：在城镇化的背景下，对城市中的农村流动妇女组织进行考察，分析其结构与功能，探讨其问题及发展方向。

第四章：对扎根农村社会的草根妇女组织的结构与功能进行考察，探讨其存在的问题，描述弱政府性妇女非政府组织的发展状况。

第五章：在第二章、第三章与第四章对农村妇女组织进行分类分析的基础上，将农村妇女组织作为一个整体，分析其发展背景、特征、问题与趋势。

第六章：运用社会性别的视角，在以上各章分析的基础上，从理论层面探讨农村妇女组织的性别建构及其对社会性别文化建构的影响。

第七章：在归纳研究结论的基础上，进行学术讨论，依据组织与环境理论，基于农村妇女组织的发展现状，针对其存在的问题，分别从政府和妇女组织两个方面提出发展对策。

本书拟解决的关键问题是：从社会性别的视角来看，在农村妇女组织的产生与发展环境中，是否充满了男权主义的偏见和歧视？农村妇女组织的产生与发展，是否有助于改变不平等的社会性别文化，促进男女平等的实现？而从组织社会学的角度，本书希望通过对农村妇女组织发展的社会性别分析，思考和回答：组织作为一个实体，在性别的社会建构中扮演着什么样的角色？

五　研究方法

（一）资料收集的方法

本书以定性资料的收集为主，同时通过问卷调查等方法收集了部分定量资料。为了充分发挥定量数据与定性资料各自的优势，使它们能够互为补充，研究在资料的收集时采用了整体式结合中分叉设计的方式。具体来说，本书资料的收集过程分为三个阶段：第一阶段，运用质性研究方法进行资料的初步收集，了解研究对象的大致情况，对研究内容有初步的把握，形成研究的基本框架。第二阶段，依据所调查的农村妇女组织的不同，选择适合的方法进行调查研究。第三阶段，将定量资料与定性资料相结合，综合探讨农村妇女组织的发展。

本书的资料收集方法主要有文献法、个案访谈法、问卷调查法和观察法。

第一，文献法。与个人的调查不同，组织的调查拥有丰富的文献资料，因此，文献法是本书重要的资料收集法之一。本书运用各种方式收集农村妇女组织的文献资料。具体来说，文献资料主要来源于以下五个方面：（1）农村妇女组织提供的内部资料，如组织的章程、规章制度、工作计划、工作总结、会议记录、年报等；（2）农村妇女组织的公开资料，如组织的宣传资料、组织发行的刊物、组织网站发布的各种信息、媒体对组织的报道等；（3）农村妇女组织的研究资料，主要是组织自身或学者们对组织进行调查研究后发表的学术论文或研究报告；（4）各地农村妇女组织的统计数据；（5）与农村妇女组织发展相关的国家法律条文、规章制度以及条例，等等。

第二，访谈法。访谈法是本研究最重要的资料收集方法。本研究的访谈主要包括以下几类人群：（1）农村妇女组织的创始人与主要负责人；（2）农村妇女组织的工作人员（包括志愿工作者）；（3）农村妇女组织的服务对象及其家庭；（4）相关部门的领导与工作人员。本研究共访谈了组织负责人、创始人14人，其中农村基层妇联组织的负责人6人，农村流动妇女组织创始人、负责人3人，其他5人；农村妇女组织工作人员11人，其中农村基层妇联组织的工作人员3人，农村流动妇女组织工作人员5人，其他3人；各类农村妇女组织服务对象及家庭成员25人；相关部门负责人与工作人员5人，其中民政部门的领导2人，地方各级政府部门负责人3人。

第三，问卷调查法。由于当前组织的研究中社会性别敏感的缺乏，目前按性别分类并没有成为非政府组织分类的一个基本标准，并且，我国非政府组织的管理采用的是分层管理的方式，大量的草根组织没有纳入统计范围，因此，难以运用定量的研究方法对组织的发展进行统计分析。为此，本书的问卷调查法主要运用于农村基层妇联组织工作人员与服务对象的调查。本书以荆门市为个案，于 2009 年 7 月到 9 月进行了问卷调查，调查对象分为两类：一是农村基层妇联组织工作人员（以乡镇及村一级从事妇联工作的妇联组织工作人员为主，包括市、区（县）妇联组织工作人员）。在荆门市妇联的大力支持与帮助下，共发放农村基层妇联组织工作人员问卷 250 份，回收有效问卷 212 份，有效回收率为 84.8%。二是荆门市农村妇女。依据分层抽样抽取了 200 名荆门市农村妇女进行调查，回收有效问卷 177 份，有效回收率为 88.5%。

第四，观察法。为了深入了解农村妇女组织的发展环境和运作方式，明确其存在的问题，本研究还采用了参与观察法。研究选取了三个农村妇女组织，三位调查者以志愿工作者的身份，分别在每个组织中工作了 3 个月的时间，全程参与了组织的各项活动。在此期间，不仅对这些组织的内部运作过程进行了全面观察，而且对其如何与服务对象建立关系、服务对象的生活环境等都进行了细致观察。

（二）资料的整理方法

对收集的资料，首先进行全面审核，尽量消除原始资料中存在的虚假、错误、短缺、冗余等现象，保证资料的真实、有效、完整。在审核后，研究采用开放式编码的方式，通过反复阅读访谈记录，寻找分类的标准，对资料进行了编码分类。

为了提高研究的信度与效度，本书在资料的整理过程中运用了三角校正的方法。三角校正也称多元资料检证，是一种利用不同的方式与方法（人、事、时、地、物）来提升研究的准确性并修正研究方向与过程以获得客观性的数据及结果的方法。本书运用的三角校正包括数据、研究者与方法三个方面，如图 1-2 所示。在研究者校正上，无论是收集资料还是解释资料，都有多人参与，是研究团队共同工作的结果，是集体智慧的结晶；在资料的校正上，综合运用了问卷数据、访谈记录、观察资料、文献资料进行相互检验和佐证；在方法的校正上，则运用了定量与定性研究中的众多方法进行相互校正。

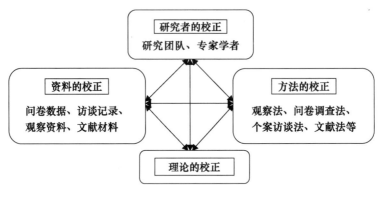

图 1-2 三角校正图

（三）资料的分析方法

1. 定性资料的分析

定性资料的分析常用的主要有连续接近法、举例说明法、比较分析法、流程图方法等。本书运用的主要是连续接近法和比较分析法。

所谓连续接近法，即"通过不断地反复和循环的步骤，使得研究者从开始时一个比较含糊的观念以及杂乱、具体的资料细节，到达一个具有概括性的综合分析的结果"（风笑天，2001：311）。具体来说，研究着重从社会性别视角出发揭示农村妇女组织发展的规律性，首先，通过阅读和分析所收集的质性资料，寻找各种证据，分析所探讨问题与资料中发现的证据之间的适合性；同时，通过创造新的概念或修正原有概念使其与证据更相吻合。在此基础上，从资料中寻找其他证据，对此前出现的尚未解决的问题进行深入探讨。由此，通过不断地修正和完善，使证据和理论之间更为契合。

比较分析试图通过事物异同点的比较，以达到对事物全面深入的了解认识。本书在运用比较法时，一方面，既注重同中求异，也注重异中求同；另一方面，不仅进行横向比较，还进行纵向比较。具体来说，本书在对各个农村妇女组织的资料进行分析时，既对它们当前的发展状况进行异同比较，也对它们的发展历程进行异同比较，在此基础上概括各类农村妇女组织的发展特征，指出它们的问题，提出发展对策。

2. 定量资料的分析

由于本研究对多个群体进行了问卷调查，对于回收的调查问卷，首先进行完整性、有效性与真实性的审核，剔除无效问卷；然后进行编码，录入 SPSS 统计软件，建立数据文件。定量分析主要是单变量的描述分析与双变量、多变量的相关分析。

定量资料与定性资料各有所长，两者无法相互替代。本书总体上以定性资料为主，定量资料为辅。这是由社会性别研究的特性决定的。社会性别与质的研究方法具有天然的联系性。要揭示社会性别的重构过程，定量的研究难以深入，只有运用质性研究方法进行深层挖掘才可能实现。在本研究中，定量资料的分析主要是作为对定性资料的补充，在一些相对成熟的方面进行数量的描述与检验。

六　个案选取

（一）个案选择的标准

已有的统计数据和调查研究显示，当前中国非政府组织的发展呈现出明显的地域不均衡性。东部地区相对发展得最好，西部地区次之，中部地区成为非政府组织发展的洼地，发展相对滞后。对于农村妇女组织来说，这一不均衡性同样存在。为了更全面地了解农村妇女组织的发展状况，本书在东、中、西部三个地区中各选择一定数量的农村妇女组织个案进行实地考察，但并不致力于进行地区间的比较。

在考虑区域差异的同时，为了更全面地揭示农村妇女组织的发展现状，从而深入地发掘存在的问题，准确地概括组织的发展模式，研究对个案的选取除要求包括东部、中部和西部三个不同地域的组织外，还考虑了以下几个主要因素：（1）组织的产生类型，既要有自上而下产生的组织，也要有自下而上产生的组织。（2）组织的性质：既要有官方性较强的组织，也要有民间性较强的组织，同时还要有介于两者之间的组织。（3）组织的规模：既要有相对较为成熟的、结构比较完善、规模相对较大的组织，也要有相对不太成熟、结构不太完善、规模较小的组织。（4）组织的活动领域：因为组织的活动领域分类多，为了便于比较，在覆盖多领域的基础上，适当地考虑活动领域的同一性。(5) 组织的服务对象:既有服务于一般人群,即所有的妇女的农村妇女组织,也有服务于特定的妇女群体的农村妇女组织;在服务特定的妇女群体的农村妇女组织中,既有服务强势妇女群体的组织,也有服务弱势妇女群体的组织。

(二) 个案选择的过程

本书首先通过查找文献资料和统计数据,了解全国各地区非政府组织和妇女非政府组织的发展概况,然后据此在东部、中部、西部①三个地区中选择省 (自治区、直辖市)。依据组织发展的典型性和调查的方便性,在东部地区选择了北京市、山东省,在中部地区选择了湖北省与安徽省,在西部地区选择了云南省和广西壮族自治区。

确定了所选的省 (自治区、直辖市) 后,首先了解当地妇女组织的发展概况,收集统计数据、研究报告和典型农村妇女组织的信息。然后依据研究需要进行组织个案的初选,力图使三个地区的农村妇女组织既具有当地特色,也在一定程度上具有可比性。组织个案初步确定后,通过电话、电子邮件和上门拜访等多种形式与组织的相关工作人员进行联系,获得组织支持后再开展正式调查。

(三) 个案简介

本书在东部和西部地区各选择了 4 个农村妇女组织,在中部地

---

① 将我国划分为东部、中部、西部三个地区的时间始于 1986 年,由全国人大六届四次会议通过的 "七五" 计划正式公布。东部地区包括北京、天津、河北、辽宁、上海、江苏、浙江、福建、山东、广东和海南等 11 个省 (市);中部地区包括山西、内蒙古、吉林、黑龙江、安徽、江西、河南、湖北、湖南、广西等 10 个省 (区);西部地区包括四川、贵州、云南、西藏、陕西、甘肃、青海、宁夏、新疆等 9 个省 (区)。1997 年全国人大八届五次会议决定设立重庆市为直辖市,并划入西部地区后,西部地区所包括的省级行政区就由 9 个增加为 10 个省 (区、市)。由于内蒙古和广西两个自治区人均国内生产总值的水平正好相当于上述西部 10 省 (市、区) 的平均状况,2000 年国家制定的在西部大开发中享受优惠政策的范围又增加了内蒙古和广西。目前,西部地区包括的省级行政区共12 个,分别是四川、重庆、贵州、云南、西藏、陕西、甘肃、青海、宁夏、新疆、广西、内蒙古;中部地区有 8 个省级行政区,分别是山西、吉林、黑龙江、安徽、江西、河南、湖北、湖南;东部地区包括的 11 省级行政区没变。

区选择了 6 个农村妇女组织进行了实地考察。这些个案的基本情况见表 1 - 1。为了更好地描述某一类型的组织状况，在对个案进行调查的基础上，研究还对农村妇女组织在全国范围内进行了比较系统的文献资料收集。

为了更好地保护被调查对象，实地调查所获得的所有组织资料都应该进行匿名化处理。但组织资料的匿名化处理比个人资料的匿名化处理要困难得多，尤其是对于以组织为研究单位的个案研究。这一方面是因为组织作为人群共同体具有公众性，另一方面也是因为组织有着丰富的文献资料，这些文献资料常常是公开的，而组织研究也在相当大的程度上依赖于这些公开的或内部的文献资料，并且分析时很难将这些资料与对组织进行实地调查所获得的其他资料采用不同的分析方式，完全分隔开来。对于这一问题，当前组织研究中尚未有较成熟的匿名化处理方法。为了充分地使用各种资料并切实保护调查对象，在研究中我们采用了分类处理的方法：首先，对于组织层面的材料与个人层面的材料，采用不同的处理方式；其次，依据组织发展的实际差异，对不同类型组织的资料采用了不同的处理方法。

具体来说，在组织层面上，本书将实地调查的农村妇女组织分为两大类。第一类：具有较大的社会影响力，拥有较为丰富的文献资料，尤其是公开资料（包括组织对外的宣传材料、网站资料以及前人对该组织所做的访谈和调查研究成果等）的组织。对于第一类组织，公开资料均不进行匿名化处理，实地调查的资料原则性上亦不进行匿名化处理，但对于可能会对调查对象带来负面影响的或被调查者要求进行匿名的，则进行模糊化处理。第二类：社会影响力较小，文献资料尤其是公开文献资料较少的组织。这类组织所有的调查资料均进行匿名化处理。在进行匿名化处理时，除对被调查的个人在正文中使用化名或使用个案编号进行替代外，同时，对涉及其所在的组织的相关信息，如组织负责人、工作人员、服务对象的姓名以及组织名称、组织地点等，均进行匿名化处理。对于组织创始人和负责人的资料，也依据同样的原则进行处理。此外，对于从期刊、报纸、网络等渠道收集到的非实地考察的农村妇女组织资料，包括组织的网络资料、组织出版的宣传册或刊物、组织的媒体报道、以组织为研究对象公开发表的论文资料等信息，在标注来源的同时，不进行匿名化处理。

表 1-1 实地调查个案的基本情况

编号	组织名称	所在地区	活动地域	服务对象	组织创始人/负责人
Z01	种植合作社（化名）	山东	农村	农村妇女	周莹（化名）
Z02	山县妇联组织（化名）	山东	农村	所有妇女	未知
Z03	北京打工妹之家	北京	城市	打工妹	谢丽华
Z04	北京同心希望家园	北京	城市	打工妹	马小朵
Z05	荆门市妇联组织	湖北	城乡	所有妇女	未知
Z06	武展社区打工妹之家	湖北	城市	打工妹	任莲芳
Z07	红丝带组织（化名）	湖北	农村	女艾滋病患者	张军（化名）
Z08	食用菌种植合作社（化名）	湖北	农村	农村妇女	李玉（化名）
Z09	双孢菇合作社（化名）	湖北	农村	农村妇女	周玲（化名）
Z10	含山县留守妇女互助小组	安徽	农村	农村妇女	王自莲
Z11	西县妇联组织（化名）	广西	农村	所有妇女	未知
Z12	葡萄专业合作社（化名）	广西	农村	农村妇女	韦红（化名）
Z13	手工艺品合作社（化名）	广西	农村	农村妇女	莫萍（化名）
Z14	云南大理莲池会	云南	农村	信教妇女	未知

在个人层面上，对于所访谈的个体，除公开材料外，所有调查资料一律进行严格的匿名化处理。并且，为了更好地保护被调查对象，文中引用其资料除组织层面使用外，一律只给出个案编号。为更好地保护被调查对象，个案编号仅采用两级编码：第一级为被访对象的身份，其中，CZ 为组织的创始人或当前负责人；CO 为组织工作人员（包括志愿工作者）；CF 为组织服务对象；CG 为相关工作部门的工作人员，CP 为一般群众。第二级为个案的序号，没有任何实际的意义，仅为区分不同的个案。主要的访谈对象的编码见表 1-2。

表1-2　　　　　　　　　主要访谈对象基本信息表

个案编号	性别	身份	个案编号	性别	身份
CZ-1	女	组织创始人	CF-1	女	组织服务对象
CZ-2	女	组织创始人	CF-2	女	组织服务对象
CZ-3	女	组织创始人	CF-3	女	组织服务对象
CZ-4	女	组织创始人	CF-4	女	组织服务对象
CZ-5	男	组织创始人	CF-5	女	组织服务对象
CZ-6	女	组织负责人	CF-6	女	组织服务对象
CZ-7	女	组织负责人	CF-7	女	组织服务对象
CZ-8	男	组织负责人	CF-8	女	组织服务对象
CZ-9	女	组织负责人	CF-9	女	组织服务对象
CZ-10	女	组织负责人	CF-10	女	组织服务对象
CZ-11	女	组织负责人	CF-11	女	组织服务对象
CZ-12	女	组织负责人	CF-12	女	组织服务对象
CZ-13	女	组织负责人	CF-13	女	组织服务对象
CZ-14	女	组织负责人	CF-14	女	组织服务对象
CO-1	女	组织管理者	CF-15	女	组织服务对象
CO-2	女	组织管理者	CP-1	女	一般群众
CO-3	女	组织管理者	CP-2	女	一般群众
CO-4	女	组织管理者	CP-3	女	一般群众
CO-5	女	组织工作人员	CP-4	女	一般群众
CO-6	女	组织工作人员	CP-5	女	一般群众
CO-7	女	组织工作人员	CP-6	女	一般群众
CO-8	女	组织工作人员	CP-7	女	一般群众
CO-9	女	组织工作人员	CP-8	女	一般群众
CO-10	女	组织工作人员	CP-9	女	一般群众
CO-11	男	组织工作人员	CP-10	女	一般群众
CO-12	女	组织志愿工作者	CP-11	女	一般群众
CO-13	女	组织志愿工作者	CP-12	女	一般群众

续表

个案编号	性别	身份	个案编号	性别	身份
CO‐14	女	组织志愿工作者	CP‐13	女	一般群众
CO‐15	女	组织志愿工作者	CP‐14	女	一般群众
CG‐1	男	相关部门管理者	CP‐15	女	一般群众
CG‐2	男	相关部门管理者	CP‐16	女	一般群众
CG‐3	男	相关部门管理者	CP‐17	女	一般群众
CG‐4	男	相关部门管理者	CP‐18	女	一般群众
CG‐5	女	相关部门管理者			

七 研究创新

第一,从社会性别视角出发,充分凸显农村妇女组织作为性别组织的特征。首先,尽管组织以及非政府组织的研究成果丰硕,其研究也不断细化深入,但研究呈现出明显的性别敏感缺乏;其次,一些研究虽然致力于探讨农村妇女组织,却对这类组织作为女性组织的独特性以及其在城乡二元社会中的处境缺乏关注,没有深入地探讨农村妇女组织与发展环境的关系,也未能很好地揭示其特有的角色与功能,尤其是这类组织在协调两性关系上的功能与作用。本书以农村妇女组织为研究对象,运用社会性别视角对其进行全面探讨,研究视角有新意。

第二,从城镇化的背景出发,注重揭示城乡二元背景下农村妇女组织的发展差异。本书从微观、中观和宏观三个层面展开对农村妇女组织的性别分析。其中,微观层面以个体为分析单位,主要通过剖析组织的构成,借助于组织成员与服务对象等不同视角来认识组织的结构与功能;中观层面以组织为分析单位,关注组织与外界环境的关系,侧重于探讨组织发展的特征及其发展中存在的问题与困难;宏观层面以组织体系为分析单位,侧重于考察作为性别组织的农村妇女组织体系在社会性别文化重构中的地位与作用。在微观和中观层面,本书对农村妇女组织进行分类剖析,在宏观层面,则进行整体分析。由此,本书既深入地揭示了不同农村类型妇女组织的特色,又整体概括了农村妇女组织的状况，研究内容有创新。

第三，基于实证和理论的探讨，提出了组织性别的分类与分层。在实证研究的基础上，本书第一次提出了组织性别的概念，认为与个人一样，组织也有性别并且有生理性别与社会性别之分。与个人不同的是，组织的性别（包括生理性别与社会性别）除了男女两性之外，还有中性。农村妇女组织的生理性别虽然为女性，其社会性别却是多元的。当前我国的农村妇女组织只有少数社会性别为女性，大多数农村妇女组织的社会性别为男性，而理想的组织社会性别应是中性。因此，农村妇女组织的发展虽然在一定程度上促进了两性的平等，但总体上依然是传统社会性别文化的维护者，并未触动男权国家的根本，其实际功能与期望功能之间仍存在着较大的差距。

第四，从双向的视角，揭示了组织在性别建构中的地位。在当前的组织研究中，尽管有众多的理论视角，但归纳起来，主要有两类，一类是从上往下看，一类是从下往上看。本书认为，无论从上往下看，还是从下往上看，对于组织的认识都不充分。组织是个人与社会的桥梁和纽带，它居于中观层次。要深刻地认识组织的结构、功能与问题，在从上往下看和从下往上看的同时，还必须从中间往上下看。从组织往上看，可以看到国家如何作用于组织，组织能否改变国家，可以用什么方式，在多大程度上改变；从组织往下看，可以看到社会是如何组织起来的，组织对社会生活会产生怎样的影响，怎样产生影响。从中间往上下看，既不同于从上往下看，也不同于从下往上看，并且不是两者的简单结合。在人们从上往下看或从下往上看中，视线是一维的，是上下两个终点之间。而从中间向上下看，是一个不同的视角，是双向的，而且是连续的、交叉的、融合的。它寻找的是一个两极的交叉点，由此打破了两分的局限，即整个结构转化为上中下，

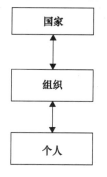

图1-3 双向的视角

而非简单的上下。我们将从组织往上下看的视角简称为双向视角，如图1-3所示。

　　将社会性别的视角与双向视角相结合，本书认为，作为组织的成员构成，个人无疑是有性别的，而将组织作为一个有机体，则由有性别的人所组成的组织实体实际上也是有性别的。与此相对应，由组织所建构的国家也有性别。组织作为连接个人和国家的纽带，其性别建构既是宏观层面社会性别文化建构的载体和关键，又是微观层面是个体性别社会化和性别体验的主要来源。

第二章 转型中的农村基层 妇联组织

农村基层妇联组织是最具中国特色的、本土化的农村妇女组织。在农村妇女组织体系中，妇联组织的地位既非常独特又异常重要，从某种意义上说，不了解农村基层妇联组织，就无法准确地把握农村妇女组织的过去、现在与未来。

全国人大常委会副委员长、全国妇联主席陈至立在纪念中华全国妇女联合会成立 60 周年的报告中指出：全国妇联已发展成为世界上人数最多、覆盖面最广、组织规模最大、组织网络系统最完备的妇女组织。据全国妇联组织部统计，全国有省地县乡各级妇联组织 52807 个，城乡基层妇女代表会 830869 个，县以上党政群机关、科教文卫等事业单位建立的妇女委员会有 6.8 万个（孙晓梅，2008：58）。为了深入认识这一特殊类型的农村妇女组织，本书在对山东、广西、湖北等多地妇联组织进行调查的基础上，以湖北省荆门市妇联为个案，对农村基层妇联组织的发展状况进行深入探讨。

荆门市妇联成立于 1949 年 10 月，其前身是荆门县民主妇女联合会、荆门县妇女联合会。全市现有妇女 146.32 万人，有妇女组织 1815 个，其中县（市、区）妇联 7 个（含屈家岭管理区妇联 1 个，荆门经济开发区妇联 1 个），乡（镇、街办）妇联 57 个，社区妇代会 159 个，村级妇代会 1406 个（含屈家岭管理区生产大队妇代会）；市直国家机关妇女委员会 64 个，拥有团体会员 8 个，新经济组织中妇女组织及流动中介妇女组织 22 个，配备专兼职妇女干部 1818 名，其中专职 102 名。曾获"全国妇联系统基层组织建设先进单位"称号和"全国'三八'红旗集体"等荣誉称号。

第一节　妇联组织的性质

一　国内外对妇联组织性质的争论

依据西方学术界的学理和分类方法来分析中国的妇联组织，其非政府组织的性质总是被质疑。事实上，1993年全国妇联参加在马尼拉举行的亚太妇女非政府组织论坛时，就引发了妇联组织是否是"真正的NGO"的争论。一些西方的学者认为，中国的妇女组织没有社会性别意识，中国没有真正意义上的妇女非政府组织。当时，作为对否认妇联是非政府组织的回应，中国政府正式宣告全国妇联是"中国最大的提高妇女地位的非政府组织"。1994年2月，在《贯彻执行"内罗毕提高妇女地位战略"的报告》中，中国政府再次重申"全国妇联是改善妇女地位的最大的NGO"。这表明，中国政府对妇联组织性质的定位是非政府组织。

国内学界对妇联组织的性质也一直都有争议，学者们的观点大体上可以归纳为三类，即政府组织、准政府组织与非政府组织。此外，亦有学者指出妇联组织的性质实际上是不断变化的（仇乃华，2000）。

从组织自身的视角来看，全国妇联对于自己的性质也不明确，虽然在参加妇女的国际活动时，将自身定位为非政府组织，但是直至2003年新修改中华全国妇女联合会章程，妇联组织仍然沿用了"社会群众团体"的名称，在正式报告中，也一直没有使用非政府组织来表述自身的性质。

本书认为，不能简单评判以上不同观点的正误，这些观点并不改变客观存在着的妇联组织的性质，也不应仅限于从妇联组织自身的定义以及国家的定位这些视角来看待妇联组织，而应进入到具体的妇联组织中，从妇联组织的工作人员及广大妇女群众的角度去观察分析妇联组织的性质究竟是什么。当前的非政府组织研究充斥着西方的话语，将组织与中国自身的历史文化相连接，从组织内部及其微观环境来认识组织，是非政府组织中国化一个非常重要的切入点。只有将农村基层妇联组织置身于其所处的时代特征与地域环境，才能深入地理解其性质。

二　妇联干部对妇联组织性质的认知

荆门市的调查表明，如表 2 - 1 所示，43.3% 的妇联干部认为妇联组织属于政府机构，11.0% 的妇联干部认为其是民间组织，43.3% 的妇联干部选择了其他，并标注为群团组织，2.4% 的妇联干部则明确表示不清楚。由此可见：一方面妇联干部对妇联组织性质的认识并不统一，认为妇联组织是政府机构和民间组织或者其他都有，而且都非个例；另一方面，近半数妇联干部选择了其他，并且将其标注为群团组织，说明妇联干部对于民间组织与群团组织的关系认知并不清晰，在他们看来，民间组织是民间组织，群团组织是群团组织，并不了解两者之间的关系；更确切地说，他们认为群团组织毫无疑问并不是政府组织，但它也并不是民间组织。妇联干部在对妇联组织的性质中选择了其他，并标注群团组织，虽然与妇联组织的章程对妇联组织的定位是一致的，但从某种程度上也说明他们对妇联组织的性质认识具有模糊性，这也是当前妇联组织半官半民、非官非民组织特征的反映。

表 2 - 1　　　　　　　妇联干部对妇联组织性质的认识

妇联组织的性质	频次	百分比
政府机构	91	43.3
民间组织	23	11.0
不清楚	5	2.4
其他	91	43.3
合计	210	100.0

在访谈中发现，即使在问卷调查中明确回答妇联组织性质的妇联干部，对于妇联组织的性质常常也很迷茫。而且，对不同层次妇联干部的访谈显示，对于妇联组织的性质，越往基层，妇联干部的思考越少，认识也越简单。县市及以上的妇联干部更明确妇联并不是政府机构，她们多感叹"妇联是群团组织，没有实权。说话无人听，办事无

人跟"（CO-4），"妇联作为群团组织，不是实权部门，不是核心部门，在党政机关里属于非主流，没什么地位"（CZ-14），她们也常常思考妇联组织应该如何发展，讨论其应该如何转型。乡镇以下尤其是村级的妇联主任则对妇联组织的性质既不太了解也不太关心，用她们的话来说，"妇联是什么不重要，妇联做的事情是政府要求做的"（CO-6），"了不了解妇联的性质不重要，重要的是把要做的事情做好了"（CO-7）。

访谈还发现，妇联干部在对妇联组织是政府部门还是非政府组织的认识上虽然存在不同看法，但是，对于妇联组织作为妇女组织的认知却高度一致。几乎所有的妇联干部，都强调妇联是广大妇女群众的组织，是党和政府联系妇女群众的桥梁与纽带。也就是说，妇联干部虽然对妇联组织在官方与民间的二元划分中归属于哪一方并不明确，但对于妇联是妇女组织这一特性非常认同。

三 妇女群众对妇联组织性质的认知

广大农村妇女对妇联组织性质的认识与妇联干部的认识之间存在着明显的差异。从调查来看，对于妇联组织的性质，绝大多数农村妇女都认为妇联组织属于政府部门。在农村妇女看来，妇联的干部是政府的人，她们干的是政府的事，她们的工资是政府发的，她们办公的地方也在政府里面，因此"妇联当然是政府部门了"。访谈还发现，绝大多数农村妇女都没有听说过民间组织或非政府组织，因此她们从来没有将妇联组织与民间组织或非政府组织联系在一起。她们甚至也没有群团组织的概念，不能将政府部门与群团组织相区别。对于农村妇女来说，妇联的性质是非常统一和明确的，那就是妇联组织代表着政府，妇联组织的工作是政府工作的一部分。

在农村妇女对妇联的政府性认识高度一致的同时，调查还发现，她们对妇联组织作为妇女组织却呈现出高度的不认同。在妇女们看来，妇联代表政府，是国家的组织，但不代表妇女自身，不是妇女自己的组织。

四　妇联组织性质的模糊性及其影响

由妇联干部与农村妇女对妇联组织的认知差异可见，对于妇联组织的性质，不仅在学术上是一个具有争议的问题，在现实状态上，也呈现出明显的模糊性。不仅妇联组织成员眼中的妇联组织具有不同的性质，而且妇联组织成员对妇联组织性质的认同与妇女群众眼中的妇联组织截然不同，一个是非政府的，一个是政府的。简言之，妇联组织的性质在现实中并不明确，具有模糊性。

妇联组织性质的模糊性对于妇联组织自身的工作无疑是一个巨大的挑战。一方面，当妇联组织被妇女群众认为是政府组织但其自身又不是一个政府部门时，妇女群众对其行为意义的理解及对其行为的评价都需要慎重对待。名实不符，不仅可能使广大妇女群众由于对妇联的性质认识不清而对其寄予过高的期望，也可能让广大妇女群众在不了解妇联性质的情况下，将由于妇联组织"缺位"而产生的对妇联的意见转化为对政府的抱怨。另一方面，当妇联组织自身定位为群团组织，但与政府之间有着紧密而复杂的关系，担着妇女群众眼中政府部门的"虚名"，却无相应的"实权"，如果不能摆正自身与政府的关系，不仅不利于妇联组织的准确定位，扮演好自己的角色，而且也不容易处理好与政府部门之间的关系，在工作中容易出现缺位、越位等问题。

第二节　妇联组织的结构

一　妇联组织的内部结构

（一）内部机构设置

从荆门市妇联的内部机构设置来看，共设有 4 部 1 室，分别为：办公室（市妇女儿童工作委员会办公室作为非常设机构挂靠在妇联）、组织联络部、宣传部、权益部（儿童部）与妇女事业发展部。2010 年实地调查时，荆门市妇联共有 13 名工作人员，其中，主席、副主席 3 人，正副部长 5 人，副处级 1 人，副科级协调员 3 人，司机 1 人。

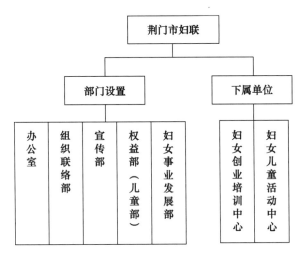

图2-1　荆门市妇联内部机构设置

此外，荆门市妇联有一个直属单位，即荆门市妇女创业培训中心，主要开展妇女干部、女企业家、女经纪人、女科技致富带头人等的职业技能培训方面的工作；有一个协管的下属单位，即荆门市妇女儿童活动中心，该中心成立于2000年11月，人员编制40人，属于事业单位性质，单位的级别为副县级，接受荆门市妇联的业务指导。

（二）纵向结构体系

从纵向看，向下，荆门市妇联组织之下不仅有各区县的妇联组织，而且各区县妇联组织之下还有各乡镇的妇联组织，往下一直延伸到各村的妇代会与社区的妇代会。截至调查时，荆门市有区市县级妇联组织1815个，其中县（市、区）妇联7个，乡（镇、街办）妇联57个，社区妇代会159个，村级妇代会1406个。与此同时，荆门市妇联在机关、科教文卫等事业单位建立了64个妇委会组织，组建率达100%。向上，荆门市妇联隶属于湖北省妇联，而湖北省妇联又隶属于全国妇联；由此，全国妇联构建起了一个庞大的全国性的组织体系，这个组织体系覆盖了人口的半数，即所谓的"妇联管一半"。如图2-2所示，妇联组织是一个多层级的组织体系，向下，组织不断延伸，直至最基层，服务面向所有妇女；向上，逐级负责，直至最高一级的全国妇联。

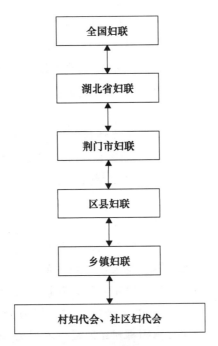

图 2-2　荆门市妇联在妇联组织体系中的位置

二　妇联组织的外部关系网络

（一）与其他妇女非政府组织的关系

妇联组织不仅具有内部的组织机构，它还以团体会员的形式，涵括了绝大多数的官方、半官方的妇女组织。从这个意义上说，农村基层妇联组织也可以看作是一个结构复杂的农村妇女组织的母体。

从荆门市的调查来看，依托妇联而建立的农村妇女组织是多种多样的。主要可以分为以下三种类型。

一是区域型妇女组织。通过不同农村行政村、企业之间相互联合建立"区域型"妇女组织，荆门市实现了农村妇女组织的强强联合、以强带弱和优势互补。1991 年，全国妇联联合 13 个部委在全国城镇启动了"巾帼建功"活动。荆门市妇联以提高妇女素质、凝聚妇女力量、激发妇女创造活力为重点，面向广大城镇妇女开展了丰富多彩的巾帼建功争先创优活动,积极引导、教育、激励城镇妇女参与社会主义现代化建设,取得了突出成绩。在此基础上,荆门市妇联决定拓宽"巾帼建功"活动领域,把面向城镇妇女开展的建功活动延伸到农村,使活动达到以城带乡、以乡促城、城级互动,促进城乡妇女协调发展的目的。以此为目标,荆门市各级妇联着力推动"城乡互助"活动,广泛动员城镇的巾帼示范岗、企业、妇委会、"三八红旗集体"等与农村妇代会建立新型的城乡"亲戚"关系,促进一岗或多岗带一村、一企或多企助一村、一个或多个集体帮一村。全市各级妇联先后组织83个巾帼示范岗、民营企业、妇委会、三八红旗集体与83个村妇代会结对,开展了"智力帮扶、文化帮扶、健康帮扶、生活帮扶"等为主题的联谊活动120多次,实现了城乡妇女在资源、信息、工作上的有效对接,形成了城乡互动的妇女发展新格局。如国家级"巾帼示范岗"——沙洋县人民医院妇产科结对后港镇黎坪村后,有效解决了该村妇女妇科病查治难的问题。省级"巾帼示范岗"——东宝区财政局国库收付中心与子陵铺镇南桥村结对后,对该村的建设发展项目给予积极扶持,减轻了村建设物资欠缺的压力。掇刀区妇联组织民营企业——常发大酒店与团林镇团林村结对后,不仅为该村妇女提供就业岗位,还与该村蔬菜种植大户签订了订单协议,使该村蔬菜的销售获得了保障。由"1"到"1+X"的嬗变,"巾帼建功"活动的横向拓展,极大地促进了农村妇女组织的发展。

二是"产业型"妇女组织。荆门市以村妇代会为基础,通过"村妇代会+基地+经济合作组织(专业合作社或协会)+女专业大户"等形式建立"产业型"妇女组织,培育了一批合作社女带头人,如蒋畈村油茶种植合作社社长李元美、段冲村养羊合作社副社长周万凤、光武岭村养猪合作社理事郭翠平等。农村妇女是促进农村经济发展的生力军,"巾帼建功"必须在新农村建设中有所作为。为此,全市各级妇联围绕新农村建设,大力推进了巾帼致富促进行动。第一,深入实施"女性素质工程",以开展"双学双比"和"五十万农家女学习新技术"活动为契机,有效整合社会资源,共举办种植、养殖、农产品加工等农业实用技术培训3136期,培训农村妇女16.98万人,使每人掌握了1—2门致富技术;同时在市内外建立农村妇女劳动力转移培训基地19个，培训农村女劳力5.07万人次，3.7万名妇女实现了转移致富。第二，大力培植女专业大户，向上争取项目资金100多万元，扶持了225名农村女科技致富带头人，培育以妇女为主创办、开发的产品品牌数16个，建立了20多个"双学双比"科技示范基地，先后有郭从莲等50余名农村妇女获得全国、省、市级"双学双比"女能手标兵称号，并以她们为中心，辐射带动了50多万农村妇女发展致富。第三，组织农村妇女大力发展特色经济，使广大农村妇女成为享誉一方的致富女能手。如京山县妇联组织农村妇女在永兴镇发展甲鱼养殖生产、罗店镇发展白花菜加工、孙桥镇发展桥米生产和优质猪养殖、钱场镇发展蛋鸡养殖等，使得100余名农村妇女在传统农业向现代农业的转变中实现转移，人平均年收入增加8000余元。第四，大力发展农村经济合作组织，全市共建立生猪养殖、林果特产种植、禽蛋加工、农机服务等"妇"字号农村经济合作组织75个，充分发挥了带动妇女互助合作发展的积极作用。如钟祥市妇联组织引导妇女建立的三利苗木专业合作社、旧口镇郑桥砂梨专业合作社、家美农机服务合作社，分别由优秀女农民冯晓燕、贺桂花、蒋传香负责，带动了106户农户种植花卉苗木，120户农户种植砂梨、200户农户实现农业的机械化、现代化。

三是"服务型"妇女组织。以妇女人才为主体，充分发挥其资源优势，以各类文化体育活动为抓手，引领广大妇女做先进文化的建设者、中华民族传统美德的传承者、社会新风尚的倡导者和社会主义道德规范的实践者。荆门市有585个村和社区成立了妇女腰鼓队、秧歌队、采莲船队等妇女文化活动团体，覆盖农村妇女群众2万多人。借助于这些文化娱乐组织，农村妇女充分利用农闲时间和节假日开展丰富多彩的文体活动，营造了健康向上的文明风尚。

调查还显示，荆门市妇联与各类农村妇女组织之间的关系有亲有疏，但两者是一种平等互助的伙伴关系，而不是上下级关系。妇联组织与作为其团体会员的各类农村妇女组织之间的关系虽然是比较松散的，但它却像一条线，将相互间欠缺联系的农村妇女组织连接起来，这也使妇联组织从某种意义上成为一个组织联结的纽带和交流的平台。而妇联组织也成为这些组织的重要资源，甚至成为它们获取广大妇女群众信任的名片。其他地区的妇联组织和农村妇女组织的调查也体现了这一点。

> 我们最开始的时候是从妇联这个口发展起来的，（妇联）并没有给我们资金上的支持。但是我们向妇联汇报工作的时候，她们会觉得我们和她们是一块的。因为我们做了很多项目，下去的话必须有当地政府的支持，没有当地政府的支持，当地的老百姓就不会信任你，所以我们下去的话基本上都是通过妇联这一条线下去的，这样建立信任关系就非常快。但是我们后续开展的活动和妇联是完全没有关系的，它也不会干涉我们。（CZ－6）

> 我们在搞活动的时候也经常把妇联一起放进来，就算其实只是挂个名。有妇联在里面，就可以很快和妇女建立起信任关系，很容易打开局面。地方的老百姓特别认政府，这个也是妇联和其他的组织不一样的地方。我们做工作的策略也会缓和一点，不会太激进。（CZ－7）

（二）与党政部门的关系

就荆门市妇联来说，依据工作需要，其内部设立了相关业务部门，行使对下一级妇联的工作指导。但其自身，根据妇联章程，必须接受同级党组织的领导。也就是说，它与上一级的湖北省妇联和下一级的各区县妇联之间，并不是领导与被领导的关系，仅是指导和被指导的关系，但它与同级的党组织之间，却是领导与被领导的关系。

由此可见，妇联组织主要依托党和政府的各级组织结构，在每一级党和政府的行政结构下相应地建立妇联组织，由此建立了从中央到地方的庞大组织网络。也正是如此，各级妇联组织都无须登记，先赋性地获得了政治合法性。而且，借助这样一种政治地位，妇联的行政经费、业务活动以及事业发展经费，都主要由政府拨款，列入各级财政预算。自1993年国家成立"妇女儿童工作委员会"后，"妇女儿童工作委员会"的各级机构又架构在妇联组织系统上，形成了"互倚"

性特征。这使妇联组织与党政部门的关系更为复杂。以荆门市来看，其市妇联的主席，身兼市妇工委办公室主任。两者的合一，使荆门市妇联也将政府性与非政府性矛盾地集于一体。

不仅是作为市妇联的最高管理者存在这样的矛盾交叉，从荆门市市委与荆门市妇联在长期工作中的关系来看，也可以看到荆门市妇联主要是以作为党政部门的荆门市妇工委直接接受荆门市市委市政府的管理。2007年1月9日，荆门市市委专门召开妇女工作会议，部署全市妇女工作，同时以荆门市市委的名义下发了《关于进一步加强和改进妇女工作的意见》，不仅明确将妇联组织建设纳入党的组织建设整体规划，而且就加强妇联干部队伍建设、实体阵地建设和落实妇女工作经费等方面提出了具体意见。随后，荆门市下发了《关于加强基层党建带妇建工作的意见》、《关于统筹城乡党建带妇建工作的意见》，明确了党建带妇建的指导思想、工作目标、主要任务，确保妇联基层组织建设与党的基层组织建设同步规划、同步实施、同步检查、同步考核。荆门市市委组织部还下发了《关于严格执行荆发〔2006〕13号文件精神落实乡（镇、街道）妇联主席由党委女领导兼任的通知》，确保了全市57个乡镇除7个女"一把手"书记不能兼任妇联主席外，其余50个乡（镇、街办）妇联主席均由党委女领导兼任，另配了1名专职副主席。与此同时，荆门市市委组织部还将妇联干部培训纳入了本级党校培训计划统一管理，共举办了3期妇女干部培训班，培训妇女干部200名，将乡镇妇联、村妇代会主任培训全面纳入党员干部培训基地培训。此外，通过交流轮岗、上挂下派等多种途径锻炼妇联干部，几年来，组织部门先后选派86名城市机关、社区女干部到农村挂职，先后派遣110名农村妇女干部到企业挂职，130名农村妇女干部到社区跟班学习。

综上可见，妇联组织本身并不是政府部门，但它与妇工委的交叉重叠，使其又同时作为党政部门而存在。

三　妇联组织的结构特征

由前述对荆门市妇联组织结构的描述可见，无论从横向还是从纵向来看，妇联组织的结构都非常复杂。而当扩展到妇联系统与其领导机构、拓展的组织等的关系时，其结构更为复杂。总体来看，农村基层妇联组织的结构表现出以下与一般农村妇女组织不同的特征。

（一）科层制的组织结构

从妇联组织内部结构来看，各层级妇联组织的纵向结构体系非常清晰，呈现出非常明显的科层制特征。不仅各层级都是依据行政体系进行设置，各岗位的职责及管理、考核、提升都是依据公务员的方式来进行。由于妇联的基本结构类同于政府机构，因此其结构具有典型的科层制特征。

（二）政治权力边缘的女性群团组织

作为群团组织，妇联组织与党政部门之间具有紧密的关系，但从整个政治权力体系来看，妇联组织并非主要和核心的部门。更准确地说，作为群团组织，妇联组织处于国家政治权力体系的边缘。

从直接领导部门来看，每一层级的妇联组织都隶属于其相应层级的党组织，直接接受各级党组织的领导。这使妇联组织体系整体上形成了一个从属于党政实质性层级制的虚线式层级结构。因此，妇联组织体系的真实结构并不像图2-2那样，而是如图2-3所示，即不是妇联系统内层级制的结构，是嵌入整个政府组织体系中的群团组织。

进一步剖析图2-3所展示的妇联组织体系结构的性别特征可发现，在这一组织体系中，各级妇联组织是一个完整的妇女组织体系，但领导它的各级党组织却是一个典型的男权组织体系。就调查来看，荆门市各级妇联组织的领导全部都是女性，其组织成员也基本上都是女性，而其各级党组织的领导基本上都是男性，其组织成员也以男性为主体。由此可见，妇联组织是一个为男权制政治组织体系所领导的，处于政治权力边缘的女性群团组织。

（三）女性组织的权威

虽然在政府领域中属于边缘，但对于女性及其所建立的组织体系来说，妇联组织却是其权威。

以妇联为核心的农村妇女组织体系，一方面突出了妇联组织在农村妇女组织体系中的地位，借助于妇联的强政府性，使农村妇女组织的影响力、资源获取能力增强；另一方面，借助于作为妇联的团体会

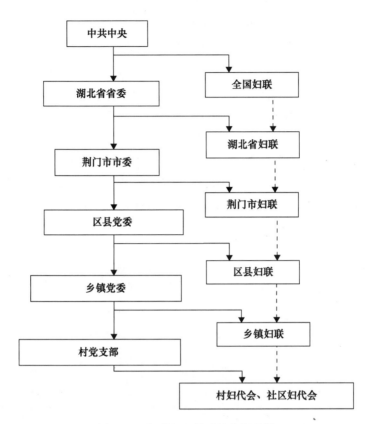

图 2-3 妇联组织体系的实际结构

员的各类农村妇女组织，妇联的工作能够更好地辐射到各类女性群体。

综上可见，妇联组织的结构表现出突出的双重性，即既权威又边缘，既紧密又松散，既政府性强又政府性弱。这使其工作因其结构的特色而利弊皆多。

第三节 妇联组织的功能

一 妇联干部对妇联组织功能的评价

（一）对妇联组织基本职能的认知

如表 2-2 所示，对于当前妇联组织的基本职能，22.5% 的妇联干部认为是"代表和维护妇女权益，促进男女平等"，19.6%的妇联干部认为"代表党和政府联系妇女群众"，认为是"促进男女平等"、"维护妇女权益"、"推进妇女发展"的妇联干部分别占15.8%、20.1%、22.0%。依据《中华全国妇女联合会章程》，妇联组织的基本职能是"代表和维护妇女权益，促进男女平等"。这说明，只有近1/5的妇联干部对妇联组织性质的认识是正确的，即大多数妇联干部对于妇联组织的基本职能认识并不清楚。在调查中，一些妇联干部甚至提出，妇联组织的职能究竟是什么自己确实不清楚，而且认为这个问题并不重要，因为"只要把工作做好就行了，什么职能之类的东西知不知道影响不大"。

表 2-2　　　　　　　　　　对妇联组织基本职能的认知

选项	频次	百分比
代表党和政府联系妇女群众	41	19.6
促进男女平等	33	15.8
维护妇女权益	42	20.1
推进妇女发展	46	22.0
代表和维护妇女权益，促进男女平等	47	22.5
合计	209	100.0

当然，妇联干部的看法并非毫无道理。在实际的工作中，她们确实很少需要思考和回答妇联组织的职能究竟是什么，尤其是对于最基层的村一级的妇联干部，妇联组织的工作只是她们日常工作中的一小部分，她们只要完成分配下来的具体工作就行。这自然使她们对妇联组织的性质是什么，职能是什么这些抽象的知识不够关注。但是，除了这个客观的事实，妇联干部对妇联组织基本职能的认识不清也与妇联组织的职能定位在妇联组织的发展过程中不断变化有关。由于妇联组织在不同时期的职能定位都与当时的社会发展特点紧密相关，因此其职能在不同时期是不同的，而且，从历届《中华全国妇女联合会章程》的修改来看，其职能也是一个不断清晰的过程。直至1988年9

月,《中华全国妇女联合会章程》总则才明确指出妇女联合会的基本职能是"代表和维护妇女权益,促进男女平等"。

(二)对妇联组织职能的评价

调查显示,在妇联干部看来,维权与促发展是当前妇联组织最重要的两项日常工作。表2-3可见,在关于妇联组织主要工作的选择中,"维护妇女权益"、"推进妇女发展",分别有88.5%和76.6%的妇联干部选择,这说明大多数妇联干部都认同于"一手抓发展,一手抓维权"的工作方针。值得注意的是,认为"为满足妇女需要服务"、"构建和谐社会"是妇联组织主要工作的妇联干部也接近半数,分别为48.3%和41.6%,此外,还有近1/3的妇联干部将经济建设也作为妇联组织的主要工作。这一方面说明,妇联干部对于妇联组织的工作还存在着不少误区,需要进一步明确;另一方面,它也从一个侧面说明了妇联实际工作的繁杂。

表2-3　　　　　　　　　　妇联组织的主要工作

项目	频次	占总回答数的百分比	占总个案数的百分比
经济建设	69	11.4	33.0
维护妇女权益	185	30.7	88.5
为满足妇女需求服务	101	16.7	48.3
推进妇女发展	160	26.5	76.6
构建和谐社会	87	14.4	41.6
其他	1	0.2	0.5
合计	603 (N=209)	100.0	288.5

注:本题为多选题。

调查还显示,妇联干部对"决定您所在单位工作的最主要因素是什么"问题的回答,如图2-4所示,首先是当地党和政府的要求,其次是当地妇联的要求,之后才是当地妇女的要求,但"当地党和政府的要求"、"上级妇联的要求"和"当地妇女的需求"比例相当,各占近1/3,分别为37.3%、28.3%和27.8%。

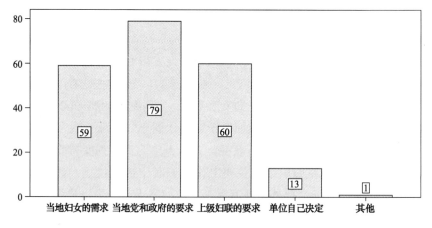

图 2 - 4 决定妇联组织工作的最主要因素

尽管当地党和政府、上级妇联的要求和当地妇女的需求三者对妇联组织的工作影响都比较大,但从调查数据和访谈来看,妇联组织在实际工作中,影响最大的首先是当地党和政府的要求,其次是上级妇联的要求,再次才是当地妇女的需求。这三者虽然也可能是一致的,但当三者之间出现矛盾或冲突时,很显然,妇女群众的需求是最有可能被忽视被舍弃的。在调查中,一些妇联干部也坦言,妇联的工作事实上遵循着先满足政府要求再满足群众需求的原则,只有在与当地党和政府及上级妇联的要求相一致时,妇女群众的需求能够受到重视,如果两者之间并不一致,则以当地党和政府以及上级妇联的要求为主,妇女群众的需求常常只是参考,如果两者之间存在着冲突,当地妇女的要求很容易被牺牲掉。

应该如何评价妇联组织的工作?调查表明,评价的标准是多元化的:43.6%的妇联干部认为"妇女的满意程度"是衡量的主要标准,31.1%的妇联干部认为"社会效益"是衡量的主要标准,19.6%的妇联干部则认为主要衡量标准是"上级妇联的要求",还有5.7%的妇联干部则将"经济效益"作为妇联工作的主要衡量标准。尽管"妇女的满意程度"位居第一,这一评价标准也是既符合妇联组织的基本宗旨,又符合党的群众工作路线即用群众是否满意作为衡量一切工作的尺度，但只有不到半数的妇联干部将"妇女的满意程度"作为主要评价标准，说明这一标准的主导地位尚未确立，如何评判妇联组织的工作目前还没有达成共识。

表 2 - 4　　　　　　　　衡量妇联工作的主要标准

项目	频次	百分比
妇女的满意程度	91	43.6
社会效益	65	31.1
上级妇联的要求	41	19.6
经济效益	12	5.7
合计	209	100.0

与影响妇联组织工作的主要影响因素相联系，一个新的问题浮现出来。如果说当地党和政府的要求及上级妇联的要求是比当地妇女群众的需求更重要的影响因素，而评价妇联组织工作的最主要标准却是妇女的满意程度，这无疑使妇联组织的工作陷于一个尴尬的处境。这也是现实给妇联干部们提出的一个难题。

值得欣慰的是，妇联干部对当地妇联工作的评价总体较好。超过半数（55.3%）的被调查者对妇联的工作表示满意，只有极少数（0.5%）表明不满意。总体来说，99.5%妇联干部对当地妇联的工作做出了基本满意和满意的评价，这说明当地妇联工作获得了妇联干部自身的认同。

值得注意的是，与对当地妇联工作的评价不同，妇联干部对自身工作的评价明显要低一些。尽管大多数（55.0%）妇联干部对自己的工作比较满意，但对自己工作持"很满意"态度的妇联干部仅有不到一成（9.0%），近三成（26.5%）的妇联干部对自己工作的评价仅为"一般"，而对自己工作"不太满意"或"很不满意"的妇联干部只有不到一成（9.5%）。

（三）妇联组织在推进两性平等上的功能

在推动性别平等中，谁应该是最主要的力量？调查显示，60%以上的妇联干部认为政府在推进男女平等的工作中承担着最重要的责任，31.6%的妇联干部认为妇联应成为推动性别平等的最主要力量，还有4.4%的妇联干部选择了其他。

在推进男女平等的进程中，政府被寄予很高的期望，被认为肩负着最重要的责任。然而，我国政府虽然提出了男女平等的基本国策，但并没有具体阐述并形成相关理论，在实践中也缺少与之配套的具体政策措施。在推动男女平等的道路上，政府还应发挥更大作用。妇联组织也被认为是推动男女平等的重要机构。就访谈来看，这不仅是因为妇联是妇女的组织，依据《中华全国妇女联合会章程》，它肩负着代表和维护妇女权益，促进男女平等的责任，而且也是因为妇联常常被视为国家政府机构的一部分，被看作国家在促进两性平等上的主要机构。

对于妇联组织在推动妇女发展和性别平等上的作用，大多数（73.6%）妇联干部给予了肯定，其中，近半数妇联干部认为妇联组织在推动妇女发展和男女平等上的作用很大，三成妇联干部认为妇联组织在推动妇女发展和男女平等上的作用较大。只有极少数妇联干部认为作用较小或没有作用。

表2-5　　　　　妇联组织在推动妇女发展和男女平等上的作用

项目	频次	百分比	累加百分比
作用很大	92	43.4	43.4
作用较大	64	30.2	73.6
作用一般	50	23.6	97.2
作用较小	6	2.8	100.0
没有作用	0	0.0	100.0
合计	212	100.0	100.0

二　农村妇女对妇联组织功能的评价

（一）农村妇女对性别平等及妇联组织在推动性别平等中地位的认识

对于性别平等的含义，大多数农村妇女认为，性别的平等就是男女共同发展，与此同时，将男女公平竞争视为性别平等的农村女性也超过两成（24.3%），而认为性别平等即女性优先发展或男性优先发展的比例很低，分别为4.0%和1.1%。

访谈显示，在农村妇女看来，平等不是虚幻，而是实实在在的感受和处境。她们认为，阻碍她们发展的并不是男性，而是她们切实的困难。一位农村妇女在调查中指出，平等是自己心里的感受，要依据各家自己的情况来看，自己觉得平等就平等了。她说："以我自己家来说，不是因为他（老公）不让我出去（指出去打工），不同意我出去。是我自己担心孩子，怕自己出去了小孩没有人照顾，对小孩不好。是我自己做出留在家里的选择。这是我自己自愿的，不能说是不平等的。"（CP－8）

妇女对性别平等的认识，反映了她们朴素的性别观。她们并不期望社会对自己格外的照顾，将妇女优先发展视为性别平等，也不太赞同要让男性优先发展。她们愿意通过公平竞争，实现男女共同发展。也就是说，性别平等意味着不是某一性别的发展，而是以公平的方式，双方共同发展。这其实是一种独立、不依赖的性别发展观。

在广大农村妇女看来，促进性别平等主要是谁的责任？她们如何看待妇联组织在促进性别平等中的角色？调查显示，与妇联干部的观点相似，在大多数农村妇女（61.1%）看来，推进男女平等主要是政府的责任，与此同时，也有28.0%的农村妇女认为主要是妇联的责任。还有少数农村妇女（10.9%）选择了其他。从调查来看，对于推进男女平等的首要责任，选择其他的主要有四种情况：一是不清楚，"说不上是谁的责任"（CP－13），更确切地说是没有人或机构应对此负责，都没有责任；二是与一相反，认为每个人、每个机构都有责任，"都应该，说不上谁责任更大"（CP－9）；三是认为主要是妇联和政府共同的责任；四是认为应该是妇女自己的责任。

尽管政府被认为是促进性别平等的最重要的责任人，但是，由调查可见，妇联也被认为是促进性别平等的第二责任人。这说明农村妇女对妇联在促进两性平等中的地位和作用寄予了很高的期望，也说明妇联与性别平等之间不仅具有天然的联系，也是其神圣的使命。值得关注的是，有一些农村妇女能够将自己也纳入到两性平等的责任方里，这说明她们具有较强的社会责任感，能够清楚地认识到自己也是推动社会性别平等的重要力量。

（二）当地妇联组织在推动妇女发展和男女平等上的作用

相对于妇联干部对妇联在推动妇女发展和男女平等上作用的较高评价，农村妇女对于当地妇联组织在推动妇女发展和男女平等上的作用评价明显要低一些。由表2-6可见，选择作用很大或较大的不到妇女群众的一半（37.1%），认为作用一般的妇女群众却接近了四成（36.0%），认为作用较小或没有作用的也接近三成（26.9%）。这表明，作为妇联工作的直接体验者，农村妇女对妇联组织在推动妇女发展和男女平等上的作用认识并不一致，评价存在着较大差异，而且她们的评价与作为妇联工作承担者的妇联干部的评价之间也存在着明显差异。需要注意的是，这种低度认可还与她们对妇联组织的低期望紧密相连。在调查中，很多妇女反映，妇联组织和自己"没有什么关系"（CP-14、CP-11等），"也不知道她们是干什么的"（CP-16），说不上对妇联组织的工作满意不满意，也不知道其对妇女发展和男女平等有什么作用。

表2-6　　　　当地妇联在推动妇女发展和男女平等上的作用

作用状况	频次	百分比	累积百分比
作用很大	31	17.7	17.7
作用较大	34	19.4	37.1
作用一般	63	36.0	73.1
作用较小	24	13.7	86.8
没有作用	23	13.2	100.0
合计	175	100.0	

调查还显示，在现实生活中，大多数农村妇女确实都没有与妇联组织打交道的经历。曾因各种原因与妇联组织打过交道的农村妇女仅占总体的18.9%。这18.9%中既包含因自身遇到各种困难或问题寻求妇联组织帮助或咨询的，也包括妇联组织因计生等各种原因主动联系的。

稍稍让我们欣慰的是，当遇到家庭暴力问题时，农村妇女选择求助于妇联组织的所占的比例最大，近 1/3（具体见表 2 - 7）。在访谈中，农村妇女对妇联组织是"妇女的娘家人"还是比较认可的，认为在遇到家庭暴力的时候，妇联组织会给妇女撑腰，会帮助妇女解决问题。这与妇联长期以来的宣传和实实在在的维权活动是紧密相连的。

表 2 - 7　　　　　　农村妇女遇到家庭暴力时求助对象

求助对象	频次	百分比
亲戚朋友	47	26.8
社区居委会	18	10.3
妇联组织	57	32.6
所在单位领导	3	1.7
工会组织	1	0.6
法律援助机构	32	18.3
其他	17	9.7
合计	175	100.0

三　妇联组织的功能特征

从以上分析可见，妇联的功能具有突出的复合性特征。这不仅表现在它对国家和对妇女群众的双重角色所带来的功能不同，还表现为其功能内容的丰富性。深入地分析其所具有的多种功能，研究发现，其功能还体现出以下特征。

（一）双重身份的功能差异性

对国家而言，妇联是一个群团组织，也是一个政治性组织。康晓光（1999）曾指出，中国的社团组织具有"官民二重性特征"，即在行为上受行政机制与自治机制双重支配，在资源上依赖于体制内与体制外两种资源，在需求上，要满足社会与政府的双重需求，在活动领域上局限于政府与社会共同认可的交叉地带。对妇联而言，很显然，其双重身份中政府的身份更为突出，主要表现为在组织行为上更多受行政机制支配，在资源上主要依赖于体制内资源，在需求上，主要满足政府的需求，在活动领域上更多局限于政府认可的范围。简言之,妇联的双重角色所承担的功能是不均衡的,政府功能重于社会功能。

双重身份所在带来的社会功能不足,使妇联具有较强政治功能的同时,面对日益分化的妇女不仅呈现出社会功能的丰富性不足,而且针对性也明显欠缺。

(二)多种功能的性别特色突出

妇联组织具有多种功能,无论是作为党和政府联系广大妇女群众的纽带,还是作为广大妇女群众的代言人和权益维护者,在发挥这些功能的时候,都与妇女群众的发展紧密联系在一起。这种功能定位上的性别特色,既是妇联对自身的要求,也是广大妇女群众对妇联的期望,实际上也是国家对妇联的期望。从调查看,妇联组织在工作中是非常关注自己的性别功能的,也采取了各种措施扮演自己的角色,在促进男女平等上的成绩获得了国家和广大妇女群众的肯定,也获得了妇联干部自身的认同。

(三)覆盖人群的广泛性与实际影响人群的有限性

妇联组织的服务对象不是特定的某一类型的妇女群众,而是普遍的,不分民族、不分宗教、不分职业,也不分教育程度、婚姻状况、年龄大小的妇女群众,因此,其服务功能是指向所有女性的。而且,由于妇联组织建立了一个庞大的从上到下覆盖全国的网络,因此,就覆盖人群来说,在当前自上而下建立的各类社会团体中,妇联组织的覆盖人群可以说是最大的。

然而,从调查来看,妇联实际影响的人群却是非常有限的。一方面,由于妇联的工作繁多,且大多数工作类似于行政性的工作,与妇女群众的直接联系较少;另一方面,妇联的工作人员也不多,所开展的服务活动有限。因此,妇联组织实际所影响的农村妇女群众在农村妇女群众整体中所占的比例是很小的。无论是妇女群众中曾与妇联打过交道的比重还是妇联自身开展活动或维权的记录,都证明了这一点。即使是与农村妇女接触最多的村妇代会主任,其功能也极其有限,而且,学者们的研究显示,妇女工作也只是其工作中极少的一个部分。为此,刘筱红、吴治平(2008)认为农村妇女实际上处于一种无组织的原子状态。

综上可知，妇联组织的功能整体来说是综合和比较强大的，性别色彩也非常突出，但是，受其功能双重性的影响，妇联组织的功能发挥针对性不够，实际发挥的功能与期待发挥的功能之间还存在着较大的差距。

第四节　妇联组织的转型

如果将每一个妇女非政府组织视作一栋建筑，则妇女非政府组织系统是一个由成千上万建筑构成的城市。行走在这一城市，我们会发现，妇联组织是其中非常特殊的。它的特殊不仅在于它是由国家投资兴建的，也不仅在于其具有悠久的历史。这是一栋为中国所有妇女提供庇护的大厦，它坐落于整个妇女非政府组织城市的中心，拥有最坚实的基础、最完整的结构和最强大的功能。然而，随着时代的发展，这座大厦已经无法适应社会发展的需要，它正应新的环境需求进行重新设计与装修。

一　社会转型与妇联组织转型

尽管对于当前妇联组织的性质学者们并未达成一致看法，女性群体的认识也不统一，但是，追溯妇联组织的发展历史，我们不难发现，总体来看，妇联组织作为群团组织，其新近的发展体现出较明显的"非政府化"趋势并将继续"非政府化"是一个基本的事实。

在对荆门市妇联进行实证调查的同时，本研究还访谈了湖北省多个地市的妇联主席，同时，运用文献研究法收集了各地妇联组织的发展状况。调研显示，妇联组织的特殊性使其发展与其他各类妇女非政府组织不同，其发展具有较强的同质性，各地妇联组织的发展并没有太大差异。非政府化是妇联组织发展的一个共同趋势。这一趋势，与中国社会的整体转型紧密相连。简单说，妇联转型是社会转型期中国社会发展的客观要求。

首先，妇联向非政府组织转型是政府机构改革的需要。随着经济改革的推进，政治体制改革势在必行。政府机构从全能型的大政府向有限型的小政府转变，要求包括妇联、共青团、工会、科协、工商联在内的人民团体要成为真正意义的"社会组织"，成为"大社会"中的一部分。从理论上说，"大社会"与"小政府"是建立新体制的两个方面，两者的改革要相互配合。如果"大社会"没有建立起来，"小政府"也很难运转和巩固。事实上，在中国长期强国家弱社会的背景下，建立"大社会"甚至比建立"小政府"更复杂、更艰巨，涉及的问题更多。对于妇联组织来说，这不仅意味着它要适应自己身份的变化，能够应对由此带来的问题，而且还必须承担起新的职能。

其次，妇联向非政府组织转型是国际交流的需要。现代社会是一个开放的社会，其重要的特征之一是全球化。随着国际妇女运动的发展，各种妇女非政府组织数量不断增加，活动也日趋活跃。这些妇女非政府组织在环境、人口、民主、人权等领域发挥着越来越重要的作用，其国际活动能力和影响力也不断增强。在联合国的大力推动下，妇女非政府组织在全球范围内的相互合作交流日益深入，中国要参与其中，必须要有相应的组织机构作为代表。从组织的权威性、影响力等各个方面来看，妇联组织无疑是一个良好的代表。因此，近年来，全国妇联作为中国妇女非政府组织的代表出席了联合国的许多会议，如人权委员会会议、妇女地位委员会会议、妇女问题联合国大会特别会议、儿童问题联合国大会特别会议、消除对妇女一切形式歧视委员会会议、反对种族主义世界大会、可持续发展问题世界首脑会议等，参加了非政府组织千年论坛、亚欧人民论坛、国际妇女论坛年会、亚太经合组织妇女领导人会议、亚太非政府组织妇女论坛等，还参与了向联合国秘书长提交《中国执行消除对妇女一切形式歧视公约国家报告》的起草工作和审议。但在参与这些活动的同时，妇联组织的性质也受到了质疑。要更好地代表中国的妇女群众参与国际妇女非政府组织的合作与交流，妇联组织也需要向非政府组织转型。

再次，妇联组织转型是加强社会管理的需要。由于转型期的独特性，它同时也是社会问题多发期。只有加强社会管理，才能减少社会问题，促进社会发展。政府无疑是社会管理的主体，也是社会管理的主导力量。但社会管理之所以称为社会管理而非政府管理，在于其管理主体的多元化，其中，各类社会组织是社会管理的重要主体，是社会管理中不可或缺的重要力量。中国社会管理的完善迫切需要各类社会组织迅速成长，真正发展成为社会管理的主体。党的十七大报告明确提出，"支持工会、共青团、妇联等人民团体依照法律和各自章程开展工作，参与社会管理和公共服务，维护群众合法权益"，这不仅体现了党对各种人民团体的高度重视和充分信任，也体现了对各人民团体参与社会管理和公共服务更高层次的要求。而要承担起这一职责，要求各级妇联组织加强自身建设，不仅要有能力承接政府职能部门转移出来的社会服务职能，在维权、妇女教育、就业创业、培训、劳动力转移等方面发挥自己的长项，同时在化解矛盾、调处纠纷，促进和谐上也能够发挥自己的作用，在维护妇女群众合法权益的过程中实现排查化解家庭矛盾纠纷，促进两性平等和谐。如果说社会管理不仅是社会的管理，而且管理的是社会，那么，妇联组织转型无疑是顺应此需要的发展。如果各地的妇联组织转变角色，充分发挥作为妇女非政府组织"联"结广大妇女群众的作用，将各阶层的妇女团结凝聚在一起，同时，成为新型妇女非政府组织的桥梁与纽带，将不同领域、不同形式的新型妇女非政府组织连接起来，成为它们交流与合作的平台，则不仅有助于半边天的管理，而且有助于全社会的和谐发展。

二　转型社会与妇联组织转型

当前中国社会正处于转型之中，在这样一个由传统向现代转型的过程之中，社会成为一种特殊类型的社会，即转型社会。转型社会既不同于传统社会，也不是现代社会。金耀基教授（1990）曾对此做过精辟的揭示，他认为，转型社会具有三个特征：一是异质性，即传统因素与现代因素杂然并存；二是形式主义，即应然与实然不相吻合，什么应是什么与什么是什么的相互脱节；三是重叠性，即传统社会的结构不分化和功能普化及现代社会的结构分化和功能专化不同，转型社会是结构的分化与不分化、功能的专化与普化相互重叠。

如果说，因为社会的转型，妇联组织的转型势在必行，那么，也正是因为社会的转型，使妇联组织的转型面临着一系列的困难与挑战，或者说，转型社会的特征使妇联组织的转型处于一个特殊的社会环境，这个特殊的社会环境影响了妇联组织的转型。

由调查可见，对于妇联组织的性质，组织成员难以达成共识，不同的观点之间甚至相互冲突。这对于转型中的妇联组织来说，可以说是一个正常的现象，却提示这同时也是妇联组织必须正视的重要问题。如果说一个组织的发展取决于该组织中主流的组织认同，那么，当一个组织中没有处于主导地位的身份认同，而是各种组织意义的表述混乱地存在时，该组织将面临不知道"自己是谁"、无从组织的困局。

从妇联组织的发展历史来看，很显然，组织的性质是不断发展变化的。这种发展变化是与国家对妇联组织的定位紧密相连的。如果说一直以来，国家对妇联的期望更多是作为一种行政性的组织，那么，近年来，国家对妇联组织的定位已经逐步明确，即妇联组织要成为社会组织（此处的社会组织是狭义的社会组织，即以前的民间组织，本研究所称的非政府组织）。但是，尽管组织的性质是不断变化的，但是妇联组织的身份认同在大多数时候都是能够获得共识的。当前妇联组织的身份认同之所以不统一、不稳定，不仅是因为国家对妇联组织的定位在不同时期不同，还因为妇联组织作为一个代表广大妇女的组织，因其具有广泛性故而也会因其所代表的广大妇女的分化而分化。改革开放以来，在社会分化日益凸显的同时，妇女也同样不断地分化。妇女群体的分化，不仅使性别矛盾逐渐浮出水面，也使一些原来放在妇女大群体中并不明显的问题开始凸显，而分化为不同阶层的女性小群体因其生存和发展的要求不同，使其对妇联组织的依赖程度和需求内容也各异。妇联组织面对这些多种多样的需求，不仅出现了工作的有效性问题，而且由此而产生困惑，作为一个分化的妇女群体，"我"究竟代表的是谁？是作为社会精英的妇女，还是处于社会底层的妇女？

事实上，就一般意义而言，组织的身份认同总是历史的变化着的，其变化也是社会变迁的反映。即使是成熟的组织，也会不断产生新的组织观。但是，只要一个组织在某一特定的阶段，组织的身份认同相对一致，就不会对组织的发展产生太大的阻碍。而如果组织在某一个特定的时期，其组织认同不统一甚至内外部冲突严重，组织就易陷入分裂的陷阱。因此，如果妇联组织始终不能达成一个一致的、共同的组织意义表述，不能明确其组织性质，其发展将面临困境。

首先，组织的身份认同混乱或模糊，关系着组织的宗旨。组织究竟为谁服务？其发展重点是什么？妇联在转型的过程中，必须清楚地对这一问题作出回答。事实上，对这一问题，答案其实已经比较明确。在中国政府1994年向联合国提交的执行内罗毕前瞻性战略的国家报告中，列出了三个提高妇女地位的全国性机构，即国务院妇女儿童工作委员会、全国人民政治协商会议妇女与青年委员会以及全国人大内务司法委员会特别妇女儿童小组。妇联被列在这三个组织之后，被称为中国最大的提高妇女地位的非政府组织。在三个全国性机构产生前，由于新中国建立后相当长的时间并没有成立专门分管妇女问题的政府机构，因此妇联组织实际上承担着全国性政府机构的功能。正是因为是"党的群众组织"，因而妇联组织有着与生俱来的政治合法性，其地位非常特殊。这一特殊的地位，使妇联组织能够进入或接近权力的中心，在促进妇女发展和两性平等中有较大的发言权，这对于妇女的发展来说，无疑是有利的。但是，这已经是历史。对于当前的妇联组织来说，它必须改变原有的双重职能中重政治职能轻社会职能的做法，不能再将党和政府作为自己的主要服务对象，而应将广大妇女群众作为自己主要的服务对象。其发展的重点，应该是增强社会性，真正成为妇女的代言人，成为新型妇女非政府组织的孵化器、桥梁和纽带。

其次，组织的身份认同会影响组织未来发展定位，从而影响组织的发展。组织定位模糊或者定位不准确，不仅会使组织内部无法明确要努力的目标，而且无法回应外在环境的变迁与挑战，以及回应组织内部变革的需要。当农村妇女群体不再作为一个同质性的群体出现，不同教育程度、职业、收入的农村妇女各自形成了一个个单独的利益团体，妇联组织必须通过整体思考明确自己的定位，在组织结构上进行必要的变革。由于妇联组织的定位在实际操作中比较模糊，长期以来一直处于"拾遗补阙"、面广量大的状态，很多工作已经超出了妇联的工作能力和职责范围，这同时也使其本应具有的鲜明的群体特色被淹没，出现群体针对性不强的问题。要改变这种"越位"、"错位"

和"缺位"状况，应该回归妇联章程所确立的"代表和维护妇女权益、促进男女平等"的基本职能，通过服务妇女、辐射家庭、影响社会，使各类女性群体乃至全社会都能从中受益。

最后，妇联的转型，绝不仅仅是性质的变化。如果说性质的转变意味着妇联组织逐渐远离政治权力的中心，是其走向边缘的一个表现，那么，伴随着农村妇女群体的日益分化，她们期望并尝试建立了各种更适合自己需求的新型妇女非政府组织。这些新型组织，虽然目前还难以真正挑战妇联组织的权威地位，但是，如果妇联组织不能顺利地转型，则新型妇女非政府组织的发展也可能给妇联组织带来危机。妇联组织必须认识到这一点，面对挑战，寻找机遇，加强自身能力建设，才能成为新形势下蓬勃发展的新型妇女非政府组织的主导力量。

三　妇联组织转型中的问题

（一）妇联干部视角下妇联组织的问题

当前妇联组织的发展面临着什么样的困难，负责落实妇联各项具体工作，直接与服务对象打交道的基层妇联干部的体会无疑是比较深刻的。调查显示，"妇女群体分层明显，服务对象复杂"、"妇联队伍不够专业和成熟"、"经费没有保障"被妇联干部列为妇联组织发展中存在问题的前三位，认为这些问题非常严重的妇联干部分别占总体的40.3%、39.0%、37.9%。"妇联的基层组织不健全"、"妇联组织的定位不清晰"、"对妇女的需要和问题不了解"则排在没有问题的前面三位，认为这些方面没有问题的妇联干部分别占总体的56.8%、55.9%、55.7%。

进一步的统计分析显示，当将非常严重、比较严重、一般、不太严重、没有问题分别赋值为1—5，由表2-8可见，总体来看，"经费没有保障"和"妇女群体分层明显，服务对象复杂"两项的均值均处于比较严重与一般之间，其余各项的均值则处于一般到不太严重之间。即经费困难和服务对象分层问题是妇联干部眼中妇联组织面临的最大问题。

表2-8 妇联组织发展中存在的主要困难

主要困难	N	极小值	极大值	均值	标准差
社会关注度和支持力度不够	198	1	5	3.01	1.042
人们对妇联工作不够了解	201	1	5	3.15	0.975
经费没有保障	206	1	5	2.88	1.200
相关部门不配合	199	1	5	3.14	1.005
妇联的基层组织不够健全	192	1	5	3.78	1.247
妇联组织的定位不清晰	193	1	5	3.74	1.314
妇女群体分层明显，服务对象复杂	201	1	5	2.96	1.148
党政机关不够重视	200	1	5	3.20	1.139
妇联队伍不够专业和成熟	195	1	5	3.04	1.207
对妇女的需求和问题不了解	194	1	5	3.57	1.137

对于经费问题，虽然长期以来妇联组织作为党和政府联系妇女群众的桥梁与纽带，政府有专项经费，但是，经费不足一直是制约妇联组织工作的主要问题之一。近年来，一些基层妇联组织已经初步建立了一定的实体和经费基地，但对于妇联组织的工作来说还只是杯水车薪，妇联组织的活动经费依然主要依赖于政府拨款。然而，在政府工作中，妇联工作一直是一个边缘工作，所受的重视有限，因此所拨款项也有限，难以保障妇联工作的开展。这也是妇联干部从事妇女工作积极性受挫，妇联组织凝聚力和影响力不高的主要原因之一。尤其是村一级及村小组的妇女工作，虽然在制度、人员、组织等方面看起来都有相应的配套，但实际上经费更难得到保障，因此活动很少，所发挥的作用也非常有限。

至于妇联组织服务对象的分层问题，这是当前妇联组织面临的现实问题与挑战。在社会分化的大趋势下，妇女群体内部的利益分化也日趋明显。随着社会分层的细化，女性内部的分层也日益凸显，逐渐形成了以职业、收入等划分的不同群体。以代表全国妇女为自己行动理念的妇联组织，不可能兼顾不同阶层的各类妇女的独特需要。

对于自身工作中存在的困难，妇联干部认为主要是工作烦琐且有难度（34.5%）、工作待遇低（22.5%），工作量大（20.1%）。这说明妇联组织面对复杂的服务对象群体,在经费短缺的情况下,承担着大量的工作,这些工作不仅烦琐,难以做好,而且工作待遇也低。它不仅勾勒了妇联干部的工作形态,也反映了妇联干部对自己工作的不满。

访谈中还发现,兼职问题也是妇联干部在工作中面临的问题与困难中被提及最多的问题之一。相当一部分妇联干部认为兼职过多影响了工作。依据调查,67.3%的妇联干部是兼职,专职的妇联干部仅有不到1/3(32.7%)。这说明大多数妇联干部都不是专职从事妇女工作的,这不仅会因工作的繁杂繁重影响其从事妇女工作的质量,而且可能使其对妇女工作难以认同。

> 下面的妇联工作确实是不好开展!问题嘛,我觉得最重要的有两个,一个是资金的问题,没有钱,事就不好办。另外一个是权力问题,妇联说起来是管半边天,但实际上管不了半个人。当然其他问题也很多,但最大的问题还是钱的问题和权的问题。没有钱没有权,说话办事没地位,什么也做不成!(CO-6)
>
> 问题嘛,一个是妇联干部兼职过多,样样事情都要参加。妇联干部的精力有限,现在主要都是在做计划生育工作。尤其是村的妇女主任,花在计生工作的时间、精力太多。计划生育这个工作做得比较多,就没有时间做其他工作,影响妇女工作的开展。另外,妇联的工作经费没有保障,没有钱,活动开展就困难,这个工作不好做,就没有什么人愿意做,做的人也很难做好。(CO-7)

(二)农村妇女视角下妇联组织的问题

对于妇联组织目前面临的主要问题和困难,大多数农村妇女表示不清楚,说不知道妇联主要干什么。从访谈来看,农村妇女对妇联的工作提出了不少意见。如妇联工作人员所言:"妇联目前城市、乡镇地区作用不小,但在农村地区妇联组织其实并没有起多大作用。一些妇女的法律意识及自我保护意识不强,有困难一般不会主动去找妇联。因此,妇联组织应该深入农村,多了解农村妇女的心声,多办实

事。"（CO－5）

大多数农村妇女对妇联没有什么要求，认为现在主要靠自己。相当一部分农村女性认为"妇联只是一种形式，不管事"（CP－16）、"很少主动联系群众"（CP－4），"基本没做什么工作"（CP－10、CP－13），"工作不积极，马马虎虎完成任务，应该多下乡和妇女了解情况，多提供信息给妇女"（CP－2），"社会不认同，领导不重视"（CP－17）。

在对妇联组织的期望上，如表2－9所示，大多数农村女性希望妇联组织能够帮助维护合法权益，其次是提供就业指导，"帮忙提供一些就业信息"、"帮助解决就业问题"、"促进女性在就业方面的平等"（CP－9、CP－11、CP－18等）；也有女性提出希望"多开展一些教育培训，开展文娱活动"（CP－2、CP－13等）、"组织一些培训增强妇女的权益意识"（CP－7、CP－12）。她们同时希望妇联组织"做表率，多做宣传"（CP－9）、"出台男女平等的好政策"（CP－6）、"多下基层，多增设一些基层组织，基层宣传力度不够。大多数农村妇女在合法权益遭到侵害的时候，首先想到的是政府，而不是妇联"（CP－3）、"能让农村妇女自己有理想和目标"（CP－1）。

表2－9　　　　　　　　　农村妇女对妇联组织的期望

期望内容	频次	占个案百分比
帮助维护合法权益	96	60.4
提供就业指导	65	40.9
组织开展文娱活动	48	30.2
提供法律咨询	40	25.2
提供教育培训	46	28.9
总计	295	185.5

注：本题为多选题。

在社会群众团体中，与工会、共青团等相比，妇联的层级结构是比较特殊的，其实行地方组织和团体会员相结合的组织制度。具体来说，妇联组织的架构是在全国妇联领导下，依托城乡行政层级，建立包含省（自治区、直辖市）、地区（市、州、盟）、县（区）、街道（乡镇）妇联组织的多层次组织结构。因为依托政府行政建制设立组织，它在社会基层扎根最深。这种建制特点是由妇联服务对象的特点所决定的。妇联组织所覆盖的是一个跨年龄、跨职业的性别群体，而非特定的产业人群或特定年龄段的人群。因此，"有妇女的地方，就有妇女工作，就需要妇女组织"。

正因为妇联组织实行的是团体会员与地方组织相结合的方式，而不是个人会员制，因此妇联组织将所有的女性默认为组织的会员，并且没有提出任何加入组织的条件，也不需要履行任何程序，甚至没有明确指出会员应承担的责任与义务，简言之，妇联组织的会员是一种"泛会员"。这种"泛会员"的组织模式，虽然使妇联组织具有了最大的群众基础，管了社会的一半成员，但是它也带来了很多问题。它不仅使妇联组织的工作因服务对象人数众多和内部差异巨大而难以有针对性，而且使妇联组织与其泛化的会员之间缺乏明确的权利义务关系，因此，妇联组织理论上应为所有妇女提供服务，它对所有妇女都负有责任，与此同时，它对广大的妇女却没有任何约束。每个妇女都是妇联组织的会员的更深层意义，就是每个妇女都可以与妇联组织无关。因此尽管依托于最庞大和严密的组织网络，但是妇联组织与妇女之间的关系实际上十分松散。于是，广大的妇女虽然名义上有一个妇联组织，但却成了无法代表，没有代表的"我"。在调查中，相当多的农村妇女指出："有问题找妇联也没有用，只能靠自己"（CP-16、CP-17 等）。她们所传达的实际上并不是一种独立自主的人生态度，而是无所依靠的无奈。无论是具有政府意义的妇联组织还是具有民间特色的妇联，都未能真正将她们组织起来，也没有给她们以归属感，因此也无法成为妇女心目中那个组织起来的"大我"。

妇联组织尽管被誉为中国最大的妇女非政府组织，但就荆门市的调研来看，妇联组织的政府性依然很强，在性质上仍更接近于准政府组织。虽然近年来妇联组织处在向非政府组织的转型过程中，但转型才刚刚开始，远未结束。从妇联组织的改革趋势来看，其非政府性会逐渐增强，因此它是妇女非政府组织中需要特别关注的组织类型。作为唯一具有全国性组织网络、主要由政府拨款并列入各级财政预算的妇女组织，妇联组织在妇女工作的开展中肩负着主导性责任，并最终将建成具有中国特色的妇女非政府组织。

妇联干部的调查显示，妇联组织并不具有统一的身份认同，其内部充满差异性。换言之，妇联组织作为一个组织，其对于自我的认知并不是同质的。妇联组织对于自我的认知在发展的过程中亦是不断变化的，甚至常常运用相互冲突的表述来建构自我的形象。这种组织认同的模糊性与变化性，它既可能是组织对自我认识的一个中间转折阶段，有助于促进组织的进一步发展完善，也可能导致组织的凝聚力降低，甚至可能导致组织的灭亡。

妇女群众的调查表明，妇联组织不仅内部的认同因组织的转型而呈现出多元性，其试图代表的妇女群众对其的认同与评价也呈现出差异性，不同阶层的妇女群众组织需求各异，她们对妇联组织的评价也不同。一个占全国人口近一半、数目超过 6 亿，内部具有高度异质性的妇女群体是妇联组织试图代表妇女整体面临的艰巨挑战。

综上可见，妇联组织正处于转型过程中，其庞大的组织内充斥着矛盾与变化。从组织与国家关系的视角来看，妇联组织转型的过程也是一个从国家向社会转变的过程，就距离国家权力的远近来看，是一个逐渐边缘化的过程；从组织与妇女的关系视角来看，转型的目的是使妇联组织与群众的联系增强，但由于妇女的分化与分层，作为她们代言人的妇联组织面临着严峻挑战，两者的关系实际上呈现出疏远化的趋势，妇联组织越来越难以代表日益分化的妇女群体。

第三章 游走于城市边缘的农村流动妇女组织

农村流动妇女组织是在城镇化的大背景下，随着女性流动人口数量增多和问题凸显而产生的。它们在组织和服务农村流动妇女的同时，自身也游走于城市的边缘。本章尝试呈现这类组织成长的历程，以此一窥农村妇女组织发展所处的性别文化环境和其所肩负的历史使命。

第一节 北京打工妹之家的种子历程①

北京农家女文化发展中心（以下简称"农家女"）下的打工妹之家是中国最早成立的 NGO 之一，也是中国最早服务于农村流动女性的 NGO。"农家女"一直强调种子精神，"送你一颗果子，只能享用一次；送你一粒种子，可以受用一生"被置于"农家女"网站首页上最突出的位置。如果将北京打工妹之家也视为一颗种子，我们可以从这颗种子的发展历程，看到农村流动妇女组织在城市中的漂泊成长，开枝散叶。

---

① 本节资料主要来源于农家女网站（http：//www. nongjianv. org/index. html），谢丽华博客（http：//blog. sina. com. cn/xielihua），北京打工妹之家提供的内部资料，《中国妇女 NGO 成长进行时》（高小贤、谢丽华主编，金城出版社 2009 年版）中对北京农家女文化发展中心的介绍以及对该机构的实地调查。

一 产生：偶然中的必然

（一）偶然的机会

北京市打工妹之家成立于 1996 年 4 月。作为其母体的农家女杂志社，在此时已经渡过了最艰难的萌芽阶段。打工妹之家，是其萌发的第一片绿叶。

"农家女"杂志社的产生发展与其创始人谢丽华是紧密联系在一起的。谢丽华 1951 年 9 月出生于山东昌邑，6 岁跟随母亲从山东来到北京。1969 年参军，曾在昆明军区服役 14 年。1983 年 1 月转业进入全国妇联机关党委，1985 年进入中国妇女报社，1993 年任报社副总编。就人生经历来看，谢丽华无疑是妇女中的精英。

《农家女百事通》是谢丽华人生的重大转折。据谢丽华自述，其创办《农家女百事通》有着太多的偶然。在中国妇女报社工作的 8 年时间里，她从记者一直做到责任编辑、部门主任、编委、副总编。当 1992 年全国妇联申请到《农家女百事通》刊号时，谢丽华正沉浸在筹办北京第一家"单身俱乐部"的兴奋之中。她当时也想办一本杂志，名字都已经想好了，叫《单身世界》。然而，当她在妇联游说领导支持她的想法时，却被告知有一本叫《农家女百事通》的杂志，申请下来了还没有人去办。领导对她说："《单身世界》肯定没戏，不如把《农家女百事通》给你吧。"由于对农村的深厚感情，谢丽华接下了这个在当时看来前途未知的新杂志。从《单身世界》到《农家女百事通》，这是一个巨大的跳跃，也可以说，对于谢丽华来说，是一个偶然的机会，但却改变了她的人生轨迹。

《农家女百事通》杂志的创办过程充满艰辛。但曾为军人的谢丽华像初生牛犊一样，以大无畏的精神投入到了这一个完全崭新的事业中。对于创业的艰难，谢丽华自承当时并没有太多思想准备，因此胆子特别大。接下杂志后谢丽华做的第一件事情，是特意回了一趟山东农村老家。离开家乡 35 年，对农村与农民，尤其是农家女，谢丽华发现自己实际上并不了解。见到同龄的农村姐妹，和她们坐在一起，她甚至已经找不出什么共同语言。但在家乡的小乡村中，听着浓浓的乡音，吃着家乡的饭菜，她却实实在在地感受到自己的根其实仍深深地埋在乡土里。她特别希望自己能为农村的姐妹们奉献一点微薄之力。她期望自己可以通过《农家女百事通》，将城市和农村连接起来，为无数农家姐妹搭建一个交流的平台，为她们提供发展的机会，让她们走出小家庭，看到更大的世界。回到北京，谢丽华就开始不分昼夜地工作。终于，伴随着1993年元旦的钟声，5万本《农家女百事通》"创刊号"诞生了。虽然看起来很土，但她却像抱着自己的孩子，无限欢喜。当时，同样是新闻界同行的丈夫对期刊提了几条其实很中肯的意见，她却觉得难以接受，还为此委屈地哭了一场。

1994年年初，在福特基金会的支持下，谢丽华第一次走出国门，参加了在泰国举办的"妇女传媒与妇女发展NGO论坛"，由此对NGO有了认识。随着20世纪90年代中期农村人口向城市的大量转移，一些《农家女百事通》杂志的读者从农村来到了北京打工，遇到了困难之后找到编辑部求助。谢丽华发现："打工妹这个群体特别容易受伤害，而且受了伤害都不知道去找谁。中国是按户籍管理，你是安徽的就要回安徽去上访，可是安徽又觉得你是在外地出的事，他们管不了。"后来，在各方的支持下，1996年4月7日，谢丽华以俱乐部的形式创办了中国第一家为从农村进入城市工作的打工妹服务的组织"打工妹之家"。那个时候人们对农民工的态度并不友好，不像现在这样"关心农民工"、"维护农民工权益"，而是用"盲流"、"三无"人员来称呼他们。在逢年过节、开两会的时候，农民工常常面临着被收容或者遣返的命运。在这样的社会环境中创建为农民工群体服务的组织，无疑是一种极大的挑战。但是在谢丽华的努力下，打工妹之家产生了。她试图通过这一组织，让社会理解，打工妹并不是麻烦的制造者，不是盲流，她们是我们的姐妹，与我们所有人是平等的。

（二）必然的结果

作为"农家女"的孩子，北京打工妹之家因谢丽华创办"农家女"的偶然性，其产生也具有一定的偶然性。但是，这种偶然性，仅是其由谁来发起，在哪个具体的时间与空间产生。就整个社会的背景来看，其产生是必然的。

20世纪80年代，随着中国改革开放的推进，大量的农村人口流向城市。据估计，90年代中期，北京的流动人口有大约300万人，其中女性超过 1/3。由于女性流动人口中以 17—25 岁的年轻人居多，因此她们也被称为"打工妹"。

面向农村妇女的《农家女百事通》旨在让农村妇女成为杂志的主角，伴随着杂志的发展及其在农村妇女中的影响力日益扩大。然而，杂志发展的时期也是中国城市化发展的时期，越来越多的农村女性开始走出农村步入城市。由于个人以及制度等各方面的原因，进入城市的打工妹遭遇到了各种不同的困难和阻碍。在城市这个陌生的环境中举目无亲，《农家女百事通》这个杂志成为她们进行倾诉与寻求支持的一个渠道。当寻求支持的打工妹增多，杂志必然要对此作出回应。北京打工妹之家的成立就是在谢丽华收到了大量打工妹的来信后萌发的成立一个为城市中的打工妹遮风避雨的组织的结果。

从社会发展规律来看这一过程，城市化是现代化的必然要求，而城市化必然表现为农村人口的大量进城。在城乡与社会性别的双重压迫下，农村流动妇女在城市面临的压力与困难必然迫使她们寻求外界的帮助。北京打工妹之家的出现正是因应这种需求而产生的，因而，从这个意义上来说，关注农村女性的《农家女百事通》成立打工妹之家具有着必然性。与之后产生的其他流动妇女组织一样，它们在实质上都是社会发展的必然产物。

二　发展：从种子到大树

尽管"农家女"整个机构在发展的过程中屡经变迁，使打工妹之家的发展也处于变化之中。但整体来说，成立后的打工妹之家也如同一颗种子，逐渐生根发芽、抽枝展叶，长成了一棵大树。

打工妹之家的成长之路，紧密地围绕着不同时期打工妹们所面临的问题与困难。其发展历程中的大事件如下：

1999 年 12 月设立了打工妹紧急救助金，面向社会公开募款，为遇到突发性疾病、工作伤害、人身安全遭到侵害等紧急情况的打工妹提供紧急救助。

2002 年 4 月，成立了打工妹维权小组，为打工妹提供法律援助和司法救助。有专职的维权干事，同时有 20 多名志愿律师与众多来自各高校法律系的大学生志愿者。

2003 年 7 月，组建了家政服务员支持网络，通过走访家政服务员的输入输出地，开展问卷调查，了解家政服务员的需求，据此开展了系列服务，将输出农村年轻女性的当地中介组织（多为当地妇联组织）和在北京的输入中介组织（家政服务公司）联系起来，建立网络，对她们进行上岗前的法律维权、公民权利和行业技能培训，希望促使她们组成自我维权的组织。

2005 年 3 月，在朝阳区太阳宫开设了打工妹之家社区服务站，打工妹之家第一次进入了流动人口聚居的社区。

2006 年 9 月，开始关注流动儿童的教育问题，开展了一系列针对流动儿童、家长和教师的服务。

整体来看，打工妹之家的发展历程呈现出四个基本特点。

第一，服务内容由单一到多元，服务目标更加明确、细化。刚成立的打工妹之家服务内容比较单一，服务目标也比较宽泛模糊。早期主要通过开展各种活动，如举办过唱歌比赛、集体婚礼以及各种培训来展开工作，希望为打工妹们提供一个温暖的家，丰富她们的精神世界。目前，打工妹之家的服务内容已经非常丰富，覆盖到为打工妹提供紧急救助金、维权项目、家政服务员支持网络项目、打工子弟综合教育等。服务的目标也随着组织的发展逐渐细化和明确。

第二，从服务向服务与研究相结合转变。为了更好地提供服务，北京打工妹之家一直非常重视服务对象的需求调查。先后组织了多次对于家政工的调查，并随着服务对象和服务内容的扩展，逐渐扩大调查范围。在香港乐施会支持下，北京打工妹之家每两个月出版一期通讯，免费赠给打工者。经过多年积累，北京打工妹之家在调查研究和服务实践的基础上，先后出版了《户籍制度与女性流动》、《家政工透视》以及《打工妹权益问题研讨会论文集》；同时，利用机构的资源为许多学术调研提供了适合的调查对象以及调查员。随着北京打工妹之家社会影响力的逐渐扩大，其发展模式的意义与价值也逐渐引起学界的关注，北京打工妹之家为这些对机构感兴趣的研究者也敞开了大门，主动参与到研究的过程中。由此，北京打工妹之家不仅仅是一个服务机构，同时也成为一个研究的平台，兼具研究的功能。

第三，逐渐注重独立、合作与交流。由最初依附于农家女杂志社到目前成为农家女文化发展中心下属的独立机构，从封闭自我的运作到与境内外基金会及不同NGO共同执行各种项目，北京打工妹之家发展的道路上呈现出独立性、开放性不断增强的趋势。当前北京打工妹之家在经费上主要依赖于福特基金会、香港乐施会、壹基金等基金会，在这些项目资金的支持下，打工妹之家维持日常的开支以及支付工作人员的薪酬。调查时打工妹所执行项目均有不同的基金会支持，其主要的项目支持方是香港乐施会，其中包括家政服务员支持网络项目和法律维权项目，而流动儿童综合教育项目则是与来自加拿大的儿童乐益会（Right to Play）合作，此外还有丹麦驻华大使馆资助的旨在进行普法教育和内部员工能力建设的项目。在与兄弟NGO的合作上，打工妹之家不仅与北京红枫妇女心理咨询服务中心、北京大学法学院妇女法律研究与服务中心等在京的NGO合作和交流，也跟其他地区的NGO以互相邮寄出版物，参加各种交流会和学习班等保持联系。不仅如此，北京打工妹之家经常参加国际会议，注重国际交流。

第四，机构内部运作日益成熟。北京农家女文化发展中心是2001年9月注册成立的，在此之前1998年10月农家女实用技能培训学校成立。尽管时隔八年，但目前的农家女文化发展中心仍主要由打工妹之家、农家女杂志社以及农家女实用技术培训学校组成，不同的是改革和细化了管理模式以及丰富和拓展了一些项目等。打工妹之家隶属于北京农家女文化发展中心，农家女文化发展中心的理事会的决策直接决定打工妹之家的发展方向，但由于农家女文化发展中心的理事会成员均来自社会各界的权威人士，多数时候理事会的决策会通过秘书长指示和传达。北京打工妹之家的副总干事统筹打工妹之家的日常相关事宜和负责与北京农家女文化发展中心沟通。其他工作人员一般被称为"社区干事"，分别负责北京打工妹之家的相关工作。作为一个组织，北京打工妹之家有一系列的日常管理规范，比如工作人员每周必须梳理自己做过的工作以及未完成的工作，每周开一次例会交流工作进度和工作心得以及机构需完成的任务，双休日与节假日的值班制度，严格的考勤制度，保证各项费用开支透明的报销程序等。这些均在不同程度上保证了北京打工妹之家机构的正常运转，整个机构的工作氛围良好。

北京打工妹之家的志愿者队伍也不断壮大，志愿者从工友到学生、高校教师以及律师等专业人士均有分布。志愿者队伍在很大程度上缓解了北京打工妹之家人力资源不足的问题，其中，由专业人士组成的志愿者可以为打工妹提供法律咨询、心理和生理健康的培训等，学生志愿者主要协助北京打工妹之家的日常工作和执行打工妹之家的项目。此外，北京打工妹之家还通过与学校社团建立联系，以此来减少学生志愿者队伍的流动性大带来的不便。

三 宗旨：从模糊到具体

北京打工妹之家最初以农家女杂志社的一个俱乐部形式出现，其初衷是为在城市打工的打工妹"提供一个温暖的去处，一个属于她们自己的家，自己是主人，没有歧视，没有隔阂，有的只是平等、关爱和互助……"

随着机构的发展壮大，当初简单的为打工妹们提供一个"家"的想法随着时代的变化和打工者们面临的处境不同而逐渐具体和细化。北京打工妹之家的网站以及各种不同的出版刊物上这样描述其宗旨："我们的宗旨——全心全意为打工妹服务，引导她们从自卑走向自信。"而与之相对应的，其目标是："提高农村流动女性的生存质量，维护她们的合法权益，增强她们的公民意识和社会性别意识，拓展她们的发展空间，促进流动人口社区的和谐发展。发挥媒体优势，调动社会资源，倡导、推动政策改善。"

北京打工妹之家认为，打工妹作为城市中新的弱势群体，她们关注自己的前途，却缺乏必要的技能和社会资源；她们关注自己的生存，却缺乏必要的社会保障，她们关注自己的未来，却不知道明天的出路在哪里。为此，北京打工妹之家把维护打工妹群体的合法权益，改善打工妹群体的生存质量，增强打工妹群体的发展能力作为工作的目标。

为了实现组织的目标，北京打工妹之家在农家女文化发展中心的理事会、主要项目资助方以及内部工作人员的共同参与下，根据当前以及未来的发展方向制定组织的战略规划。北京打工妹之家所关注的领域主要有流动妇女的生存状况、流动人口的权益维护、流动人口的自身发展、流动人口的社区发展和流动人口的子女教育。值得注意的是，这样的定位是随着北京打工妹之家的战略规划而不断发生变化的。例如当外出务工人员的子女教育等各方面问题突出时，北京打工妹之家就将打工子弟综合教育列入工作内容之一。

作为机构的核心人物和灵魂，谢丽华认为："农村妇女像一座沉默的矿山，里面有很多潜藏的矿藏，我们就是个开矿人，只要把她发掘出来，这些人的能量是无限的。"她非常关注流动妇女自身的能力，尤其是性别意识的培养。她认为，所有的农村妇女发展项目都应该贯彻五个意识，即性别意识、公民意识、参与意识、学习意识和行动意识，其中，性别意识被排在第一位。"在任何项目中，我们都尤其重视性别意识的培养。这方面是特别重要的，我们就是要让妇女自己看得起自己。只有自己看得起自己，别人才能也看得起你。"在这样一种宗旨下，谢丽华特别强调，一定不能把农村妇女刻板化、模式化，认为她们是贫穷愚昧落后的代名词。其实这个群体与其他任何群体没有区别，在她们中间有精英领袖式的人物，有勤劳致富的能手，有默默无闻的跟随者，当然也有需要帮助的边缘人群。组织最重要的就是去发现，发现我们称其为种子的精英领袖人才，发现她们面对的问题和挑战，为她们提供机会和平台，让她们成为推动农村妇女发展的动力和伙伴。与此同时，谢丽华指出，一定不能把男人当成妇女解放的对立面。要让女人从传统角色中走出来，男人如果不改变，走出来的女人也不会快乐和幸福，她们很可能从一种痛苦走进另一种痛苦。因此，要尽可能地以开放的心态鼓励男性参与，让他们了解婚姻的真谛，尊重和平等才是幸福生活的源泉，从而让更多男性成为推动性别平等的同盟军。谢丽华还强调，要端正组织者自己的心态，千万不能把自己当成救世主。她认为，在农村妇女面前，我们都是小学生，有很多东西需要学习，而学习的目的不是为了让自己成为专家学者，而是让我们改变对世界的看法。当我们放低姿态，虚心学习，尝试从流动妇女眼中看看这个世界到底是什么样，会发现原本看到和理解的世界可能是偏颇的，是不完整的，甚至是黑白颠倒的。谢丽华的这样一种认识，也影响着北京打工妹之家的宗旨。

四 结构：在调整中不断成熟

(一) 组织的整体结构

由于打工妹之家本身不是一个独立的机构，因此其结构的分析必须回到"农家女"结构的变化中来分析。

"农家女"发展各阶段的组织内部结构。①

1. 第一阶段：1993 年 1 月至 2001 年 8 月

成立初期的农家女结构如图 3-1 所示。由图 3-1 可见，成立初期，打工妹之家属于农家女杂志社，而杂志社实行主编负责制，由谢丽华进行直接管理。这一时期，"农家女"并不独立，而是通过中国妇女报社依附于全国妇联这棵大树。在行政上，"农家女"依然接受中国妇女报社的管理，其财务也要接受中国妇女报社的监督。从这个意义上说，此时期的"农家女"属于体制内的组织。

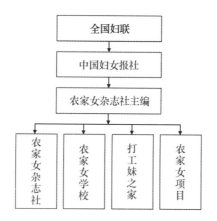

图 3-1 第一阶段农家女组织结构

2. 第二阶段：2001 年 8 月至 2003 年 2 月

这一时期，由于农家女杂志社非营利业务的扩展和社会对 NGO 组织发展要求的提高，原有的组织结构已经无法适应组织发展的需

---

① 来自农家女网站（http://www.nongjianv.org/web/）。

要。2001年农家女进行了第一次组织结构调整。

在香港乐施会的支持下，2001年农家女进行了组织能力培训。培训期间，农家女用参与式的方法，通过讨论制定了组织未来三年的发展战略规划，并基于战略规划发展的需要进行了机构的调整。调整的核心是将非营利性的项目和非营利性的机构从杂志社剥离出来。2001年8月，农家女以"北京农家女文化发展中心"的名称正式在工商部门注册。按照工商部门的要求，农家女成立了董事会，但是在实际运行中董事会形同虚设，基本上没有发挥作用。在实际运行上，依然是创办人谢丽华一个人说了算。只是由于工作日益繁重，已经很难仅依靠谢丽华一个人的力量来进行大小事务的决策。为此，杂志社招聘了一个执行主编，同时提拔了机构的一个年轻人作为副秘书长。谢丽华兼任农家女杂志社的主编和农家女文化发展中心的秘书长，杂志社实行主编监督下的执行主编负责制，农家女文化发展中心则实行秘书长监督下的副秘书长负责制。

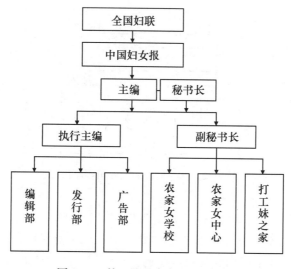

图3-2　第二阶段农家女组织结构

由此，此阶段的打工妹之家看似已经成为独立的农家女文化发展中心的一个组成部分，已经脱离了体制。但事实上因谢丽华在此阶段身兼两职,两个机构事实上依然由其直接决策,因而其结构处于转型中,整体上依然处于体制之中。而且,转型并不如想象中顺利,甚至可以说,转型一度让农家女处于失控和混乱的状态。

3. 第三阶段:2003 年 2 月到 2004 年 12 月

第二阶段的农家女因转型而面临危机,为了化解危机,谢丽华提议成立了"农家女文化发展中心管委会",由此组织的决策开始逐步由个人决策转向集体决策。这也标志着农家女的发展进入到一个新的发展阶段。

如图 3 - 3 所示,新的组织结构中管委会主任与秘书长置于同等的地位,在这一结构中,虽然看起来机构是由管委会进行集体决策,但因并列的秘书长的存在,决策与执行之间的矛盾依然无法得到解决。

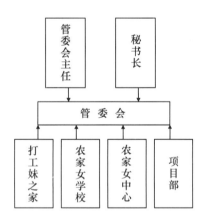

图 3 - 3　第三阶段农家女组织结构

4. 第四阶段:2004 年 12 月至 2006 年 12 月

这一阶段的一个重要契机是"农家女"成为由福特基金会支持的"温洛克能力建设培训开发项目"的试点单位。经过培训和专家指导,管理层对于组织的结构有了新的认识。尽管董事会是国外常见的 NGO 管理形式,但管理层认为用董事会的方式来运行条件还不成熟。于是,在废除管委会的基础上,组织成立了一个过渡性的三人决策小组。

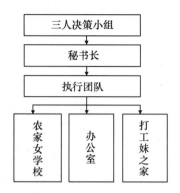

图 3 - 4　第四阶段农家女组织结构

5. 第五阶段：2006 年 12 月至今

决策小组经过多次会议，推动了"农家女"理事会管理的实现。2006 年 11 月，由 7 人组成的"农家女"理事会筹委会成立。筹委会主要负责起草章程和推荐理事会候选人。同年 12 月，理事会正式成立。自此，"农家女"的组织结构如图 3 - 5 所示。

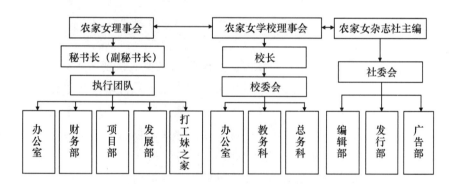

图 3 - 5　第五阶段农家女组织结构

2007 年，农家女理事会第一次会议召开，会议讨论通过了农家女文化发展中心管理章程，同时投票产生了理事长。尽管依然是谢丽华以多数票当选，但对于整个组织来说，组织在结构上已经实现了一个新的转化。它不仅是组织结构的简单调整，也是组织管理理念的进步，意味着逐步实现了规范化的组织管理。

2008 年 11 月,谢丽华在农家女理事会成立两周年时通过博客展示了自己对于理事会的心路历程。

> 五年前有人告诉我,理事会是西方民主制度的产物,中国没有理事会文化,就是成立了也是个摆设,那时候我觉得这话有道理,而且还强烈地认为,成立理事会就是逼我交权;
>
> 四年前有人告诉我,成立理事会一定要选好理事,不能找那些总提反对意见的人,而要找那些容易达成共识的人,那时候我没想清楚我们到底需要什么样的理事会;
>
> 三年前有人告诉我,一个组织如果没有理事会就没有治理,没有治理就不可能持续发展,那时候我开始认识到成立理事会的意义,而且开始考虑是不是应该主动辞去秘书长职务;
>
> 两年前我们终于成立了理事会,值得庆幸的是,我们的理事会不是摆设,我们的理事中有最爱提意见的人,理事会文化也不是遥不可及……
>
> 从秘书长到理事长,我走过了一段艰难的心理历程,农家女事业也走进了一个新的发展阶段。我为此感到欣慰。①

事实上,随着农家女的发展,谢丽华越来越认识到:"人一辈子把一件事做好,并能把这件事留下来,才叫做了一件事。如果你不在了,这个事就没有人做了,没有将事业的遗产留下来,就等于半途而废。如果你走了,这个事业发展得更好,那才叫你这一辈子做了一件事。现在我们这一拨老一代做 NGO 的人都面临一个问题,就是能不能让机构持续发展,怎么才能持续发展。创业的时代是英雄时代,而让机构能持续发展,就要过渡到无英雄时代,依靠制度来发展。所以,我现在最希望就是把机构理顺,成立起真正能起到治疗作用的理事会,把各项制度建立起来。作为创始人,你在机构时间越长,对机构来说可能越没好处,因为你越强大,越有能力,就会使机构形成依

---

① 摘自谢丽华博客(http://blog.sina.com.cn/s/blog_ 4b55b12a0100b9tl. html)。

赖，别人很难有创造性地工作。在我还比较理性的时候，我希望有一个平稳的过渡，把班交下来。我从执行层一把手的位置退下来之后，还会做理事会的工作，我有责任为这个机构把握方向，带来一些资源。作为一个机构，重要的是看它能否持续发展，你不在了，它发展得更好了，你应该从心里为这件事感到欣慰。"也正是这种认识，促成了整个组织结构的调整和优化，使其摆脱了个人英雄主义下组织对创始人的依赖。

（二）打工妹之家的组织结构

在组织上层结构的不断调整过程中，打工妹之家的工作人员结构也不断发展优化。成立之初的打工妹之家只有志愿者，没有独立的组织结构。调查时，北京打工妹之家共有6位正式工作人员。其负责人原是北京打工妹之家的一个大学生志愿者，在大学毕业后选择了在打工妹之家工作，从维权干事到接手家政服务员支持网络项目，2004年成为打工妹之家的副总干事，专门负责打工妹之家的工作统筹。另外五个主要的成员中，两位曾是从农村进入城市的打工妹，一位是专业律师，专门负责打工妹之家的法律维权工作和主编《打工妹之家通讯》，一位是退休返聘回来的政府工作人员，一位是刚毕业不久的大学生。成员的性别以女性为主，文化程度在所调查的NGO组织中属于相对较高的。组织的各成员之间既有分工，也有合作，职责分工非常分明。

就组织的服务对象来看，北京打工妹之家在成立之初曾使用会员制，但调查时其会员制已经非常淡化。登记在册的会员多数是早些年发展起来的，这些人也是打工妹之家的活动参与比较积极的人。实地调查显示，北京打工妹之家的服务对象（包括会员与非会员）可以分为候鸟型与常驻型两类。候鸟型的服务对象，通常是有某种需求需要得到满足——例如自己的权益受到侵犯或者希望参加辅导班得到进一步的学习机会时，恰巧遇到打工妹之家这个渠道，一旦需求被满足，有相当一部分人就不再需要打工妹之家。常驻型的服务对象多为较早结识打工妹之家的打工妹，她们与打工妹之家的工作人员形成了类似于朋友一样的关系。打工妹之家举办各种活动时首先考虑的是常驻型的服务对象，较之候鸟型的来访者，常驻型的服务对象也更愿意更积极参与活动。当然,候鸟型与常驻型这两种类型的服务对象可能会相互转换,但在很多的候鸟型服务对象中才会产生一个常驻型服务对象。机构地址的变迁、工作人员的调动等原因以及常驻型服务对象个人的因素都会使打工妹之家常驻型服务对象流失。值得注意的是,与打工妹之家联系较为紧密的服务对象或多或少都是流动妇女中的"佼佼者"。实地调查发现,经常联系、主动参加打工妹之家活动的服务对象,一个是爱好写作,并且作品常见诸报纸杂志的孙大姐,她具有非常积极乐观的生活态度,为人善良而且乐于帮助别人;另一个是从家政服务员这个职业"跳级"为培训家政服务员的老师小王;还有一位是曾经遭遇过很大困难,现在已经在北京生活得游刃有余的陈大姐;另外几位则已经成为打工子弟学校的老师。即使是目前仍是家政服务员的打工妹,她们也是其所在行业的领头军,月薪较高,工作条件较好。相反,处于底层的打工妹反而不太容易与打工妹之家保持长久的联系。

(三) 与其他 NGO 之间的关系

北京打工妹之家借助于其所在的妇联系统,与其他相似的非政府组织之间有较多的交流与合作。

作为早期的妇女 NGO,北京打工妹之家与其所在的北京农家女文化发展中心一起,积极参与组织筹建中国妇女 NGO 的交流平台。在德国米索尔基金会资助下,北京农家女文化发展中心与国内最早成立的其他五家妇女 NGO(北京红枫妇女心理咨询中心、陕西妇女理论婚姻家庭研究会、北京大学法学院妇女法律研究与服务中心、河南社区教育研究中心、云南西双版纳妇女儿童法律健康咨询中心)一起开展了"中国妇女 NGO 能力建设项目"。借助于这个项目,建构了一个同类机构的交流平台,定期不定期地开展研讨会,分享组织发展的经验与教训。通过交流和分享各组织的发展历程,不仅有助于认识中国妇女 NGO 创立与发展的艰辛,还促进对本组织文化的深刻理解,从而增强了自身对组织发展的责任感,促进了第一代妇女 NGO 领导人从拓荒者向管理者的过渡。借助于这一组织网络,6 家妇女 NGO 共同出版了《中国妇女 NGO 成长进行时》,分别介绍了每个机构的产生与发展,总结成长经验,反思面临的问题。

此外，北京打工妹之家亦将自己认同为劳工组织。为加强与国内外劳工组织的联系和经验分享，打工妹之家先后选送会员骨干访问香港、深圳、美国等地的劳工组织，接待了来自深圳、厦门等国内外众多劳工组织的参观访问。并于1999年、2001年举办了两届全国性的打工妹权益研讨会，出版《打工妹权益问题研讨会论文集》和《户籍制度与女性流动》。

五　组织发展模式：混合型

如果用学界现在流行的自上而下与自下而上的产生方式框架来分析北京打工妹之家的产生与发展，很难给其进行性质定位。北京打工妹之家作为最早的为农村流动妇女服务的 NGO 之一，它既不能简单地归类于自上而下形成的，尽管其早期具有较强的体制内色彩，其创始人也是体制内人，也不能轻易纳入自下而上产生的草根 NGO，尽管其亦具有不少草根的特性。这种发展模式，我们将其称为混合模式。

值得注意的是，尽管"打工妹之家"是作为农家女机构中最先成立并开展非营利项目活动的，但由于当时整个中国社会对 NGO 并不了解，同时 NGO 也缺乏对相应的法律法规体系的了解，因此打工妹之家一开始并没有注册，只是以杂志社俱乐部的形式开展工作。而同为农家女下属机构的农家女实用技能培训学校，由于1998年《民办非企业单位登记管理暂行条例》出台，在谢丽华等的多方奔走下，找到了昌平区教委作为业务主管单位，成功注册为民办非企业。之后，受其他 NGO 的启发，在无法进行民政注册的情况下，谢丽华以"北京农家女文化发展中心"的名字于2001年进行了工商注册。她曾解释："之所以取名叫'北京农家女文化发展中心'，是因为'中心'二字既符合工商注册的类别，又符合组织自身的性质。我们也可以叫'公司'，但是叫公司了就不符合 NGO 的性质了，而且取'公司'的名字要交更多的注册资金，所以我们就选择了叫'北京农家女文化发展中心'。"（康晓光，2010：100）然而，工商注册虽然给了机构一个合法的"出生证明"，但是，它却是一个与机构本质不相符的出生证明。它不仅抹杀了机构非营利的特点，而且对机构的工作和发展产生了很多负面的影响。而打工妹之家则一直没有进行独立注册，一直以北京农家女文化发展中心下属机构的附属身份存在。

对于混合模式的 NGO，组织的合法性因混合的原因比自下而上型相对易于获得，但其独立性是发展中存在的一个重要的问题。从北京打工妹之家的特殊性来看，影响其自主性的力量主要来源于两个方面：一是其决策者农家女文化发展中心；二是资金提供者和项目合作方。农家女文化发展中心给打工妹之家带来的是整个决策方面的影响。农家女文化发展中心的理事会成员来源于社会各界的知名人士，他们并不完全了解农家女文化发展中心的每个分支机构，但他们却为整个中心以及下属机构提供决策，而这样的后果往往是某个人代为决策。打工妹之家的资金来源主要是境外的基金会以及其他的国际 NGO 项目合作和项目支持。在日常工作中，打工妹之家也会接受一些以个人或者集体名义的捐赠，还通过义卖机构的出版物等图书来筹集资金，但这些收入对庞大的机构支出并没有多大意义。资金提供方与项目资助方将打工妹之家作为一个合作者和执行者，他们有自己的意图，但这样的意图并不一定与打工妹之家的机构目标和愿景相符合。当发生冲突时，如何保持机构自身的自主性就成为一个难题。当然，拒绝合作似乎是保持机构自主性最简单的选择，但很多时候拒绝合作就意味着失去资助，而资金欠缺对于一个非营利机构来说常常是致命的。当前，中国很多 NGO 想通过向社会企业转型的方式来实现"自给自足"，打工妹之家也筹划成立家政工合作社，但短期内脱离外部资金的支持而实现自我的独立运作仍然存在较大的困难。

混合型的 NGO 与环境之间的关系亦相对复杂。组织如何适应环境的发展，不断调整组织的结构，这是北京打工妹之家面临的另一个问题。北京打工妹之家在十余年的发展中，前进的每一步都与时代的大环境密切相关且在很大程度上适应了环境。北京打工妹之家新增的项目与功能，都是针对打工妹们在不同时期面临的现实困难，因而都是对社会需求的有效回应。但北京打工妹之家对外在环境变化的感知与机构工作人员对自身工作内容和外部环境变化之间关系的认识之间并不一致。北京打工妹之家工作人员每年开展的活动非常相似，组织工作的内容虽有所拓展，但依然局限于几个主要方面，活动方式也是千篇一律。这既可以说是专注，也可以视为一种停滞，缺乏创新。不过，总体来说，北京打工妹之家与社会的整体需求是较为适应的。这也是其经历了时间的考验能够存活并且不断发展壮大的原因。

作为中国 NGO 的典型代表，北京打工妹之家在社会上具有很大的影响力，其创办人谢丽华以及农家女之家也因此获得了很多荣誉。北京打工妹之家不仅服务了在京工作的农村女性，还催生了很多NGO，培养了很多 NGO 人才。但北京打工妹之家的发展模式仍存在着一些需要引起重视的问题。

首先，组织的工作效率问题。北京打工妹之家的工作人员公开招聘的前提是有相应的项目计划。通常招聘计划会先通过网络等途径发布，再经过各项考核确定录用的人员。招聘总体上按照程序公开公正，但实际操作过程中依然存在经过熟人介绍而进入机构的情况。作为一直在推广社会性别意识的 NGO，打工妹之家在选择成员的时候并没有明确的性别限定，但具有一定的倾向性，因此实际上大多数工作人员都是女性，而仅有的一两名男性工作人员的流动性也非常大。女性工作人员在北京打工妹之家的工作时间普遍为四五年以上，而男性往往合同期满（一般为一年）就会选择离开。此外，由于北京打工妹之家隶属于农家女文化发展中心，在实际工作中根据整个中心的需要也会进行农家女文化发展中心内部工作人员的借调和调整。北京打工妹之家的工作人员对于组织的宗旨以及组织的文化和自己的职位责任普遍都很了解和认同。这得益于北京打工妹之家本身对于机构的明确定位以及机构发展的战略规划。北京打工妹之家的工作人员基本上能做到各司其职，但也存在消极怠工的现象。在日常工作中内部人员之间的工作交流较少，基本上每个人只要按照自己项目的计划做好分内的事情就可以。整个北京打工妹之家的工作氛围较为良好，但其管理方式也存在很多问题，其中之一就是缺乏奖惩机制。当然作为一个非营利组织，采取物质上的激励和惩罚是不现实的。虽然北京打工妹之家通过很多方式比如外出学习考察等给组织成员提供自我成长的机会，但也难以保证日常工作的高效率。在 NGO 这样的机会首先并不需要通过竞争获得，通常相关工作人员参与即可；其次这样的机会并不多见，尤其是对于草根 NGO。NGO 工作的高效率在很大程度上取决于成员自身的特质，虽然北京打工妹之家相对于其他的 NGO 已经具备了较为完善的管理制度，但仍未能避免效率缺失。

其次，组织宗旨的实现问题。打工妹之家是打工妹的组织，那么，如何真正保证"打工妹管理打工妹，打工妹服务打工妹"？有为数不少的老会员反映北京打工妹之家"有点脱离群众"。随着北京打工妹之家的影响力不断扩大，它作为中国内地 NGO 的代表开始频频登上各种媒体，接受来自不同国家和地区的来访，相反的与它真正的服务对象——城市中的打工妹的联系却相对于早些年有所减少，再加上北京打工妹之家并不是一个扎根于服务对象生活密集社区的 NGO，与服务对象的联系很大程度上取决于工作人员的外展服务，正是因为这样而被一些最早结识北京打工妹之家的人戏称为"脱离群众，走贵族路线"。其实同样的问题也困扰着其他 NGO，如何提供服务对象需要的服务而不是站在 NGO 的立场去凭空臆测是每一个 NGO 都需要解决的问题。固然，很多北京打工妹之家的工作人员来自打工者群体，有打工的经历，容易与打工者群体接触，使她们更容易产生信任感。这是解决的方法之一，但事实证明这种做法并没有太大的成效，甚至有的服务对象反映一些工作人员"这些年都离我们越来越远了"。因此，仅仅寄希望于用工作人员个人的特质来解决问题是远远不够的，更多需要从组织层面来进行反思。

2011 年 8 月 2 日，在农家女新一届理事会会议后，谢丽华在博客上写道："今天是农家女新一届理事会第一次会议，主要讨论成立基金会的事情。尽管参会理事全票通过，但理事会之后，我的心情却异常沉重。作为中国最早的 NGO 之一，不管愿不愿意承认，我们确实现在遇到了发展瓶颈。开始我认为是身份认证影响了我们的发展，今天有理事一针见血提出，我们创新不足，缺少管理和专业人才，与这两年新兴的公益组织相比，我们机构的影响力逐年下降，已不在第一梯队之列。这些话虽然有些刺耳，但实事求是说，还是击中了要害。我经常告诫大家，不管走得多远，一定要记住我们为什么出发。但不知不觉中更多人还是掉进了埋头做项目的陷阱。一个项目接一个项目，大家的精力和体力都被项目牵着走。结果呢，确实帮助了一些人，但没有起到倡导和推广作用，使项目的意义大打折扣。……项目不在多而在精，在于做出影响力。这样的榜样已经有很多很多。我终于有些释然。高薪聘人才是一方面，但这不是一蹴而就的，应让机构人员暂时放下手中项目，走出去请进来，好好学学人家那些富有生命力的年轻机构是如何运作的。之后通过战略规划找到自己的定位，轻装上阵，从零开始，自己救自己。"由此可见，对于北京打工妹之家的危机及其原因，身为组织领导的谢丽华有着较为清醒的认识，这无疑是有助于组织未来的健康发展的。

第二节　同心希望家园的希望之旅①

一　产生：种子的萌发

与 20 世界 90 年代以来创立的众多草根民间组织一样，同心希望家园文化发展中心（以下简称同心）的成立本身就是国家改革的具体社会呈现。同心将其服务的对象始终定位于城市中的农村流动人口与其创立者马小朵的人生体验是息息相关的。马小朵曾概括自己这辈子做了两块铺路石，一块是第一代农民工进城务工的铺路石，一块是第一代草根妇女民间组织的铺路石。可以说，同心的创立呼应了时代的变革和发展。改革开放以来，中国户籍制度有所松动，农民得以进入到城市谋求更好的发展，然而直面城乡发展的不平衡和生活中贫富的巨大差异又进一步增强了他们的被剥削感。马小朵正是在这样的经历中产生了强烈的自我改变动力和帮助这个群体的冲动。与此同时，随着市场经济的发展，政府逐渐从无所不包的社会生活领域退出，留下了一片空缺的公共地域并以模糊的态度默许有益于公共地域治理的非政府组织的成长。而在外部条件上，1995 年第四届世界妇女大会在北京的召开，带来了民间组织建设的经验也为类似的组织结构的合理合法性正名，此后大陆基金会纷纷进入中国，使草根民间组织的持续发展成为可能。有需求、有空间、有资源，同心也正是在这样的社会历史环境中应运而生的。

---

①　本部分资料主要来源于北京同心希望家园文化发展中心的内部资料以及对该机构的实地考察。

二 发展:摸着石头过河

(一) 发展阶段

同心的发展是一个"摸着石头过河"的过程。马小朵在谈及同心发展初期时坦言:"我们进入社区的时候并不知道要做什么,而是要看我们社区妇女需要什么,我们能做什么,才开始做的。"

同心所在的社区是北京市石景山区的刘娘府社区,这个社区地处北京西五环,属城乡接合部,占地面积不到一平方公里,社区中外地人口与本地人口比例约为3:1。实地考察发现,生活在该社区的本地居民早于20世纪90年代初实现"农转非",拥有了城市户口。他们将房子翻修,加盖楼层或是占用公共用地,然后将房子隔成小单间出租给外来打工者,租金成为本地居民重要的收入来源,一部分本地居民一边拿低保一边享用租金,不用从事任何工作。自行翻修搭盖的民工房十分简陋,多是不符合安全标准的,这里的打工者一家人常常挤在十来平方米的出租屋内,并需要为这样的房间支付200元/月左右的租金。北方冬季寒冷,但这里的房间却无供暖设施。农民工多采用土煤炉取暖,相对微薄的收入,煤的价格不低,为了少用煤省钱,他们在冬天会尽量少通风,这无疑带来了一定的安全隐患。调查中,一些社区的妇女反映,这里的出租屋甚至没有她们老家的住宅好,她们生育孩子一般都会回老家,一来是城市住医院太贵,二来就是因为出租屋的卫生条件太差。

随着农民工大量迁入以及本地居民的大量迁出,刘娘府社区形成了外来工的聚居地。聚居地的出租房几乎都没有独立的水管和厕所,共同的居住条件和公用日常生活设施为这个社区来自不同地区的妇女提供了交流和熟识的机会,促进这个社区逐渐发展起来的地缘关系。但破落的农民工聚居地的自然形成并不符合政府的意志,随着石景山区定位于休闲文化的主题,政府开始致力于改建这样的城市角落,为了实现城市的整洁,这样的聚居地将会被拆除,刘娘府这片民工房就一直传言会被拆除建成绿地,传言起起落落,致使这里一家大型超市曾经停止供货,其他想做小生意如开饭馆、理发店的自雇者也不敢轻易进入。

住房是最明显的标志物，时刻提醒着打工者自己的身份。住房成本的控制使他们从生活距离上与主流城市生活相隔离，形成居住隔离，居住隔离是指都市居民由于种族、宗教、职业、生活习惯、文化水准或财富等差异，相类似的集居于一特定地区、不相类似的则彼此分开，产生隔离，有的甚至彼此产生歧视或敌对的态度（布劳，1991）。在刘娘府社区不论沿哪条路步行20分钟都能看到典型的城市住楼，高级住宅区与破落的民工聚居地比邻而居，形成强烈的视觉冲击，这种地域上的边缘化也带来了文化上的边缘化，居住状况标示了较低的经济地位和社会地位，强化并内化社会分层的差异感。一墙之隔不仅割断了两片完全不同的生活场所，也阻碍了农民与市民的融合。而政府对于流动人口聚居地的非正向态度，随时可能拆迁的传言都对流动人口带来不稳定感，并从外界对他们建立起疏离，好像在说，你不是我们的人。

《全国农村妇女权益和维权需求调查报告》表明大部分外来务工妇女处于职业队列的末端，多从事商业服务、餐饮服务、居民生活服务和流水线制造加工，这一结论与刘娘府地区的情况基本相符，女性多在餐饮服务业、工厂普通工、家政行业以及保洁行业，并且在访谈中发现女性所从事行业因其年龄、家乡、亲属工作的差异而表现出不同。聚居地年轻的女性多集中在附近的制造业工厂以及餐饮服务行业。而已婚妇女则多集中在个体经营单位以及家政、保洁等行业，更多的属于零散务工。已婚妇女从事的工作常受到其丈夫所从事的工作的影响，因此有必要进一步提及这一社区男性工作的特点，与南方工厂不同，这片社区许多男性是个体雇佣者，并且在职业上有明显的地域分割，如河北人和山东人多做装修生意，河南人多从事拉渣土的生意，当然这并非是绝对的。调查发现男性若从事较有规律的工作，有正规的上下班的时间，则女性有较多的精力和时间投入工作，相反，若男性的工作不规律，女性则需将精力和时间投入对家庭的照料中，往往倾向于从事非正规的、短期的工作。

　　我是按天拿工资的，我们院子里的女人很少出去工作的，因为你大哥（指她丈夫）他们都是拉渣土的，接到电话，就是半夜两三点钟接到电话也随时起床拉车。我在这里上个班，多多少少顾得了家。我不在这儿上班，在家也是玩，他雇个人干活不也要给个百儿八十的？他给别人的钱比我挣的钱还多。你大哥是为了挣大钱，我挣点小钱，他在外面挣钱，我多少要伺候好他。咱们作为一个女人，还是要做好点，要自觉。（CF－15）

马小朵和其他工作员正是根据社区这样的发展状况和机构的服务能力，确立了同心的主要活动板块。表3－1列出了同心发展的几个关键时间点，但这些服务项目并不是同时展开的，不同的时段有不同的侧重点。

表3－1　　　　同心希望家园文化发展中心的发展历程表

时间	发展标志
2005.3.8	组织成立
2006	进入刘娘府社区
2006.8	刘娘府爱心超市开业
2006.3.6	刘娘府社区儿童活动中心成立
2007.9	边府爱心超市开业
2008.3	同心社区餐厅开业
2008.9.7	边府社区儿童活动中心成立
2008.10	边府社区图书角设立
2009.3	中坞社区爱心超市开业并开设图书角
2009.5	三点半学校

（二）项目开展和活动实践

同心开展的项目包括爱心超市、妇女儿童活动中心、借书角、同心社区餐厅、三点半学校、社区探访、社区妇女培训、互助小组。同心在2009年重点开展的项目如下。

1. 爱心超市

爱心超市可以说是同心开展的活动里时间最长，也最为成熟的项目之一。其社会企业的经营模式契合了草根民间组织生存与发展的自身需求，满足了社区居民节省生活开支的要求，也赢得了地方政府和众多媒体的认可。

　　事实上，爱心超市现在正向规模化经营的方向发展，并且已经实现了自负盈亏，有些学者将其定性为"社会企业"的尝试，因为在这个项目上，不需要基金会的资金投入也可以使收益与开支相平衡甚至略有盈余，其开支包括房租、运输、值班员工资及相关店面投入。虽然爱心超市总体上发展得相当好，但在其运营过程中，挑战也从未间断。其一，社区居民对衣物价格敏感，爱心超市每进入一个新的社区都需要花较长时间解释捐来的衣物为何用来卖，以至于经过多次例会的讨论，同心决定将"为什么卖"的解答文牍化，呈现在其宣传资料上，并要求每个值班人员能回答出要点，它包括"有尊严地消费、解决部分社区妇女就业、所有盈余用于公益事业并公开账目"，这一方式确实使爱心超市的社区进入更为顺利，能够获得大部分社区居民的理解，但它解决不了的是社区居民对于衣物定价的疑问。整体价格的波动和具体到每一件衣物的价格是由家园的工作人员和在超市工作的社区妇女决定的，这一环节是包括在超市运营的募捐、运输、整理、上货、下架、甩卖（残次衣物）整个流程中的一个具体操作，大家称其为"打价"，价格会因衣物分类而有一个大致的区间，同时也会因新旧程度、样式、质料而在所属区间有不同的价格，衣物的价格自然会因"打价"的人员的个人喜好而出现差异，也会有少数衣物质地好样式新，其价格会和小市场上的卖价相当，这时是选择小市场上一手但质地粗糙的衣物，还是选择二手但质量好的衣物则全凭社区居民自己的判断。为加深社区对于超市的理解和信赖，同心曾经在 2008 年组织过物价听证会，让社区居民参与到定价环节中来，事实证明取得了不错的社区反响，但在 2009 年此项活动虽然多次提上日程但因工作忙碌且操作难而没有再开展。爱心超市项目刚开始实施时，其房租是由基金会支付的，随着爱心超市的运营模式逐渐成熟，有了自己的收入，基金会取消了对这个项目的投入。面临自负盈亏的压力，超市曾经一度整体提高了卖价，这自然受到社区居民的抱怨，使相当大的一部分老顾客流失，此后超市不得不妥协又在此基础上降低了价格。调查时的价格总体上还是高于最早期的价格同时能够基本自负盈亏略有盈余。其二，超市货源的不稳定性，爱心超市的衣物主要来自北京高校社团组织的捐赠，也有少部分来自企事业单位和民间社团的捐赠，因而超市货源的储量是依据某一时段捐赠的组织情况和人们的捐赠意愿而变化的，相对而言只要和相关高校社团达成一致，高校的捐赠是较有规律性和可持续性的，但高校的衣物多适于青年人，并不能满足社区居民对大码和其他样式服装的需求。因而向企事业单位和民间团体募捐成为重要的货源补充渠道，但此类捐赠极不稳定，多与其内部开展的某项活动相关，几乎无规律性且不持续。而在募捐时一部分社团因为难以接受超市卖出的运营方式而不愿意捐赠的情况也时有发生。此外，还有一点是需要注意的，除了同心外，北京还存在着其他类似于爱心超市的公益二手点，面对有限的捐赠资源，必然存在着对货源渠道的竞争。为此，同心和北京几所固定的高校社团保持着较为稳定的联系和互动，接受其衣物的捐赠，也欢迎高校学生有限度地来超市考察和参与同心的活动。

2. 妇女儿童活动中心

妇女儿童活动中心的开展是典型的依据社区的需求而设的，其发展几经波折。活动中心曾过有多位妈妈老师，在顶峰时期，来此的孩童甚至需要根据年龄分班做活动，类似于社区幼儿园。但随着参与人数增加影响逐渐扩大，家长们开始不满足于妈妈老师仅仅带孩童活动而提出了对孩子教学的要求，这显然超出了同心能够提供的服务，与此同时，活动中心的妈妈老师们也要求涨工资，受到双面夹击的同心不得不停下脚步，思考妇女儿童活动中心的发展方向。几经改组，留下了一位社区妈妈老师，参加活动的孩童也主要限于1—3岁，活动内容也以亲子游戏为主，这样的活动形式在社区中受到欢迎，附近的幼儿家长愿意把孩子送到活动中心来，孩童也养成了日日参加活动的习惯，每日参与的孩童数保持在10人以上，通过经常的集体活动，孩子们有了看得见的成长，例如更加开朗活泼、开始接纳其他的孩子和分享玩具。同时，同心与北京的私立幼儿园取得了长期联系，专业幼教会在每周固定时间来到活动中心带领亲子活动。

但这样的活动形式随着唯一的社区妈妈老师离开而告一段落，妈妈老师离开的原因除了自身和家庭的因素外，一个不可忽略的因素就是来自活动中心的宗旨和日常实践的矛盾所带来的压力，妇女儿童活动中心的宗旨是提高移民社区妇女的参与能力，增强移民社区妇女的主体意识，也就是说是以孩童为介入点，以亲子活动为依托，引导妇女走出家门，开展妇女的工作，构建互助网络。但在日常实践中，活动往往就停留在亲子活动，成为一个单纯的儿童活动室，而难以达致最初设置活动中心所期盼开展的妇女工作，由此使日常实践与组织宗旨出现了部分脱节。

考察其原因可以发现，一方面，社区妈妈老师缺乏相关的引导妇女工作技巧与经验，即难以引起社区妇女对于自我权利状况的关注，缺乏引导日常活动向宗旨过渡的专业技巧。另一方面，从社区实际来讲，妇女关注孩子甚于关注自己，带孩童参加活动的需求显然胜过妇女自我发展的需求，将活动中心工作重点由亲自活动转到妇女自身，很可能导致社区妇女参与的积极性下降，活动中心工作也难以为继。那么，面临这样的窘境将项目宗旨改为孩童发展是否可以呢？答案是不行的，同心的外部资金支持来自香港乐施会，其项目资金拨付主要用于劳工和社会性别方面，因此要求受其支持的民间组织围绕主题来开展项目。正如一位相关基金会工作人员所指出的："我们并不希望支持的机构仅仅卖几件衣服，托管几个孩子，那不如直接开专业二手店，办社区托儿所更有效率，何必需要有一个社区 NGO 呢？"应该说乐施会在项目的具体实施中干涉并不多，但在必要的项目跟进上，如项目报告的提交，新年度的资金审批上仍然会对同心的活动主题造成限制。当然，同心也可向其他重点关注儿童的基金会申请项目支持，但资金的申请与批复都涉及烦琐的文件程序，作为一家规模较小的NGO，同心并无优势。

为了解决这一困境，妇女儿童活动中心另请了一位非本社区的幼教老师，并且考虑是否要把活动中心办成如爱心超市那样少量收费，能够自负盈亏的社会企业，但尚无明确方向。

3. 借书角

借书角并不属于同心向乐施会申报的项目，因而没有资金支持，但同心利用有限的资源——募捐来的能勉强装满三个书柜的旧图书，开设了借书角。同心工作员利用自己的休息时间在周六下午为社区孩子们办理借书还书。此后,因为同心负责人的一个朋友牵线,联系到一家境内的基金会,募捐了 7000 元左右的图书资金,并通过一家专业推荐儿童读书的公司"红泥巴"将募捐的资金换成了儿童喜爱的图书,这些图书经过专家挑选更具有可读性,只是多为二三十元一本的精装本,让资金一向紧缺想要少花钱多办事的同心工作员们心疼不已,但同时大家也安慰彼此为什么我们社区的孩子就不能像城里孩子一样享受精装本图书呢?至此,借书角走上了发展正轨,开始为常借的孩童办理借书证,并随着中坞爱心超市的开业扩展到了新的社区。

在借书角的发展过程中曾经遇到两个岔路口:其一是办理借书证是否需要缴纳押金,移民社区典型的特点就是人口流动性大,孩子随着父母到处跑,可能造成图书的流失率上升。但经过多次讨论,考虑到收取押金可能会降低家长对孩子借书的支持,不利于社区孩子充分利用图书,因而决定免收押金,而用登记持卡人的名字、学校和家庭住址来降低图书的流失率。事实证明,对孩子的信任是值得的,图书流失率并没有明显的上升。其二是借书角是否需要和超市卖场共处一间屋子。同心进入中坞社区初期,借书角设在爱心超市里,既节省了租房的开支也有利于宣传超市的公益性质。但随着来此做作业和看书的孩子数量增加,加上板凳、书报占据了超市的半间空地,对超市的正常营业也产生了一些不好的影响。这就使借书角的发展面临新的选择。

借书角的完全公益性在一定程度上佐证了爱心超市经营模式的公益性。社区居民容易直接将爱心超市的受益与免费的图书相联系,并进而理解和支持社会企业自负盈亏的经营方式。同时借书角的受益对象——社区孩子们的笑脸也成为同心融入社区的重要载体,有什么比孩子们的宣传更能打动人心呢?

4. 同心社区餐厅

并不是每一个项目都能冲破荆棘,茁壮成长。也有最后宣告失败的项目,同心社区餐厅就是一个。事实上,在 2009 年 5 月,同心社区餐厅以转让的形式正式成为过去式。但考察其一年左右的运营不能说是没有借鉴意义的。设立社区餐厅是抱着解决社区妇女就业以及为移民社区居民提供实惠干净的就餐环境的目的的,需要特别说明的是移民社区的小餐厅使用"地沟油"已成为一个行业潜规则,而同心社区餐厅坚持在不涨菜价的基础上使用品牌食用油，社区餐厅受到乐施会短期少量资金支持。餐厅初创时期，包括同心负责人在内的几乎所有的员工全部投入到其中，记账、端盘、清洁，每日超负荷工作，生意也十分的兴隆，但到月末结账却发现，因为成本太高总利润竟然是亏损，并且餐厅过于辛苦和嘈杂的工作环境超出了社区妇女的预期，没有一个社区妇女愿意继续留在餐厅工作，餐厅只好雇用社区外服务员，解决社区妇女就业的目标夭折。此外，为了扭亏为盈，同心工作人员听从厨师的建议，全部撤出餐厅，餐厅交由厨师经营，厨师每月向同心缴纳几百元的少量费用，并接受同心工作人员的不定期卫生检查，尤其是放心油的使用。经过数月，餐厅得以扭亏为盈，但除了放心油外，餐厅其他的卫生情况则和其他小餐厅无甚区别。对于社区居民而言，同心社区餐厅实质上没有任何特殊的意义。在这样的情况下，同心决定放弃餐厅的项目。

同心在总结社区餐厅的经验和教训时，指出公益和企业是难以很好地结合在一块的，"既想赚钱维持餐厅运转又想在餐厅中开展我们的社区工作。结果发现这样的后果是餐厅没法正常营业，社区工作也没有开展好"。此外，在开展项目的时候，考虑自身所具有和可以调动的资源也是项目能否持续进行的重要因素，同心工作人员没有餐饮行业的经验，社区中没有愿意从事餐饮工作的社区人员，这最终导致同心社区餐厅的创立目标和实践运作出现了偏离。

5. 三点半学校

三点半学校经历较长的酝酿阶段，目前以高校志愿者为主的三点半学校正是不同思维撞击和民主决策的结果。马小朵考虑到社区妇女对孩子课外学习的要求，倾向于请教师来带领三点半学校，而不太信任在辅导学习之外乐于开展活动的高校志愿者，不过在其他工作人员的坚持下，最后仍决定主要依托高校志愿者。为办好三点半学校，同心工作人员到东坝一家有此类办学经验的公益机构取经，并联系北京各大高校社团负责人开了讨论会议。在搬回北师大幼儿园捐赠的桌椅后，三点半学校正式运作。

6. 其他项目

除了以上几个项目外，同心还会不定期地举办关于教育、社会性别、法律意识等的社区讲座，配合了爱心超市理念的宣传以及妇女儿童活动中心影响的扩展，因不是同心的工作重点，因此并未形成成熟稳定的工作模式。

三　宗旨：同心创造希望

同心的宣传手册上是这样介绍的：【同心】全称：同心希望家园文化发展中心（United Heart Home of Hope）。成立于 2005 年 3 月 8 日，由一群来自打工者群体的热心者发起，旨在通过行动与支持，推动性别平等及社区参与能力等。

作为一个妇女组织，相较于其他劳工组织，同心更加关注妇女的独立，如经济的独立、家庭决策的独立。同心的宗旨是：推动性别平等及社区参与能力。为达到这个目标，同心的一个做法就是鼓励社区妇女就业，并且在社区积极创建就业岗位，如爱心超市的值班员，募捐衣服的整理等成为社区妇女就业选择的途径，可以看到这样一个逻辑假设：女性工作能提高妇女独立性，能有助于妇女的发展与幸福这个假设或许符合西方理念，但在这个传统的农民工聚居地，却常常出现矛盾。虽然社区中的外来妇女更多地扮演着依从者的角色，但这并不代表她们无幸福感，相反她们的被剥夺感相对比较低。

女性的福祉应该怎样来定义？许多社区里的妇女将自己的幸福定义与家庭相连，而不是个人的独立自主。而同心的定义和这个社区大部分家庭定义是存在差异的，在呈现的这种矛盾面前，同心将"改造"的对象指向承受矛盾的女性本身，而非致力于改变生成这种矛盾的社会制度，即社会性别权利的不平等，以及社会性别劳动分工的不平等。同心对于个体的改造意义在于鼓励女性反抗丈夫的权利，反抗既有的照顾家庭的角色，如使"准时回家为孩子或丈夫做饭"、"女性挣小钱是零花，男性挣大钱是顾家"等的行为观念成为不正确的。

一些社区妇女最终离开了同心，显示出社区骨干也会在这种话语下承受压力，尤其是当她们的家庭也不赞同这样的观点时，这种话语易将不平等的存在视为女性个体责任的未完成，这种对于女性个体的要求，不论其是否是进步的观念，但因为忽视或者说是无力改造个体所处的结构性社会的大环境，而常常使自己陷入发展缓慢和效果反复的境地。

四　结构：魅力型领导下的简约结构

（一）纵向结构

1. 非官方背景

同心作为典型的草根民间组织，没有挂靠单位，自然也无法进行民政注册，目前是以工商注册的身份开展各项活动，在月末时，会请专业会计来进行零报税处理，而同心所开展的具体项目如爱心超市、妇女儿童活动中心则无任何的工商营业执照。但这种情况在近几年并没有影响到同心活动的进行。事实上，同心的办公室就与当地社区居委会比邻而居，每一项活动都需要报当地片警备案，石景山区政府也知晓同心的存在。政府机构并未直接对于同心的活动予以管制，但隐约可以感觉这个不予管制是在同心开展的活动在政府所能接受的范围内的态度。同心的活动没有变，但这个能接受范围则是地方政府根据政策时局而可大可小调节的，在政策较紧的时候，如北京奥运会期间，同心的活动遭遇到地方政府的诸多不合作，以至于连办公室也难以租到。而在政策宽松的时候，如关注农民工提法出现在政府文件时，同心的活动甚至引来地方官员的参观与认可。可以说，虽然不存在直接的纵向的官方结构关系，但同心必须时刻谨慎地在政府划定的范围内开展活动。

2. 领导方式

从同心自身来看，其工作员流动率较大，内部没有形成固定的组织结构。但无论是人员的流动还是项目的变更，同心内部的领导方式一直是个人英雄主义式的领导。马小朵作为同心的创立者，也是组织绝大部分资源的掌控者，她具有强大的个人魅力，不断探索组织的发展方向，联系和积累组织的外部资源，她的热情、责任感和自我牺牲精神是组织的凝聚力以及吸引社区接纳组织甚至参与组织的重要原因。但这种领导风格，并不利于组织的常规制度建设，工作易偏于即时性和非常规化，工作计划拟定的合理性以及工作绩效的评估也都没有相应的制度标准。同时，马小朵要求工作人员有同自己一样的热情和牺牲精神如超时工作等,也使得工作人员承受一定压力。马小朵似乎也注意到这一现象,在思考探讨同心的发展规划、参与外部学习机会等方面都会更注意鼓励让其他员工积极参与。

3. 工作人员

马小朵曾明确表示机构发展最紧张的资源在于资金和人员,而在这二者中,更为重要的是人员,即能抱团一起往前走的工作人员。强调的往往也是缺失的,同心自 2005 年成立,一路走来,影响其发展的一个重要因素就是工作人员的流动性。流动性之大,以至于当初的原班人马留下至今的只剩马小朵一人。每一次新来的人员性格、工作理念都不同,这对项目的持续性和团队合作的默契都造成了一定影响。外来工作人员留不下来的原因固然有较低的工作环境和薪酬待遇,但除此之外,还有一些重要的因素在发挥着影响。其一,NGO 工作尚未受到社会主流认可。从事 NGO 工作需要面对的家人、朋友的压力,更多的人是将 NGO 工作看作是散播理想、爱心的平台,而非一个正式的、可以持续的职业,在这样的看法下,工作人员回归正常的生活轨道是迟早的事。同心在奥运期间曾受到政府重点关照,无法开展正常工作,甚至租不到房间,选择一个更普通的职业无疑不会面对这样的压力。其二,NGO 是以为社会提供服务为主导的,其工作人员也必然是需要奉献精神的,而在机构中对薪资和休息的主动要求也是自然不受鼓励的。在同心是没有加班工资的说法的,每周的休假也常常被讲座交流活动占了去,工作人员都会尽心工作,但这并不代表人的物质性能完全被抛开,私下里了解,许多无奈与苦涩会浮出。一个在此实习了大半年的大学生,虽然是实习生的身份,但因为人手紧缺,且她能干踏实,将工作做得有声有色,在事实上是作为工作人员拿工资并完成工作任务。因在几个月的时间里,几乎没有享受过连续 24 小时的休息,当工作挤满生活时,她常常感到烦躁,虽然她很热爱同心的工作,仍决定离开。

4. 社区骨干

对于组织内工作员流动率颇高的现实状况,马小朵无奈地感叹:"外来的凤凰留不住啊!"基于此,马小朵转而强调引入社区人才。简言之,就是发展社区积极的妇女骨干加入到同心的工作人员行列。这样的社区骨干多是不算在同心的正式工作人员编制内的，而是依靠互信来完成工作和给付工资。这个理念被证实是有效的。爱心超市的值班人员、妇女儿童活动中心的爱心妈妈都是从社区妇女中发掘出来的，并且工作也确实较之外来人员更加稳定，这不仅解决了部分社区妇女的就业，也使机构更加社区化，更为亲切和被信任。

而这也随之带来一个问题，社区妇女由于生活的相对封闭，承担了较多的家庭责任，在工作上更难以适应新变化，有段时间因为季节变化的原因，需要对爱心超市时间作出调整，以方便下班打工者的购买，但社区妇女因需要按时为家人做饭而对时间的变动表现出不乐意。面对这样类似的情况，从工作目标来看，同心在帮助社区妇女重建平等的社会性别意识时也需要注意不使他们失去原有的社会支持网络，这常是一件难以两全的事情。从工作方式来看，没有外在资金的支持，机构首先要能够活下来，才能谈及帮助社区。当前，机构还只是蹒跚地走步，一些机构员工难以适应和调整，对于机构的发展本身是不利的，但一旦如企业那样将其淘汰，又有违爱心超市服务的理念。

经历了几次这样社区妇女工作人员的不配合风波后，同心总结的经验是在引进社区妇女人才时，注意将社区骨干和服务对象区分开来。把有公益观念，易于接受新鲜事物，有奉献精神，乐于学习，勇于做事的社区人才吸纳到机构，而不能不加区分地简单抱着解决社区妇女就业的心态吸纳社区姐妹。这一解决办法是否有效尚需实践检验。

（二）横向结构

1. 与政府的关系

与政府的横向结构关系同与政府的纵向结构关系有所不同，其差异在于，纵向结构更关注于领导或非领导，而横向结构更关注于合作与非合作。因此横向结构中与政府关系将重点描述同心与地方政府的"距离"。首先，同心并不挑战政府的政策取向与政策倡导，而是关注于在政府框架允许范围内的妇女独立、就业以及卫生保健等生活条件的改善，这与政府的需求是一致。从这点上来说，同心的日常实践，更类似是关注于"实用性社会性别需求"。其次，不能简单地用 NGO 概念套用同心的生存模式。每当同心有开展事务性之外的活动，例如小范围的聚会、交流、讲座都会主动报告地方政府；在爱心超市也挂有街道的牌匾；偶有妇联系统来访交流；每逢接到居委会办活动，都会帮忙组织社区居民"凑数"，看上去，除了不从政府拿钱外，同心与政府的关系是紧密相连的，而这点似乎可以推论而至大部分的草根非政府组织。在当前"大政府，小社会"的历史中，完全撇清和政府的关系并不是一件明智的事情，几乎所有的草根NGO都需要小心翼翼地保持与政府的良性互动关系，期望政府不要"不作为"——即不能完全不关注弱势群体的发展与公民社会的建设，否则非政府组织就难以有持续发展的空间；也不要"太作为"——即不能过于关注非政府组织的动向，甚至采取胁迫收购的手段，否则，就会影响非政府组织的独立性。

事实上，政府权威的完全脱离和政府的过度参与都是不利于非政府组织的发展的。虽然单位制的改革意味着政府对社会的垂直控制逐渐退出，但政府部门仍然是握有绝大部分社会资源的一方，不能获得政府权威的认可，意味着无法动员绝大部分的社会资源，或者说动员起来十分困难，比如社区居民的支持，至少从北京的情况来看，绝对不应该忽视普通百姓的政治意识，认可政府认可的事是内化的行为守则。同时，政府部门的过度参与也不利于非政府组织的发展，这是因为非政府组织容易形成对政府权威的依赖而不是依靠组织群体间的沟通和反馈来解决问题，也使政府有机会将自己的政治目标和行为方式灌注于民间组织，形成控制甚至"收编"。

2. 与被服务群体的关系

从类别而言，同心是一家女性NGO，其服务对象是社区中的妇女，根据社区妇女的需求并结合机构的能力而开展活动。从日常活动上看，机构并没有清晰的目标和计划，也没有衡常的活动内容，这使同心与专业的NGO相比，更像是一个社区妇女互助小组。然而，这也避免了对于社区需求的主观建构。

在今天，无论是企业型组织还是非营利性组织，都倾向于夸大自己活动的功能，但同心在这点上则相反。马小朵明确表示："我们不要高谈阔论，给社区妇女太大的希望。给她们太大期望，我们又做不到会很痛苦。"事实上，同心进入社区的形象就是一个能够成为社区聚脚点的二手店或者是儿童活动所，在宣传上很少言及过于宽泛的功能定位和目标导向。同心不对服务对象承诺过多的行为主要是由马小朵的人生经历及其务实的态度所决定的。

同心所坚持的以社区实际需求导向的工作方式也为其带来了困境。由前面提到的妇女儿童活动中心的项目，可以发现在与被服务群体的关系上，比起幼童托管、帮社区省钱的需求，女性自我发展，如提高自我自信、社区参与意识、性别平等观念的需求更不迫切。如何实现从实际需求导向到战略需求导向的过渡，是同心正在思索的问题。

3. 与其他机构的关系

调查中，NGO 的工作人员常常会说这样一句话，这个圈子其实很小。事实上，在第四次世界妇女大会后，中国的非政府组织发展相当迅速，数量逐年增多，工作人员所指的这个圈子很小的感觉不仅仅是因为这一类组织方兴未艾，更是因为这个圈子的交流频繁，信息能够迅速呼唤，同行可以经常见面。其交流平台主要来自两个方面，其一是受共同基金会支持的机构有较多机会参加同一个培训和交流活动；其二是关注于共同社会问题的机构，如关注妇女权益的、关注于工伤的各类别民间组织有较多机会参加同一个会议或工作坊。这样的平台使同心与其他民间组织尤其是类别相关的民间组织能够形成一个网络，互给资源。具体而言，同心与北京打工妹之家就保持着长期频繁的联系，包括工作人员之间的交流与资源的共享。在一次面对北京某高校罹患癌症的清洁工人的求助时，同心联系到北京打工妹之家，共同出面为求助人捐款。同心在中坞超市开业时曾请工友之家的打工青年艺术团来助兴。而同心借书角的书籍和三点半学校的桌椅，也多是直接或间接地动员了其他民间组织或社会团体的资源。同心也同样以低廉的价格将板床义卖给社区的残障学校，实现资源互助。

如果说非政府组织间仅仅存在资源的互济互助的网络关系的话，也是不全面的。面对有限的资源尤其是资金和人员，组织之间也存在竞争。仅从单一的基金会来看，预拨资金是固定的，将饼做大的逻辑很难成立。某一民间组织想要更好地发展，必须和其他被支持方争夺资源，除非可以寻找到其他替代资源，但替代资源更为稀缺。同心餐厅早期的一位厨师就被其他民间组织以更高的薪酬挖走。而在 2010 年年初,同心向乐施会申请的项目即告结束,同心需要设计更具特色的项目申请下一期的资金支持,若仍维持原有项目或者新设计的项目和其他组织类同,则会对项目的审批造成不利后果,资金资源可能就会被其他组织争得。

4. 与其他人员的关系

其他人员主要包括专家、学者和高校学生。因为机构是一种个人魅力型领导方式,因此马小朵的态度在很大程度上左右着同心的对外关系。机构不定时邀请专家学者到社区讲座,但马小朵在对专家学者的专业知识较为认可的同时,对他们的整体评价并不高,对学术界惯有的高谈阔论而不躬亲实践更是极不赞同。她认为,尽管当前国内 NGO 的理论发展已经到了和国际接轨的水平,但在实践上依然还是个小孩。当前学界对 NGO 实务有所忽略,学者们的调查研究虽然撰写了各种各样的学术论文或研究报告,但对组织发展的指导价值不高,发挥的实际功效有限。

在三点半学校之前,同心和高校学生的联系仅限于募捐衣物,此外几乎没有固定的高校志愿者,因为工作员认为工作多为琐碎而机动的事项,无法配置给志愿者工作的岗位。偶尔来社区的高校学生多为完成某项学校任务,如开党组织生活会等,对此,同心也多予以配合。但一次事件的发生使同心对此类事情的配合开始有所保留。两名北京高校的学生,为完成 DV 拍摄社会写实的课程作业来到同心,因赞赏学生社会责任感,机构协助将其领到社区居民的住地,并进入到居民家中拍摄。这引起了居民家庭的反感,并说"你们还不是拿去向政府要钱"。这件事情,使同心的工作人员意识到社区居民的尊严是脆弱而敏感的,也开始注意把握学生进入社区的度。

五 组织发展模式:自下而上型

如果将民间组织归类为自上而下和自下而上的两种类型,同心显然是属于自下而上型的,它的创立是基于普通民众不满政策公平和生活平等缺失而产生的公益动机,它的发展是建立于基层社区的现实状况和对社区居民需求回应的基础之上的。

　　目前，国内慈善事业的发展严重滞后于人们挣钱的动机，再加上政府对于NGO态度的忽冷忽热，虽表面上赞成民间社会的发展壮大，但实则是抱有怀疑和恐惧的态度的，同心在奥运期间由山下搬至山上可为此证，无法在民政部门注册成为正式的NGO，就只能在工商部门注册，也就自然无权享受到政策优惠与税收减免了。这种社会环境造成草根NGO的生存异常艰难。目前国内NGO在资金上大部分还是依赖境外的各种基金会，这些基金会对于中国本土NGO事业的发展起到巨大的促进作用，但这种主体支撑作用不太可能是长久的。一方面，基金会的关注与中国本土的需求不可能达到完全一致，其支持力量也受到捐赠者的限制；另一方面，中华民族所具有的一触即发的民族主义，很可能随着外国基金会的大批介入而兴起，由此掀起的民族主义很可能不分青红皂白地将基金会一扫而净。此时此刻，草根NGO应该如何突围？

　　同心的模式是办社会企业，分流资金压力，如开办爱心超市，自主管理，创造就业岗位让社区居民参与同心的社区服务，发掘社区积极分子以节约一部分NGO运营的成本，使机构能够长期服务于民。以廉价的购买模式代替无偿的服务，一方面能使NGO存活下来，另一方面也可不使社区居民养成食嗟来之食的习惯，用三五块钱换来尊严平等，而代替施舍与被施舍的不平等感，这是一个帮助社区居民自立的过程，是一个实践运用美国社会学家库利"镜中我"理论的过程，通过我对你的尊重，使你对你自己也尊重起来。当然，这样以民养民的模式，也有其内在的矛盾，自负盈亏的运营要求超市要像一个企业那样计算，机构一方面要尽可能地帮助到这里的居民，但另一方面又不得不从其身上获得最低的成本，这一矛盾是否会削弱NGO服务的义务性呢？但有一点是可以肯定的，这一条道路是本土草根NGO值得开辟的道路。

　　同心的意义在于它是以社区居民的需求为依托自发形成的，在发展过程探索自己的定位和发展，它的出现较之于以基金会为取向，因资金而产生，再寻找服务对象的，横空出世的NGO，更贴合本土的国情，更是以社区的条件，以民间网络化的形式，促进公民社会的发展。

第三节　武展社区打工妹之家的推广之路

一　产生：管理工作的需要

武展社区打工妹之家成立于 2002 年 3 月 8 日。它是武汉市成立的第一个打工妹之家。武展社区位于武汉市江汉区万松街，是武汉市繁华的商业地段，著名的武商集团、武广、世贸广场、国际会展中心坐落在辖区范围内，素有"寸土寸金"之称。由于地处商业区，云集了餐饮、美容、美发等各种服务网点，社区暂住人口、流动人口多，尤其是外来的年轻女性打工者众多。为了促进社区的管理，在武汉市社区管理创特色的活动背景下，武展社区针对本社区的情况，以社区居委会为主导力量，创建了武展社区打工妹之家，旨在为辖区内的打工妹提供维权、教育和管理服务。

与前面两个农村流动妇女组织不同，武展社区打工妹之家成立的初衷，主要是为了做好社区的管理工作。

武展社区书记、主任任莲芳是打工妹之家的主要推动者之一，也是"打工妹之家"的家长。正是为了做好工作，创工作亮点，针对该区流动人口构成复杂、流动性强、管理难度较大的实际，提出了"走进武展门，就是一家人"的工作理念。2013 年，她获得了武汉市五一劳动奖章。2011 年获中国社会工作协会社区工作委员会"全国社区社会工作之星"。

任莲芳于 2000 年 8 月，经过严格考试、测评和民主选举，应聘到武展社区担任社区主任。2003 年 10 月书记主任"一肩挑"。2000 年进入武展社区工作前，是武汉开关总厂的一名中层干部。创建了武展社区打工妹之家后，任莲芳经常深入到打工妹生活工作的地方，与打工妹交谈，了解她们的需求，动脑筋、想办法，先后组织策划了形式多样、丰富多彩的活动，请法律联络员给打工妹们上法律课，让打工妹掌握《劳动法》、《新婚姻法》、《人口与计划生育法》、《宪法》、《城管法规》、《城市管理条例》等多种法律法规知识，组织打工妹参加知识竞赛，通过竞赛巩固法律、法规知识，消防自救知识，为提高打工妹们的综合素质，聘请妇幼保健院医生给她们讲解青春期心理卫生及生理卫生知识，请大学生志愿者教她们学英语，通过多媒体教她们学普通话，为她们搭建学习、交流、沟通的平台，组织"凤飞武展"演讲会，让成功的打工妹讲自己的经历，鼓励打工妹们奋发有为。

二　发展：社区的变迁与组织的应对

正是因为打工妹之家是基于社区管理的需要而产生，因此，要认识其发展，也必须放到社区发展变迁层面，从社区管理工作中去理解。

武展社区打工妹之家成立后，很快成为社区管理工作的一个亮点。这个亮点不仅使打工妹之家成为社区管理的一个重要工具，而且使该社区借助于打工妹之家的发展，在社区管理上呈现了特色。2007 年，武展社区"创新服务模式、情系打工姐妹"获得"十大服务项目"称号。此后，武展社区不仅凭借打工妹之家在江汉区特色社区的评选中脱颖而出，于 2008 年 12 月闯入了江城十大特色社区决赛，并在评选中脱颖而出，荣获"江城十大特色社区"称号，而且，因"打工妹之家"而获得了市"十佳"党建创新项目等一系列荣誉。

但是，随着武展社区的拆迁改造，社区内原有的大量小餐馆及服装店面都面临着拆迁，受雇于这些餐馆及服装店面的打工妹也不得不离开武展社区，到其他地方寻找工作。武展社区的这一新变化，不可避免地影响到"打工妹之家"的发展。为此，武展社区不断提出了社区管理的新创意。先是建立了扁担哥驿站，之后又整合建立了康祥服务站。2009 年，又正式挂牌成立武展社区劳动就业培训中心。

在社区管理这样一个接一个的创意中，武展社区打工妹之家虽然作为武汉市第一个打工妹之家，具有较大的创新，曾经获得较大关注，但也逐渐淹没在这些不断涌现的管理创意中。从某种意义上说，打工妹之家这一组织对于武展社区而言，只是社区管理的一个重要工具，而不是社区管理和社区服务的中心。尽管如此，打工妹之家是武展社区最为成功的管理工具之一，对武展社区的成功起到了重要的作用。正是基于武展社区打工妹之家的影响力，2010 年 12 月 17 日，武汉市江汉区妇联在武展社区举行"妇女之家"揭牌仪式，使武展社区成为武汉市首批挂牌的"妇女之家"。江汉区妇联为这批"妇女之家"设定了五大类功能，即通过开展各类培训宣传教育、组织专家咨询、开展形式多样的文体活动、小额贴息贷款服务创业女性和丰富多彩的评比活动。在整合这五大功能的基础上，江汉区期望"妇女之家"能够充分整合社区现有资源，集妇女学校、妇女维权站、姐妹谈心室、家长学校、妇女就业帮扶站于一体，通过直接服务妇女、服务社会，使"妇女之家"成为妇联基层组织建设的品牌工程。

三　宗旨：助推管理

对于武展社区打工妹之家创建的原因及组织的宗旨，武展社区的负责人明确指出，主要是为了社区的管理工作。因此，武展社区打工妹之家的宗旨简言之即助推社区管理。

由于武展社区打工妹之家是社区基于管理的需要而创建的，因此，打工妹之家尽管注重对于打工妹的服务，但它服务的主要目标不是打工妹，而是社区自身，其根本目的是借助打工妹之家，管理好打工妹，促进社区的管理从而促进社区的发展。这个定位，使武展社区打工妹之家与北京打工妹之家以及同心希望家园文化发展中心之间存在着明显的区别。打工妹是流动的，她们于社区是暂住性的，而社区是一个地域性的管理单位，是不流动的。当工作的出发点主要是社区，武展社区打工妹之家的工作就只能是从属性的，因此，对于武展社区来说，打工妹之家建设的意义与北京打工妹之家以及同心希望家园文化发展中心是完全不一样的。

在这样一个宗旨下，武展社区打工妹之家开展了一系列多层次、多样化的活动：教打工妹学法律、学政策、学科学知识，帮她们运用法律来维护自身权益；传授美容、礼仪知识，组织她们参加"送服务、送健康、送时尚"活动；请来医生为她们讲解生理与心理卫生知识，请消防工作人员传授消防自救技能，请街道计生工作者为她们宣传婚育新风和计划生育知识；举办"打工妹赶集会"，开展灯谜、绘画、书法、科普咨询、文艺演出、知识竞赛等文化活动。武展打工妹之家开展的一系列维权、教育、管理与服务，一方面确实服务了打工妹，提升了打工妹的素质；另一方面，社区的管理也更为有序。

四　组织结构：附属式组织结构

武展社区打工妹之家挂靠在武展社区居委会下，由居委会的工作人员兼职负责其工作的开展。

作为一个附属性的组织，武展社区打工妹之家的结构极其简单。没有专职的工作人员，也没有稳定的经费来源，活动的组织都依靠社区居委会的工作人员。居委会的工作人员本身人数有限，工作又异常繁杂，因此，打工妹之家的工作仅是她们工作中极少的一个部分。这一部分工作，并不是日常的工作，而是一种临时性的活动组织，但所有活动的内容，都是纳入到居委会的工作安排中来进行的。但社区居委会的工作人员实际上并不能算是打工妹之家的兼职工作，因此，从某种意义上说，武展社区打工妹之家亦可以说是没有结构的。

在武展社区居委会的努力和上级妇联组织的支持下，武展社区打工妹之家有一个相对固定的活动场所。虽然仅仅是一间比较简陋的房间，还挂着多个牌子，但它不仅让打工妹之家在开展活动时有了一个稳定的场所，也使打工妹之家在社区居委会的附属下具有了一定的独立性。

五　组织发展模式：自上而下型

武展社区"打工妹之家"以"保护人、关心人、教育人、提升人"为出发点，逐步形成了维权—凝聚—教育—扶持成才的四步服务模式。这种依托社区组织模式获得了江汉区的认可，也与国家的需求相一致。因此，这一模式在全国迅速推广。

2008年年底，全国第十次妇女代表大会提出创建流动妇女平安之家的倡议，武汉江汉区妇联就积极行动起来，在全区启动了"流动妇女平安之家"创建工作，进一步把"平安家庭"创建延伸到流动妇女中。2009年年初，江汉区妇联在对全区流动妇女摸底调查的基础上，在流动妇女相对比较集中的万松街、唐家墩街、民意街、汉兴街四条街道开展"流动妇女平安之家"的创建试点工作，因地制宜地探索流动妇女管理服务维权工作模式。

事实上，不仅是武汉市，各地都在积极推动"流动妇女平安之家"创建活动。与武汉市相比，北京市的行动更早。根据北京市统计局1%人口抽样调查显示，2005年年底，北京市户籍人口1180.7万人，流动人口357.3万人，流动人口与户籍人口数量比为1:3.3。其中流动妇女占48%，总人数不低于170万人。为推进流动妇女维权工作，2006年北京市妇联联合首都综治办、市公安局、团市委、市司法局、市广播电视局等单位在全国率先开展了"流动妇女平安之家"创建活动。"流动妇女平安之家"创建活动以促进社会和谐为主题，以"平安奥运"为阶段性目标，以"流动妇女平安之家"为载体，提高来京务工流动妇女的综合素质以及自我管理、自我服务的能力，帮助她们解决生活工作中遇到的难题、依法维护她们的合法权益。"流动妇女平安之家"创建活动采用先试点后推广的方式首先确定在北京市挂牌建立10个"流动妇女平安之家"，总结提炼出一套行之有效、易于推广的工作模式和经验，之后向全国推广。截至2008年10月，已发展到遍布北京、福建等地，覆盖流动妇女100万余人。

随着城镇化建设步伐不断加快，外出流动性妇女数量逐渐增多，全国妇联、中央综治办等单位联合下发了《关于开展"平安家庭"创建活动的意见》文件。同时，中国妇女发展基金会与全国妇联权益部合作开展了"流动妇女平安之家"项目。该项目旨在以"公平对待、合理引导、完善管理、搞好服务"的理念，通过"一开通、五建立"，即开通一部咨询电话、建立一个学习课堂、一个阅览室、一个健身角、一个聊天室、一个信息平台（包括一台电脑、一台电视、一套音响）；五个工作制度，即联系制度、宣传制度、培训制度、服务制度、活动制度为流动妇女提供学习之家、维权之家、活动之家、心灵沟通之家。帮助她们提高素质、提高生存发展能力，使得她们尽快融入所居住的城市，让她们既能成为所居住城市经济社会发展的建设者，又能成为和谐社会的建设者，为构建和谐社会作出应有的贡献。

据各地报告，经由政府部门的推动，流动妇女之家的数量在迅速上升，流动妇女之家的发展路径显然是一条自上而下的推广之路。

第四节　流动妇女的组织与组织的流动

一　难以融入的城市：流动妇女呼唤组织

改革开放以来，随着大量的农村人口进入城市，农民工成为一个庞大的阶层。然而，20 世纪 90 年代以来众多学者对农民工城市融入或者社会融入的调查研究显示，农民工的城市融入水平一直较低。难以融入的城市，是从农民工群体产生一直到现在，都不得不面临的一个问题。

随着大量的农村女性流入城市，与男性流动人口相比，她们在城市中面临着更多的困难。作为家庭经济与社会权力的边缘群体，女性不得不接受比男性更低廉的劳动报酬。流动妇女是廉价劳动力中的廉价劳动力。学者们的研究显示，城乡流动使已婚农村妇女的就业率从流出前的 82.14% 下降到流出后的 52.98%，下降了近 30 个百分点，几乎平均每 2 个进入城市的已婚农村妇女就有 1 个没有工作，处于失业状态或者是在家料理家务和照顾孩子。这说明已婚农村妇女的流动有相当大的比例是被动跟随型的，这样"夫走妇随"型的农村家庭城乡流动很容易使本来在农村务农自食其力的已婚女性转变为经济依赖型的家庭妇女（叶文振等，2005）。

流动妇女生活于城市但难于融入城市，她们无法获得足够的社会支持，这使她们迫切地需要组织的帮助。这是流动妇女组织生存与发展的深层原因。

河北正定的石洪波所作的诗歌《我在北京有个家》[1]，用诗的语言写出了进入城市的流动女性对自己的组织的渴盼。

<blockquote>

我在北京有个家

　　　　　　石洪波

首都北京，天子脚下

</blockquote>

---

① 摘自谢丽华的博客（http://blog.sina.com.cn/s/blog_4b55b12a0100nyck.html）。

万众瞩目，亿人崇尚之地
我在这里有个家

离开了父母与家人，孤身来到这里
寻找工作走遍整个大街小区，我却从没有彷徨，不曾害怕
寻找工作的路上步伐那么淡定和从容
因为我知道找不到如意工作，我也不会留宿街头，有一盏影
烁的灯等待着我
在北京的我有个家

找到了工作，受了委屈，我会将伤口悄悄地藏起来，为了不
让您看到
因为我知道家惦记的孩子有好多，好多，虽然我是您最心间
的那个，
为了做您最懂事的孩子，我学谦让，奉献，努力学会了坚强

休息了，不经意就又走到了家的门口
远远地眺望竟没有进去
不是缺少勇气，不是少了情义，不是不想家，
只因我深深地知道：
我的到来会使大家忙上更忙，
您会耐心细心地听我说话，
那是我心底不曾告诉其他任何人的委屈
我知道为了赶回这些时间您又要偷偷加班到几点

当该拿的工资没有拿到，该休的假没有休成，受的伤没有拿
到适当的补偿，
您和我一次次地找老板交涉
义正词严：我们有法可依，共和国打工者的权益不容侵犯
经过艰苦抗战，胜利了，您笑了，我却哭了，因为您瘦了

不久我将离开这个家，返回我家乡的家，

铭记您的教诲，受着您汗水和血水的滋养

我的身躯已经有了挺直的脊梁，我的身躯已经赋予了灵魂

崇高的农家女精神将我锻造成一颗优秀的种子

使我在家乡的土地也会成长开花

在北京有我的家，有我亲爱的伟大的妈妈，

妈妈为我准备了家宴，做的是我最喜欢吃的饭

作陪的是我最亲近的姐姐和妹妹

女儿会经常回来的，看望妈妈看望家，

恋着妈妈怀抱里的暖，恋着被姐妹们拥在圈里的受宠的感觉

有一天我会报答她

首都北京有我的家，家里的所有人一颗颗心儿都记挂这普天下苍生

一个小家装着江山社稷装满国家

这就是从来不张扬却举世瞩目的我的家——我的打工妹之家

二　边缘化：流动妇女组织的流动

作为流动妇女的组织，其服务对象的边缘化使组织本身也呈现出鲜明的边缘化特征，这不仅表现为组织的地理位置多分布于城市的边缘，而且，还体现在组织艰难生存过程中自身的流动。

三个案例中，除了武展社区打工妹之家作为一个社区型的流动妇女组织，仅因社区本身的变迁而呈现工作内容的改变，最后因社区的变迁而基本消亡。另外两个组织在发展的过程中均屡次在组织工作场所上迁移。其中，自下而上产生与发展的同心希望家园文化发展中心的地址变迁最能体现出流动妇女组织自身的边缘化。1996年同心希望家园文化发展中心成立后，一开始没有稳定的场所，与同为农民工服务的其他 NGO 一起开展活动。经历了一些锻炼后，同心希望家园文化发展中心为了获得一个稳定的工作地点做了诸多努力。在走访了大量社区后，发现农民工的聚居区虽然多，但是要进入却并不容易。经

过多方努力，终于选择确定了社区，但为了找到一个稳定的办公场所，还是经受了很多挫折。一被问及租房子是干什么的，就无从回答。终于获得了居委会的支持，找到一个适合的房子，但是，每次国家有大型活动，都会对组织的活动有所限制。同心自成立以来，多次被要求较长时间停止活动或者搬迁至其他地方，事实上也屡次被迫搬迁。由于国家在组织注册时只允许在工商部门注册，而这一注册无法证明其非政府组织的身份，组织合法性的缺陷使其步步艰难。国家给予的发展空间有限，对组织的信任度低，使组织无论开展活动还是未来发展都面临困境。

流动妇女组织的边缘化，与流动妇女的弱势地位之间互为因果，互相影响。弱势的流动妇女难以形成强有力的流动妇女组织，边缘化的流动妇女组织也无法给予流动妇女强有力的支持。从边缘走向中心，是流动妇女和流动妇女组织面临的共同挑战。

第四章　扎根乡村社会的农村妇女组织

城镇化背景下，农村人口大量向城市流动，农业劳动力的女性化、老龄化特征日益突出。当农村在村妇女成为乡村发展的主力，在村妇女组织尽管面临着重重困难，但依然肩负重任，艰辛地成长起来了。本章主要介绍三类典型的农村妇女组织，据此揭示生长于乡村的在村妇女组织的发展特征与问题。

第一节　妇女宗教组织的历史与现在

农村妇女宗教组织是农村在村妇女组织中非常特殊的一类。这类组织多是历史的遗存，数量少，分布区域较小。云南大理的"莲池会"是农村妇女宗教组织的典型。本节主要基于对云南大理莲池会的实地考察，结合文献资料对农村妇女宗教组织的发展进行分析。

一　历史上的大理莲池会

莲池会，是云南大理地区白族妇女自发组织的一种重要的妇女民间宗教组织，俗称"老妈妈会"，也称为"斋奶会"，在有的地方也有称其为"念经会"、"拜佛会"。这一组织的成员以中老年妇女为主，在白族妇女的生活中扮演着非常重要的角色，也是白族女性文化的重要形式。

大理地处云南省中部偏西，位于北纬 24°40′—26°42′，东经 98°52′—101°01′之间，东连楚雄彝族自治州，南与思茅、临沧地区毗邻，西接保山地区和怒江傈僳族自治州，北接丽江地区，处在云贵高原与滇西横断山脉的结合部。其位置特殊,交通便利,被称为"亚洲文化十字路口的古都","南方丝绸之路"的"蜀(四川)身毒(印度)古道"和"茶马古道"在这里交会。全州辖一市11县,居住着汉、白、彝、回、傈僳、藏、纳西等26个民族,是一个以白族为自治民族的自治州。大理文化是中原文化、藏传文化、东南亚文化及当地民族文化融合的产物。

(一)莲池会的产生

关于莲池会的产生,历史上也鲜有文字记载,无从考证其产生的确切年代。但从当地的民间传说、神话故事中可以大略对其有所了解。

版本一:唐朝初年,观音大士来到云南大理城西门外三元殿讲经。观音大士先讲的是《方广经》,听经的人很少且全是男子;后讲《莲池经》,听经的人多且都是女子。这样,在云南大理就形成了由中老年男子组成的方广会和由中老年妇女组成的莲池会。方广会拜《方广经》,供奉观音老爹;莲池会拜《莲池经》,供奉观音老母。

版本二:传说中,自开天辟地后,有三清(玉清——元始天尊,上清——灵宝天尊,太清真君——太上老君)、三教(道教、释教、儒教)。莲池会与佛教有着不可分割的紧密联系:密宗佛教自唐朝年间传入南诏后,南诏王把佛教定为国教。与佛教是出家僧尼、怀中抱佛、接徒弟、不生儿育女的出世修行相比,莲池会可以算是入世的佛教分会,是儒、释、道的结合体,是一种子孙相传的佛教分会,可以生儿育女。因佛教在唐朝时期才传入南诏,莲池会同样被认为始于唐朝年间,因此莲池会的经文中有"唐僧创下莲池会"的句子。

版本三:莲池会来源于"常斋教"。《大理白族自治州志》第九卷记载:"常斋会是佛教在大理地区的民间派别。常斋会崇拜以观音为主的佛教菩萨。参加者多为中老年妇女,有出家修行和在家吃常斋修行两种。出家修行者不婚配,按佛教戒规进行。在家修行者设有佛堂,供奉释迦牟尼、达摩、观音、弥勒等佛主和老君、玉皇、财神、太乙真人等道教祖师。常斋会也称作'莲慈会''斋奶会',以吃斋、念佛和修行为宗旨。"(大理白族自治州地方志编纂委员会,2001)相同的说法亦见《鲁川志稿》:"本川有常斋教,非佛非道,由乡间老妪组成。各村邑组成，大村邑按登甲，其组织称莲池会，取人死后净土莲花化生之意，头人称'节陀么'（经头婆），凡神仙圣诞，佛祖寿辰。本主庙会等均参加……"（王富，2003）

从以上关于莲池会由来的不同版本中，可以发现莲池会作为一个民间宗教组织，虽然没有官方的记载，但有一点是已经形成共识的，即莲池会与佛教的传入有关，是佛教传入云南大理的产物。而且，地方性知识对莲池会进行了诠释，即莲池会是为女人而生的。这也是漫长的历史长河中莲池会的组成人员多是女性的原因。同时莲池会作为儒、释、道的结合体的说法也为其所供奉的各路神仙和参与的各种活动提供了"合理性"解释。

总体来说，历史上的莲池会是中老年妇女的宗教组织，年轻女性一般不参加。传统的莲池会组织成员主要是子女都已经结婚，自己已经没有了生育能力，身子"干净"的妇女，年龄一般在 50 岁以上。20 世纪 80 年代以来，白族农村也逐渐推行了计划生育政策，农村妇女的生育子女数明显减少，加上农村社会经济的发展，加入莲池会的女性年龄不断降低。2000 年以来，尤其是老年协会和莲池会合并后，也有少数男性加入莲池会。

（二）莲池会的组织结构

一般来说，莲池会由大经母、经母、经头和普通会员四类不同的组织成员构成（杨熊端，2009 等）。但并不是每个莲池会都一定包含或者仅包含这四类成员。

1. 大经母

大经母（白语称"岛节蟆"）是莲池会中地位最高的老年妇女。一般由最年长或入会时间最长者担任。大经母一般都是本村莲池会的召集人，她能熟练掌握各种经文、科仪及唱腔，且热心公益事业，有较强的号召力和威信，做事任劳任怨，能将全村莲池会会员团结在一起，形成一个有序的团体。大经母的产生，采取依次递进的方法。现任大经母因为年龄、健康或面临死亡等因素已不能领导莲池会的活动时，由现任大经母提名，并经过一定的"考核"后指定下一任大经母。一旦选定了接班者，事先要对其进行一段时期的培养，使其更加熟悉经文、科仪及唱腔，并最终将象征大经母身份的衣钵——小镲或小鼓、铓锣移交给接班者，向全体会员宣布接班者身份的"合法性"。大经母一旦产生，便终身领导本村莲池会，实行终身制。

2. 经母

经母（白语称"节摸"）是地位次于大经母，但比一般会员级别要高的莲池会成员。经母的人数一般较多，大村子的莲池会组织，经母多达几十位。经母间还存在着排序，在经母中排在前面的几位或十几位经母组成一个叫"一桌"的组织，负责协助大经母处理莲池会的各种日常事务。在许多大型的祭祀活动中，"一桌"的成员和大经母一样，能享受到一般经母和会员所不能享受的待遇，如礼品、饭食及接受新会员拜师学经所送的红糖、乳扇等。此外，经母们还承担为新会员传授莲池会经文、科仪、唱腔的任务，一个经母可同时收几个新会员为徒；且经母间时常会相互切磋经文。

3. 经头

经头（白语称"结斗"）是莲池会中唯一的男性，通常也是本村洞经会的会员；但经头并非是莲池会的固定会员。由于莲池会的妇女大多没有文化，不能胜任诸如账务、表文等文字性事务，因此需要具有书写能力的经头。现在莲池会的成员中已有一些通晓文墨的女性，这样的莲池会一般就没有经头。

4. 会员

莲池会会员是莲池会的主体。白族妇女到了 50 岁左右的年龄，不需旁人的劝说与暗示，就会主动加入到莲池会。因此莲池会人数较多，占据了本村中老年妇女总人数的很大比例。

5. 烧香童子

"烧香童子"是对莲池会会员中身份较为特殊的一类人的特称。她们虽属于莲池会会员，但其本身不参与学经，也不会念经，只负责莲池会活动场所的香火及供品的摆放和使用。并且，一般都是那些疾病缠身或是屡遭厄运的妇人，她们虔诚地认为参与莲池会的祭祀活动并侍奉神灵就可以祛除疾病、扭转厄运。

（三）莲池会的主要活动

莲池会的活动一般以村为单位，也有以小自然村或村民小组为单位。村里有寺庙的就到寺庙里，没有寺庙的就轮流到经母家中，一年之中外出活动的次数不多。

作为一个有悠久历史的民间宗教组织，莲池会有较为固定的活动内容和活动形式。据调查和历史文献记载，相对固定的活动主要有：

1. 常规活动

初一、十五是莲池会的固定会期。农历每月的初一和十五，莲池会的会员都要集中到本村的本主庙或者大经母家吃斋念佛。通常是全天诵经，中午一起吃素，晚上回各自家里就餐。

2. 大型活动

主要有观音会、绕三灵、本主圣诞、耍海会、朝斗等。其中，本主圣诞非常隆重、热烈，诵经规模最大；朝斗分为南斗和北斗，是莲池会活动中参与人数最多、延续时间最长的大型道教诸神祭祀活动之一。

3. 其他活动

莲池会也会依据会员或者村民的需要开展一些非定期的、临时的活动。如农民可以在盖房的上梁吉日或者落成时请莲池会拜经，祈求吉利；小孩出生或者取乳名时可请莲池会的经母拜经，祝其健康成长；老人寿诞，可以请莲池会的经母拜经祝寿；婚丧嫁娶，也可以请莲池会的经母拜经。

4. 莲池会的主要功能

莲池会在不同的历史阶段上发挥的功能大小不同。但总体来说，这一组织能够长期生存并且发展壮大，与其在农村社会中所承担的多重功能密切相关。

第一，心灵慰藉功能。历史上白族农村妇女生活困苦，在神权、君权、族权和夫权的共同压迫下，挣扎于生活的最底层，莲池会是她们寄托心灵的载体。入会的妇女以姐妹互称，姐妹成为贫苦妇女们互相倾诉烦恼和痛苦的对象，使她们世俗生活中的沉重压力得以纾解，通过相互的倾诉中获得安慰和支持，而且，在参与莲池会的活动中，她们可以暂时摆脱烦恼，获得心灵的安宁和愉悦。

第二，文化启蒙教育功能。白族农村妇女深受传统性别制度的束缚，地位低下，缺乏接受正规文化教育的机会，文化水平低下。莲池会经文中的典故、人物故事和历史文化知识，为农村妇女搭建了一个特殊的"文化教育"平台，对妇女有较强的教育和认知启蒙作用，有助于他们了解本民族的历史、风俗和人文地理知识。虽然这种教育具有浓厚的宗教文化色彩，但它也同时具有较深的文化底蕴。典型如《五谷经》[①]

五谷经

佛南无	吾本昔年五谷神	今日显化众凡民
自从混沌开天地	先定山河后有人	伏羲皇帝治人伦
草本木食困苦情	当年五谷没有种	受饥受饿不安宁
吃的树皮与草根	吾神才把五谷制	五谷杂粮各有期
春分撒种顾根本	小满栽秧不须言	立秋处暑割谷子
寒露霜降种小春	再等来年三四月	谷雨立夏收小春
各行各业与世界	费心劳力才制成	吾制五谷苦中苦
留与后人过光阴	治下五谷忘却我	把我丢在九云霄
神农皇帝尝百草	吾神不知怎么尝	仙女娘娘治下布
轩辕皇帝治衣襟	仙女轩辕有人敬	谁人敬我五谷神
善男信女想得道	吾神二月初三生	和善之家千诚意
永保平安子孙兴	有吃有穿莫忘我	稼穑丰收享太平

第三，道德教化功能。莲池会要求入会的会员都要洁身自好、行善除恶。大理喜洲镇周城村某莲池会的会规明确规定："凡善男信女，既入佛门，必行善事，倘有口是心非者，善而不行善者，共同斥革；凡善男信女，以善为计，广集因缘，蓄积功德，勿论国策，莫犯规章，共结善缘，同登善果，若不遵，作恶者，同会斥除；凡善男信女各亦爱惜名誉清洁其身，便钦至他人有不顾廉耻行事者，共同斥革；逢会期无论男女要辰刻时齐集，虔心迎真、访圣、拜佛、念经，倘已午刻始到者，罚礼拜圣号百拜；诚心致意拜佛祖，不得任意喧哗罪庚，倘有戏谑神圣者，罚礼圣号百拜；逢会期各亦济戒沐浴以资善

---

① 张明曾、段甲成：《白族民间祭祀经文钞》，云南民族出版社2004年版，第72—77页。

事，不得荤口诵读至于神怒经垣，不得吸烟，违者罚礼圣号百拜。"
（郝翔、朱炳祥，2001：178）莲池会所供奉的本主大多具有爱国爱
乡、勇敢善良、忠孝仁义、惩恶扬善等优良品德，传诵的经文也是倡
导孝道善行爱心。这些都使莲池会具有很强的道德教化功能。

报恩经（节选）

（何志魁，2009：52—53）

一更里　自思想　　想起生身我的娘。
我娘怀我十个月　磨得眼昏面皮黄。
口吃百味无滋味　手提四两重难当。
行住坐卧不自在　珍馐美味不喜尝。
思想娘恩难酬报　杀身难报我的娘。
养子若还循天理　持斋念佛报我娘。
二更里　自思想　　想起生身我的娘。
我娘身中生下我　血水好似宰猪羊。
儿奔生来娘如死　命隔阎王纸一张。
我父一旁吓慌了　求神许愿救我娘。
忽然一阵儿下地　我娘昏痛在一旁。
醒来听见儿子哭　心中又喜又悲伤。
喜是见了儿子面　悲是痛苦实难当。
慌忙将儿抱在手　一盆热水洗血浆。
血水泼在阴司府　哪个儿女替娘当。
阴司造下血湖罪　血湖受罪是我娘。
思想娘恩难酬报　杀身难报我的娘。
男女若还循天理　持斋念佛报我娘。
三更里　自思想　　想起生身我的娘。
我娘生我三日满　杀猪宰羊六亲尝。
六亲吃得哈哈笑　一身罪孽我娘当。
阴司造下轮回苦　轮回受苦我的娘。
杀一命来还一命　改头换面落无常。
哪个生身无父母　哪个生身少爹娘。

思想娘恩难酬报　杀身难报我的娘。

男女若还循天理　持斋念佛报我娘。

第四，娱乐功能。农村白族妇女文化娱乐活动缺乏，参加莲池会的活动，尤其是大型的节日，姐妹们聚集在一起，谈笑着一起欣赏节日的庆祝活动。莲池会由此成为娱乐的平台，具有了很强的娱乐功能。

第五，整合功能。一般而言，宗教都具有整合的功能，使具有相同信仰的人群凝聚在一起，促进群体的内部团结。莲池会是一种典型的多神信仰宗教组织。其本主信仰，所敬奉的神灵不仅包括道教、佛教等宗教中的神祇，还包括历史上的将领，甚至于太阳、动植物等。其信仰的神，是一个大而泛的神，期望得到众神的庇护从而获得平安、财运、福禄以及子孙显达等。这种多神信仰，是与她们身处的多宗教环境相一致的。大理地区白族、汉族、彝族等多民族聚居，正是孕育了民众多神信仰的社会环境。莲池会的部分经文，传播了当时先进的汉文化，这一宗教的发展和传播，客观上促进了多民族的互相了解，互相融合，和睦相处。

二　大理莲池会的现代嬗变

新中国成立后，广泛分布于云南大理的莲池会数度遭到取缔和打压，寺庙受到了严重毁坏，经书等资料也多被焚烧毁坏，但这一古老的组织形式顽强地扎根于农村社会，会友们将活动转入地下，使这一传统的组织形式得以保存。

改革开放以来，莲池会在大理各地开始复兴，尤其是2000年以来，在政府引导下，莲池会开始与老年协会相结合，莲池会的宗教性质开始淡化，老年协会的角色日益突出，在农村社会中的作用更为重要。

实地调查显示，当前农村妇女们加入莲池会依然是一种完全自愿的行为。就入会的程序来看，一般由入会人员自愿提出申请，莲池会经过商量讨论后确认。新会友的加入要举行特有的仪式。接纳新会友一般是在每年的朝南斗会期举行。临近朝南斗的日子，村中需要入会的中老年人会主动告知会长，会长也会询问村落中有没有人愿意入会，新会友和会长之间的互动是双向的。入会当日（一般是朝南斗会期的第二天早晨），二三十个老会友集体邀约从会上出发，带上鞭炮到新会友家去迎接。而同年入会的新会友也会相约到某个会友家打好一甑糕（也有改用面包之类的来替代的），煮好核桃茶等待他们的到来。因为一个村中每年入会的妇女数量在 10 人到 20 人之间，到每个新会友家一一去接则比较麻烦，而集中到某户人家相对比较方便。接到会上，新会友每人给会上交一定数额的会费，不同时期和不同村落的会费数额不同，但一般只是在新入会的时候交一次。除了会费，新会友还会交一定数量的米和红糖等物用于莲池会的聚会，同时还会带一些糖果、瓜子之类的零食请老会友吃，代表甜甜蜜蜜、热热闹闹。负责记录的会友会把新会友的名字记录在长生录上。完成入会程序后，入会者正式成为莲池会的成员。

对莲池会的内部组织的调查表明，莲池会的结构并不十分严谨，管理大多处于比较松散的状态。组织内部一般没有严格的师徒传承、门派之分和宗教戒律，但十分讲究成员间的次序排列。从排位最靠前的大经母到排位最靠后的普通会员，莲池会形成了一个金字塔形的组织系统。

当前，莲池会在大理农村社会中依然扮演着非常重要的功能，是当地农村社会中最为重要的组织力量之一。其主要功能包括：

第一，道德教化功能。尽管莲池会的宗教性减弱，但加入莲池会在云南大理已经被视为家庭富裕和顺、子孙孝顺的标志，农村妇女们都以加入莲池会为荣，也将维护和促进家庭和谐作为莲池会的发展目标之一。如果村落中出现歧视、侮辱和殴打妇女、不尊重老人、虐待儿童等家庭暴力或非暴力事件，妇女们会借观音和本主神的意志进行集体谴责，同时借助于莲池会的网络和力量，将这种对不良行为的责难传至整个村寨，从而对施暴者形成一个巨大的舆论压力。由此，大理农村形成了尊老爱幼、团结互助的良好风气，道德败坏、伤风败俗的事情极少发生，子女孝敬父母、父母爱护子女、夫妻相敬如宾、兄弟姊妹齐心合力、婆媳姑嫂之间关系融洽成为社会的常态。

第二，休闲娱乐功能。随着莲池会与老人协会的合并，莲池会的整体力量增强,宗教意蕴逐渐淡化,世俗化发展日趋明显,休闲娱乐功能日益突出。

第三,整合功能。莲池会开展的丰富多彩的活动,使其在农村社会中发挥着比过去更强的社会整合功能。尤其是对老年妇女来说,在逐渐退出生产生活的主角后,她们可以借此获得精神慰藉和社会认可。莲池会的活动不仅为她们提供了沟通交流的平台,而且为她们提供了展示自己能力的舞台。莲池会的活动,促进了人们的身心健康,也由此促进了人们对莲池会的认同,使莲池会成为团结和凝聚农村妇女与农村全体居民的重要力量。

第四,桥梁功能。由于大理各村都建立了莲池会,一些大型活动常常需要多个村落联合来举办。跨村活动的组织不仅加强了村落之间的连接与交流,增进了村落的良性互动。莲池会也由此成为各村落之间的桥梁和纽带。

总体而言,莲池会的现代嬗变呈现出以下基本特征:

(一) 去性别化

对云南大理多个村落莲池会的实地调查显示,现代的莲池会不仅是中老年妇女的民间宗教组织,而且逐渐发展成为农村所有老年人的重要组织载体。其成员虽然仍主要以女性为主体,但男性亦可以自由加入。两个组织之间的高度重合,使得莲池会与老年协会的成员难以区分,组织管理者也出现较多交叉。这一变化,使莲池会在事实上更多承担了老年协会的职责。主要表现在:组织的活动,更多是以老年协会的名义来开展,组织的管理,主要由老年协会的负责人来进行管理;管理的依据,主要是老年协会的章程。由此,莲池会事实上整体融入了老年协会。

莲池会向老年协会的嬗变,对于莲池会来说,一方面,促进了组织的发展。组织的管理依托于老年协会,管理更规范,活动更有序,并且组织的合法性也得到了保障。组织的成员扩大到整个老年人,不仅增加了组织的力量,而且,也是农村发展的现实需要。由于农村中青年人大量外出,农村的老龄化问题加剧。留守的老年人尽管可以从外出的子女上获得物质的支持,却难以在精神上获得满足。莲池会与老年协会的结合,较好地满足了老年人精神的需求,使她们通过组织获得相互交流的平台，实现老有所养，老有所为，老有所乐。

（二）去年龄化

事实上，莲池会不仅呈现出了与老年协会的融合，使组织超越女性的组织成为老年人的组织，它同时还超越了年龄，扩展为年轻人的组织，在实地调查中，很多年轻的留守妇女也加入了莲池会，这就使莲池会同时成为当前农村重要的文化活动中心。由于农村的文化娱乐场所本身有限，青年男女在劳动之余，亦无多少娱乐活动。他们在陪同父母参加活动的同时，对这一组织也有了一定的认同，由此使组织成员在去性别化的同时，还呈现出去年龄化的趋势。

（三）去宗教化

新的组织形式，虽然并未完全抹去莲池会作为一个妇女宗教组织的原色，但却使其宗教组织的性质发生了较为本质的变化。从活动的组织来看，莲池会原有的固定活动基本不变。只是，在这些活动之外，非莲池会会期时，仍会有不少老人到莲池会的活动场所聚会，他们将其转化为日常生活的一个组成部分，更多是借助莲池会的场所自娱自乐。这样一来，莲池会的宗教色彩就逐渐淡化了。如果说，作为宗教组织的莲池会是入会者的精神寄托，那么，作为生活方式的莲池会则主要是人们相互交流的平台。这种交流，与宗教信仰之间没有直接的联系，更多是唱歌跳舞聊天的娱乐。去宗教化，也使莲池会的新形式更易获得相关部门的支持，在活动经费、活动场所等方面更容易得到保障。

（四）去负功能

莲池会尽管发生了众多变化，但其在历史上所呈现出来的那些功能，却基本上都保留着。换言之，莲池会的"形"发生了变化，但它依然具有整合、教育、连接纽带等各种功能。从某种意义上说，由于其去性别化和去年龄化，组织的功能覆盖人群进一步扩展了。而就其原来所具有的一些相对负面的功能，则随着其去宗教化也淡化了。在组织的功能上，更多表现出了正功能。

三　大理莲池会的发展模式

我国农村妇女的宗教信仰具有悠久的历史，大量的研究显示，妇女与宗教的关系异常紧密，在全民信教的社会中，妇女信教的人数不少于1/2，而在非全民信教的社会中，女性常常是信徒的主体。就城乡而言，农村作为传统与现代中更为传统的一极，与宗教联结更为紧密，宗教的积极参与者和虔诚的信奉者多是妇女。

尽管女性常常是宗教的主体，但像莲池会这样纯粹的妇女宗教组织在中国却并不多见。与其他类型的农村妇女组织相比，莲池会的发展模式具有以下特征。

（一）历史遗留性

作为一个具有悠久历史的组织，莲池会不是一个新型的组织类型。这就使莲池会具有突出的历史特色。首先，无论其发生的嬗变是多么巨大，莲池会在历史上与宗教的紧密联系使其当前的活动内容都具有突出的宗教特色。其次，当前莲池会的活动方式、组织结构等都具有深刻的历史痕迹。

（二）时代性

从莲池会的发展来看，其发展是与社会的发展相互适应的。无论是历史上的莲池会还是当前的莲池会，其存在的基础都是社会对组织具有客观需求。社会的需求不断变化，组织也就相应地发生变化。莲池会的当代发展具有了突出的时代性特征。

（三）世俗化

莲池会本身是一种弥散型的宗教组织类型，其崇拜的神灵庞杂，没有独特的神学理念和统一的仪式规范，组织也相当松散。随着莲池会发展的去宗教化，宗教教义对会友的影响越来越小，活动具有特殊的世俗功利性，人们已经不再在这样的组织中追求灵魂的永恒或者来世的幸福，而是借此寻求今世的平安和快乐。

第二节　妇女专业合作社的培育与发展

1996年7月18日，中华全国供销合作总社和全国妇联联合发布了《关于动员广大妇女群众积极参与兴办专业合作社的通知》（供销社联字［1996］第16号），号召各级妇联组织动员、鼓励和支持动员广大农村妇女积极兴办专业合作社，引导农村妇女有组织地进入市场及提高农村妇女的参与程度。从此，在全国各地，妇联组织积极推动妇女专业合作社的发展，使妇女专业合作社逐渐成为农村妇女组织中一个引人关注的新组织类型。

本节主要基于武汉市新洲区农村妇女专业合作社的实地调查，分析妇女专业合作社存在的问题与困境。

一　培育妇女专业合作社的意义

妇女专业合作社一般指由女性创办或女性为主要负责人，经注册成立的农民专业合作社、协会等农村专业合作组织，女性社员达50%以上。

为什么要培育妇女专业合作社？世界银行曾指出：妇女更积极地参与可能是农民专业合作社尚未发掘的最大的发展潜力之一。高度重视培育发展妇女专业合作社工作，坚持以优势产业和特色产业为依托，以政府引导，支持、服务为手段，引导农村女能人、专业女大户和龙头企业创办农村妇女专业合作社，并不断推进农村妇女生产经营向采用先进科技和规模化生产转变。

随着农村产业结构、劳动就业结构及就业方式的变化，大量的农村男劳动力转移到了非农产业或外出打工，相当多的地方农村妇女已经成为种植业和养殖业的主体，成为发展农村经济的主力军。当农村妇女成为农村经济的主力，一直以来以一家一户为生产单位具有相对的独立性和封闭性的小生产方式所呈现出来的问题更为突出，这不仅不利于与大市场的对接，不利于农业产业化、规模化经营，也使农村社会发展陷入困境。她们迫切需要建立以妇女为主体的各类专业合作社，减少农业生产的盲目性，解决农业生产中的种种困难。

二　妇女专业合作社的发展现状

（一）发展整体状况

在妇联组织的努力和推动下，尽管不少地方都很重视围绕发展现代农业引导农村妇女积极培育或参加农民专业合作社，提升组织化程度和集约化水平，但从我们对湖北、广西、山东、江西等地农民专业合作社的调查来看，农村妇女领办的专业合作社的数量都非常少，在整个农民专业合作社中所占的比例极低。

以武汉市 X 区为例，尽管该区 2009 年仅农民专业合作社登记在册的就有 258 家，但据对该区相关部门负责人的访谈，全区农村妇女领办的专业合作社"一共就没有几个"、"没有统计，但是应该不超过 10 个"（CG-4），而且就实地调查来看，有的还是挂名的。各地的统计报道也同样证实了这一点。据统计，2010 年年底安徽省共有各类农民专业合作组织超过 1.6 万家，其中以妇女为主的专业协会、合作社有 1023 个，仅占总体的不到 10%，而由女性担任合作社理事长的仅有 346 个。而据上海市妇联妇女发展部的调查，上海农村妇女劳动力已占农村劳动力的 70% 左右，农村妇女成为推动农村经济社会发展的生力军，但是与此形成鲜明对比的是，截至 2010 年年底，全市已拥有各类农民专业合作社 2577 家，女性为法人的合作社仅为 142 家，仅占总数 5.5%。

少数相对较好的地区，如北京市，据北京市农委统计，2008 年北京市 13 个郊区县有近 1600 个农民专业合作社。截至 2008 年 8 月，北京 10 个郊区县已注册的各类以妇女牵头成立的农民专业合作社有 350 个，占 21.9%，其中超过 70% 的创始人为女性，86.5% 的合作社女性成员在一半以上。2013 年咸阳市有合作社 2946 个，其中妇女专业合作社 290 个，占大约 10%，妇女合作社的领域覆盖了种植、养殖、农畜产品加工、手工艺品制作、技术培训服务等多个方面，涉及了大部分特色和优势农产品。为了促进妇女专业合作社的发展，该市还成立了全国首家妇女专业合作社发展促进会。

（二）典型个案

在此主要介绍两个位于武汉市 X 区 L 镇的农村妇女专业合作社。L 镇地处大别山南麓，是湖北省 100 个重点贫困乡镇之一，也是武汉市重点扶贫的乡镇。该镇 1997 年从上海南汇引进蘑菇生产项目、投资 32 万元新建 1.5 万平方米的试种基地，1998 年扩大到 2.8 万平方米。1999 年采取"政府搭台、农民唱戏，股份经营、社会筹资、干部带头，部门支持"的办法，从浙江请来专业技术人员，并给各村分配任务，号召全镇干部、农民种蘑菇，菇棚规模猛增到 28 万平方米。2001 年 56 万平方米，2002 年 120 万平方米，2003 年 8 月达到 240 万平方米，全镇搭建菇棚 2300 多个，建立生产基地 28 个，参与菇业生产经营的菇农达到 3600 多户。2007 年，为推动蘑菇产业的进一步发展，推行新棚补贴政策，每个新棚每平方米补贴 2 元。2009 年进一步扩大了补贴力度，新建菇棚每平方米补贴 4 元，旧棚每平方米补贴 1 元。蘑菇成为 L 镇的支柱产业，L 镇由此被誉为"全国双孢蘑菇之乡"、"楚天蘑菇第一镇"。

L 镇 C 村的李玉是该镇的名人。但由她所创建的蘑菇合作社却有两个不同的版本。一个版本是合作社是由她创建的，另一个版本则主要是她的丈夫张林创建的合作社，而她的丈夫，是 C 村的村主任。如果去除了创建者实际上究竟是谁，仅关注该合作社的产生的话，则两个版本基本是合一的。2000 年，双孢蘑菇作为一个新兴事物刚刚在 L 镇兴起时，李玉与张林就果断地投入其中。当年种植 2 个大棚，面积 2000 平方米。2001 年，一场突如其来的大火将他们辛辛苦苦建成的菇棚夷为平地，两口子只好出外谋求发展。此后两年，他们在武汉菜场卖过菜，也做过小商品生意。2003 年，经朋友介绍，两人一起到河南开发铁砂，由于正值铁矿全面涨价，生意做得红红火火，也让他们从商海中淘到了"第一桶金"。尽管如此，埋藏在两人心中的蘑菇梦始终未曾泯灭。2006 年，双孢蘑菇鲜菇价格达到创纪录的 8.40 元/公斤，并长期稳定在 8.00 元/公斤以上。于是，2007 年春，两人拿出家里的全部积蓄，并从亲朋好友和信用社申请借贷投资 65 万元，建成了一个占地 20 亩、菇棚 22 个、种植面积 2 万平方米的蘑菇种植园，成为了 L 镇蘑菇种植面积最大的农民家庭，也是 L 镇第一个拥有自己园区的农民家庭。张林是村主任，工作很忙。因此，从园区规划到种菇技术，李玉都亲自参与。她吸取以前的经验教训，园区建设得规范标准，菇棚也应用了新的覆盖材料，增强防火功能。2008 年，他们正式注册了食用菌种植专业合作社。

同样身为农村妇女合作社的创办人，与李玉不同的是，周玲不仅创办了合作社，而且借助其村妇代会主任的身份，广泛联系当地妇女群众，创建了基于妇代会的双孢蘑菇种植基地。周玲家 5 口人，1998 年开始种植双孢菇，当年投资 6 万元，建大棚二座，种植面积 2430 平方米，当年亏损 1 万元。1999 年继续种植，收回全部成本。2000

年，再投资 2.8 万元搭建大棚一座，种植面积 1080 平方米，当年收回成本并赚 8000 元。周玲种植双孢菇的过程中也经历了不少挫折。有一年村里的蘑菇棚着了火，所有蘑菇棚子都烧了。那个时候一起种双孢菇的人都不种了，只有周玲还坚持在种，她坚信可以搞得好。周玲的丈夫本来不同意她继续再种，但她说服了丈夫。2006 年双孢蘑菇行情好，当年纯收入 12 万元。2007 年，碰上了金融危机，收上来的菇子都卖不出去，周玲在销售的困境中听说了合作社，于是筹划成立了双孢菇合作社。依托双孢菇合作社，尽管销售价格下降，但当年纯收入仍达到 6 万元。后来一些村民认识到组成合作社比单个人自己种的效益好，纷纷要求加入合作社，双孢菇合作社的规模不断扩大。现在双孢菇合作社基本上覆盖了整个村庄，每个村小组都设有一个联络员，都是由计生办专职干部担任。双孢菇合作社的社员也经常组织出去学习，同时也聘请技术员来指导合作社的生产。在双孢菇合作社的基础上，周玲又建设了双孢菇种植基地。

（三）发展特征

从某种意义上说，农民专业合作社存在的问题农村妇女专业合作社都存在，如资金不足、规模较小、覆盖面不大、影响力较低等，但农村妇女专业合作社还存在着一些独特的问题。

1. 比例小，且主要集中于低端

妇女专业合作社的比例低，且妇女专业合作社主要集中在经济效益较低的产中环节。在农产品生产的全过程中，农业专业合作社的服务可分为产前、产中和产后三大环节。总体来看，以妇女为主体的专业合作社主要集中在产中即种植和养殖环节，在农产品加工、销售、生产资料服务或传播之类的合作社中，妇女专业合作社的比例明显偏低。在农业产业链条上，位于产中环节的劳动者体力劳动繁重、经济效益最低；农产品附加值较高的是产后环节。因此，农村妇女尽管有了一定的合作，但主要集中在低端，这使她们经济收入的提高受到很大的限制。

2. 组织规模小，影响力小

尽管组织规模小是当前农民专业合作社的共同特征，但是，与农民专业合作社总体的规模相比，妇女专业合作社的规模更小、带动农户更少。妇女专业合作社的成员大多仅限于一个村组内，跨村、跨镇、跨县区的极少，导致合作社影响力不大，带动力有限。

3. 组织松散，关系不紧密

相对而言，在以男性为主体的加工、销售农民专业合作社中，合同契约型的较多，资金合作较多，合作社的约束性较强。而妇女专业合作社大多从事种植和养殖，组织通常比较松散，对成员的约束性较弱，成员之间的合作较少，关系不够紧密。

4. 发展基础差、空间小，需要专项扶持

农村妇女是农业生产的重要人力资源，但她们无论文化素质还是综合能力都很难适应农业产业化的要求。首先，由于大量男性劳动力外出务工，农村妇女是在基本上没有减少传统家务劳动的基础上承担起了农业劳动的重任。其次，留守农村的劳动力进行了再次的性别分化，大量农村妇女被置于体力劳动繁重、收入较低的种植和养殖产业。再次，农村妇女受传统的桎梏，容易将自己限制于家庭和村落中，这与农业现代化的需求也是不一致的。三者相累加，既限制了妇女专业合作社的发展，又对培育妇女专业合作社提出了特别的需求，即妇女专业合作社的发展需要政府和相关管理部门进行专项扶持。

三 妇女专业合作社的发展模式

从各地近年来兴起的农村妇女专业合作社来看，妇女专业合作社的发展尽管困难重重，但数量增长很快。不同地区结合当地的产业特色，探索形成了多种多样的妇女专业合作社发展模式。概括起来，主要有以下几种类型。

（1）妇联组织牵头创办型。妇联组织发挥联系妇女群众的优势，根据产业分布和资源情况，选择适合妇女发展的种植业、养殖业、加工业、服务业、手工编织业，引导妇女联合组建专业合作社，共同生产和经营，共同抵御市场风险，提高市场的竞争力，增加农民收入。

（2）龙头企业领办型。依托妇字号龙头企业，创建"企业＋专业合作社＋农户＋基地"为合作模式的专业合作社。通过专业合作社，把妇女和企业连接起来，实现产、供、销一体化。由企业负责提供收购标准，由合作社按照合同要求组织妇女统一品种、统一种植养殖技术、统一管理、统一收购。

（3）示范基地领办型。依托妇女"双学双比"示范基地，由基地负责人牵头创办的某一产业专业合作社。

（4）女能手牵头领办型。这一类型主要是由"双学双比"女状元、女能手牵头，创建"专业合作社＋农户＋基地"模式的合作社。主要由一些种植、养殖、加工、营销等方面的女性大户牵头，通过提供技术、信息、资金、销售等服务，围绕某个产业，带动当地农村妇女加入其中，逐渐发展成具有区域特色的优势产业的一种组织形式。

各种模式之间，没有优劣。但无论哪一种模式，都需要有优秀的农村妇女牵头。因此，培育妇女专业合作社的领头人格外重要。而在培育妇女专业合作社的领头人的过程中，农村基层妇联组织的作用非常重要。

第三节　留守妇女互助组的产生与推广

一　留守妇女互助组的产生背景

随着流动人口大量产生，留守在农村的人群越来越少，并且呈现出明显的女性化、老龄化的特征，并由此导致了村落的空心化。如何应对农村的发展困境？当留守妇女成为农村的主要建设者，留守妇女的组织也成为一个广受关注的热点问题。

经过各地的多年摸索，2011 年 4 月，全国妇联开始推广农村留守妇女互助组工作。近两年来，各级妇联积极行动，全力推进留守妇女互助组的建设，将留守妇女基于自愿原则组织起来，结成互助组，农忙时相互帮助，农闲时一起娱乐，苦闷时相互宽慰。据相关部门统计，全国已经建立农村留守妇女互助组 22.12 万个，通过互助组，留守妇女在生产上相互帮助、生活上相互扶持、情感上相互依靠、安全上相互关照。

二　农村留守妇女互助组的典型

在众多的农村留守妇女互助组中，安徽省含山县的农村留守妇女互助组无疑最为典型。这不仅是因为其在全国率先创立了留守妇女互助组模式，也是由于其留守妇女互助组经历了较长时间的发展，整体比较成熟。

安徽省含山县辖 8 个乡镇，全县总人口 44 万人，农村人口有 36 万人，是一个典型的农业县。外出务工经商的有 11.6 万人，占全部农村劳动力的一半。据含山县相关部门统计，截至 2009 年年底，该县共有 27944 名留守妇女，其中，年龄在 25—35 岁之间的有 25780 人，占留守妇女总数的 92.3%。

从含山县农村留守妇女的调查来看，留守妇女的问题突出表现为"四难"。第一，农业生产难。由于家中的重活、忙活、技术活都压在留守妇女肩上，不仅劳动强度大，体力难以支撑，而且由于欠缺资金、技术与信息，发展生产、创业致富难以实现。第二，家庭生活难。由于丈夫不在身边，留守妇女一方面因孤独而缺乏安全感，另一方面因独立承担家庭的重担而精神压力剧增。一些留守妇女因与丈夫长期分居，相互沟通少，感情逐渐淡薄，婚姻也亮起了红灯，这对她们更是一个沉重的打击，使她们的生活陷入困境。第三，子女教育难。由于留守妇女文化程度低、劳动负担重，对子女教育力不从心。一些留守儿童由于教育不当成为"问题孩子"，这是部分留守妇女的最大苦恼。第四，家庭关系难。由于留守妇女既"主外"又"主内"，独立处理婆媳、妯娌等关系，容易产生矛盾，既影响家庭和谐，又影响农村稳定。正是这些困难，催生了留守妇女互助小组。

清溪镇太平村的妇女主任王自莲是留守妇女互助组的创始人。太平村共 21 个自然村、720 多户、2598 人，其中外出务工人员 800 多人，留守妇女 450 人。每年年初，村里的青壮年男性劳动力都外出打工，剩下妇女留守家中，既要照看孩子，又要照顾老人，家里所有的粗活重活几乎都要一个人承担，要是赶上农忙时节，恨不得将一个人"掰"成几个人来使。王自莲家妯娌 5 个，丈夫都在外打工，到了农忙时节，大家都不知道犁田、插秧一堆的活儿该咋办。于是王自莲建议大家联合到一起，轮流着把 5 家的活儿干完，这样既能有个照应，又能提高效率。联合以后，她发现，原来需要几天才能干完的农活，妯娌在一起几个半天就干完了。作为村妇女主任的王自莲，常常听到村里妇女诉苦："带着孩子，怎么下田割稻？""我去割稻，两岁的孩子一个人在家怎么行？"她想，可不可以像亲戚间相互帮忙一样，把全村的留守妇女组织在一起合作劳动呢？如果把太平村近400名留守妇女组织起来互相帮助、协作收割，不就能相互扶持提高速度吗？于是，在看到小贾自然村常应芝等人为插秧的事情急得不行时，就建议她们一起建互助组。就这样，第一个农村留守妇女互助组2002年在太平村建立了。该互助组是以自然村为单位，七八个人为一组，互助组成员共同推选一名有文化、热心能干的妇女作为互助组长，负责协调处理组内相关事务。一般来说，农忙时，互助组中留下一名成员在家负责做饭，同时照顾全体成员家中的孩子和老人，其余成员一起下地干活，轮流完成各家的农活。

互助组一经成立，其合作的效率立即展现出来。村中其他农村留守妇女看到互助组干活的高效率，也争着建立互助组。2003年春播季节，太平村的留守妇女互助组就迅速发展到10个，覆盖了21个村民组。这一模式的影响是王自莲一开始没想到的。互助组以惊人的速度迅速推广。很快，清溪镇14个行政村就建立了102个互助组，吸纳留守妇女679人，所有行政村全部覆盖。而且，互助组的影响逐渐越过了清溪镇，扩展到含山的其他乡镇。

2007年，太平村所在的清溪镇自发成立起37个互助组引起了含山县妇联的关注。含山县妇联在调研中发现，王自莲之所以能将互助组迅速发展起来，是因为她抓住了留守妇女急需摆脱困境的需求。借助互助小组这个平台，留守妇女们在互相帮助和帮助他人中得到认同和肯定，生活生产中的困难得到解决，相互间的情感变得亲密，由此她们在心理上对互助组产生了归属感，而这又进一步激发了她们"互助、友爱、进步、奉献"的精神。含山县妇联调研结束后，将清溪镇作为"留守妇女互助组"试点镇向含山县县委县政府进行了汇报。2008年3月，在县委县政府的重视下，含山县妇联召开全县留守妇女互助工作推进会，专题推广清溪镇的做法。各镇按照"党委引导、政府支持、妇联协调、妇女参与、镇村联动"的方式，以村民组为单位，在新农村建设试点村引导建立农村留守妇女互助组。在推广中，含山县坚持精神上扶志、生活上扶贫、能力上扶技、经济上扶业，互助的内容和形式也由劳务互助、生活互助扩大到公益互助、生产互助和技术互助等。农村留守妇女互助组很快覆盖到全县 83 个行政村、407 个村民组。

含山县的做法很快获得了巢湖市的进一步肯定。2008 年 8 月，巢湖市农村留守妇女互助组工作现场推进会在含山县召开。推进会进一步总结和延伸了互助组工作，将建立互助组工作作为乡镇妇联目标责任制考评的重要内容。当年年底，含山县留守妇女互助组工作，被安徽省妇联评为全省基层妇女组织建设创新一等奖，并在全省范围内开始进行推广。王自莲也因发起和推动互助组的发展被评为巢湖市劳动模范，并获得"十大女杰"等荣誉称号。

2009 年 8 月 6 日，含山县经过多年对农村留守妇女互助组的探索，召开了"农村留守妇女互助工作会议"。会上，总结酝酿近一年的《关于进一步加强农村留守妇女工作的意见》、《含山县农村留守妇女互助小组组建办法》、《含山县农村留守妇女互助小组扶持激励办法》，首次以县委县政府红头文件的形式出现。文件规定，在组织形成上，含山县农村留守妇女互助小组继续秉持自由结合、自愿组成、自我教育、自我管理、自我服务、自我发展的"六自"原则。在互助的内容上，则进行了扩展，从原来互相帮工的劳务互助，发展到包括相互帮助学技术的技术互助、在经济参与和利益共享等方面的经济互助、在种养殖业中生产互助、共同研究市场行情和开辟销售市场的销售互助、帮扶孤寡老人和孤残儿童等困难群体的公益互助，开展文体活动与提高幸福指数的文体活动互助、解决家庭急事和红白喜事缺人手等问题的生活互助的全面互助。

据统计，2011 年，巢湖市共有 2290 个互助组，2.4 万户留守妇女参加，惠及人口 14 万人。2011 年 4 月，巢湖市委书记陈强在全国妇联开展的农村留守妇女儿童关爱行动电视电话会议上对含山县农村留守妇女互助小组给予了充分肯定，认为留守妇女互助组推动留守妇女实现了"四个转变"：一是由"看家妇"转变成"带头人"，成为发展生产的主力军，40% 的留守妇女加入了各类专业合作社；二是由"管自家"转变成"帮大家"，成为乡风文明的主导者，农村文明家庭中留守妇女户超过一半；三是由"半边天"转变成"顶梁柱"，成为家庭生活的主心骨，全市"五好家庭"中 1/3 是留守妇女户；四是由"旁观者"转变成"参加者"，成为村级事务的主人翁，村两委中女性占30.2%，其中留守妇女近一半，2010年表彰农村女能人、女党员中65%是留守妇女。

整体来说，以含山县为发源地的整个巢湖市农村留守妇女互助组，主要是以村民组为单位、以产业合作社为依托、以基层妇女干部或妇女能人为领头的自治互助形式。一般情况下一个互助组由10人左右组成，就近就便、自愿参加，成员之间看得见、说得来、信得过、帮得上。留守妇女互助组主要开展"四个互助"：一是在生产发展上互助，加快了创业致富。从互帮农活到互学养殖、互助经商、互带就业，增强了调整结构、联合创业的自信心。如无为县襄安镇建立席草编织互助小组、白茆镇建立三八种棉互助小组，带动留守妇女发展生产，每名妇女年增收上万元。二是在生活健康上互助，促进了乡风文明。留守妇女由体力上亲密合作到精神上相互交流，解开了心结，驱散了忧愁，变得健谈、乐观、开朗。开展邻里守望、电话呼应、禁毒禁赌等活动，实行安全互帮。含山县清溪镇太平村党支部书记指出，自从互助组成立后，村里多年没有发生刑事案件，没有超计划生育的，更没有留守妇女离婚的。三是在子女教育上互助，解决了心头之忧。互助组在农忙时，留一个组员照看孩子；闲谈时，相互交流教育心得。庐江县白湖镇白湖村互助组联合成立留守儿童快乐成长活动站，每月开展不少于4次的交流活动，讨论教子方法，促进孩子健康成长。四是在关系协调上互助，增进了农村和谐。互助组组织留守妇女讲述发生在自家、本村的美德故事，签订家庭赡养协议、反家庭暴力协议，开展邻里互帮，照顾空巢老人、孤寡老人。和县沈巷镇150多名孤寡老人全部得到互助组照应，促进了家庭、邻里的团结和睦。

含山县农村留守妇女互助小组组建办法

第一条　为引导农村留守妇女大力弘扬"互助、友爱、进步、奉献"精神，切实解决农村留守妇女生产组织难、劳动强度大、精神负担重、缺乏安全感的问题，特制订本办法。

第二条　农村留守妇女互助小组是在村党总支（支部）领导和村委会指导下，农村留守妇女自由结合、自愿组成、自我教育、自我管理、自我服务、自我发展的民间组织。

第三条　农村留守妇女互助小组按照"党委引导、政府支持、妇联协调、妇女参与、镇村联动"的方法组建。

第四条　农村留守妇女达 5 人以上的村民组均应组建留守妇女互助小组。

第五条　农村留守妇女互助小组组建原则为就近就便、入组自愿、出组自由。

第六条　农村留守妇女互助小组组长由互助小组成员民主公推，应具备热心公益事业、责任心强、有奉献精神、具有"双带"（带头致富、带领群众致富）能力等条件。

第七条　组长的工作职责：负责本互助小组管理，以联系、组织、服务留守妇女为重点，协助贯彻落实村党总支（支部）、村委会决议、决定和重大工作部署，搜集反馈社情民意，反映群众诉求；宣传党的方针政策、法律法规和上级决策部署，化解矛盾纠纷，协调留守妇女开展劳务、技术、生产等互帮互助活动。

第八条　农村留守妇女互助工作应坚持因地制宜、因情而异的原则。具体互助形式与内容包括：

（一）劳务互助：互相帮工，解决"收、种、栽、治"过程中缺乏劳力的问题；

（二）技术互助：互相帮助学技术、用技术；

（三）资金互助：在经济参与、利益共享、风险共担等方面，进行经济互助；

（四）生产互助：在种植、水产、畜禽养殖、农副产品加工等生产活动中互助，共同增加收入；

（五）销售互助：以生产同一农副产品为纽带，共同研究市场行情、共同开辟销售市场，最大限度地降低销售成本、获取经营利益；

（六）公益互助：共同帮扶孤寡老人、孤残儿童、留守儿童等困难群体，承担公共场所卫生保洁、文明健康生活方式宣传等活动；

（七）文体活动互助：开展体育健身、文艺演唱等自娱自乐活动，努力提高幸福指数；

（八）生活互助：互助家务，解决家庭急事、红白喜事等缺人手问题。

第九条　各村和村民小组要坚持从实际出发，建立相关活动场地。

（一）村应建立"留守妇女之家"，为互助小组成员开放图书室、电教室，向留守妇女提供文体娱乐场所。

（二）建立互助小组的村民小组应有相对固定的活动场所，并张贴小组章程、"留守妇女之家"牌子、小组成员名单等。

（三）水产、畜禽养殖、农副产品加工等生产互助小组的固定生产场所可以作为"留守妇女之家"。

第十条　互助小组成立后，各级党组织应加强领导、指导和检查；各级妇联组织要加强协调，负责督促互助小组工作的具体实施；相关职能部门配合做好相关工作。

三　农村留守妇女互助组的推广

在含山县留守妇女互助组发展的基础上，安徽省各地妇联纷纷结合当地实际，积极探索，引导农村留守妇女就近就便、自愿组合成立互助的合作小组。全国各地在妇联组织的大力推动下，也建立了各具地方特色的留守妇女互助模式。

（1）农业生产生活互助模式。在农业较为发达的县或地区，这种模式较为普遍。互助小组从最初的互帮农活，互助解决家庭困难，逐步发展到互学种养殖，扩大生产规模。各级妇联积极帮扶农村留守妇女成片发展方格蔟养蚕、发酵床养猪、种植优质香菇、茶叶、瓜篓籽、油茶等有一定科技含量的农业生产，增加收入，改善生活。此类互助小组一般都由一位热心肠、威望高、组员信得过的妇女担任组长，带领留守妇女长期坚持开展互助活动。

（2）加工产业生产互助模式。在工业大县、强县和加工企业较为发达地区，留守妇女就近参加各种来料加工生产互助小组的情况比较普遍。通过组织培训后，留守妇女或将原材料领回家去加工，或在小组成员聚集的妇女家中进行生产。开展生产的项目既有服装加工、手工针织、刺绣、玩具等来料加工，也有利用当地特产从事柳编、席草编织、羽毛加工等。这些生产一般都是按件计酬，在不影响妇女们照顾家庭的同时，增加了收入，丰富了生活内容，并且使妇女在从事加工生产活动中增加了人际交往、互帮互助的渠道和机会。

（3）专业协会带动模式。依托各种种养殖专业生产协会或合作社建立留守妇女互助小组，带动和扶持留守妇女发展专项生产创业致富。由协会组织开拓市场，开发产品，互助小组负责生产，改变原来留守妇女分散经营成本大、风险高的状况。到 2010 年年底安徽省共有各类农民专业合作组织超过 1.6 万家，其中以妇女为主的专业协会、合作社有 1023 个，346 名女性担任合作社理事长，在带动留守妇女互助发展方面起到了积极作用。

（4）经纪人带动互助模式。在商品经济和产业化发展的过程中成长起来了一批女性经纪人，她们经营的产品大多也适合妇女生产。其中有一些热心人士主动组织留守妇女参加生产。在做好经纪人的同时，成为留守妇女互助小组的组织者和带头人。她们热心推广农业生产实用技术或品种，发展订单养殖或订单生产，帮助解决资金、技术、销售难等问题。在组织带动互助小组成员发展生产的同时，增加了双方的收入。

不同的模式尽管操作方式不同，但这些不同的互助模式也具有一些共同特点：首先，都强调互助。互助小组大多从小范围的生产互助开始，逐渐扩展到较大范围的多方面互助。从最初的互帮农活，逐步发展到互学种养殖、互助经商、互通信息、互带就业，使互助范围不断扩大，互助内涵逐步延伸，增强了联合创业、增收致富的信心和能力。其次，通过互助，实现了多方互赢。通过参与互助小组，不仅增强了相互交流，减少了孤独，而且在互助组的带领下，注重赡养老人，照顾空巢、孤寡老人，开展文明创建、邻里守望、安全互帮、禁毒禁赌等活动，促进了家庭和睦、邻里团结。再次，在子女教育上互助，解决孩子教育问题。互助组在农忙时，留一个组员照看孩子；闲暇时相互交流教育心得，组织开展家庭教育知识培训，既缓解了照顾子女的压力，又增长了家庭教育的知识，促进了两代人的身心健康成长。

整体来说，留守妇女互助组的推广既有农村留守妇女生产生活的现实需要，更体现出国家对留守妇女问题的关注和重视。几乎从一产生，留守妇女互助组这一组织模式的推广就主要是以国家的力量在自上而下地推动。

第四节　在村妇女的组织与组织的在村

为了从整体上深入了解在村妇女的组织现状及在村妇女组织的发展特点，本节主要基于武汉市新洲区农民组织参与的问卷调查，在比较两性组织参与差异的基础上，描述在村妇女组织化现状，探讨其发展困境。

一　在村妇女组织化的现状

当前，农村组织可以分为四类：一是村民自治委员会和党支部，即政治组织；二是农民专业技术协会、农民专业合作社等，即经济组织；三是宗教组织（包括基督教等，但不含佛教，因其组织性较低）、宗族与家族组织、文化娱乐组织等，即文化组织；四是维权组织。从实证调查来看，整体来说，在村妇女的组织化程度很低。

（一）组织认知

组织认知主要考察的是农民对当地组织发展的了解状况。从调查来看，农民对当地各类组织的发展状况普遍不太关心。除了比较特殊的基层党组织和村民自治组织 100% 知晓外，其他组织无论是设立在乡镇还是设立在被调查者所在的行政村，无论是协会、专业合作社等经济组织还是维权组织，农民的知晓度都不高。调查中，有多个行政村中都成立了农民专业合作社或协会，但是本村的农民却大多不知晓，有的专业合作社甚至只有合作社的负责人和主要成员知道。对于组织的发展状况，如组织负责人、组织规模、组织管理方式等，了解的农民就更少。相对来说，文化娱乐组织、宗教组织的知晓度略高一些，组织所在村落的农民知晓其存在的比例要高一些，但这些组织的数量较少，因而整体的知晓度也不高。

由表 4 - 1 可见，两性在组织认知上没有显著差异。尽管在经济组织和文化组织的知晓上男性的比例要略高一些，但统计检验显示，这种差异并不显著。事实上，无论是经济组织、文化组织还是维权组织，大多数村民都不知道，更说不上了解。

表 4 - 1　　　　　　　　　　农民组织认知的性别差异

组织类型	男性（N = 83）		女性（N = 232）		总体（N = 315）		Fisher 精确检验（双侧）
	知晓人数	百分比	知晓人数	百分比	知晓人数	百分比	
经济组织	19	22.9	36	15.5	55	17.5	P = 0.133
文化组织	21	25.3	38	16.4	59	18.7	P = 0.100
维权组织	3	3.6	10	4.3	13	4.1	P = 1.00

（二）组织需求

组织需求探讨的是农民是否有组织起来的需求，在什么方面存在着组织需求。由表 4 - 2 可见，农户在生产生活中存在着诸多困难，在生产上，主要表现为劳动力不足、农产品销售困难、农资价格昂贵、农田基础设施不好等，在生活上，则突出表现为医疗卫生、子女教育、家庭经济、老人赡养和照顾等方面。

表 4 - 2　　　　农民家庭在生产和生活中存在的主要困难（％）

生产方面	频次	百分比	生活方面	频次	百分比
劳动力不足	92	33.3	医疗卫生有困难	109	35.5
农产品销售有问题	82	29.7	子女教育有困难	87	28.3
农资困境	76	27.5	经济有困难	46	15.0
农田基础设施不好	69	25.0	老人赡养和照顾有困难	41	13.4
耕地不足	65	23.6	婚丧嫁娶有困难	28	9.1
农业技术跟不上	45	16.3	外出打工有困难	26	8.5
农业信息不灵通	31	11.2	其他方面有困难	21	6.8
自然灾害	26	9.4	权利维护上有困难	19	6.2
农业生产组织不好	12	4.3	文化娱乐有困难	15	4.9
没困难	20	7.2	没困难	53	17.3

注：本题为多项选择题。

在存在的各种困难中，农民希望组织能够解决什么问题呢？他们对组织有哪些期望？调查显示（见表4-3），农民对组织的需求主要是经济上的需求，包括农产品的销售、资金支持、技术支持、提供市场信息等；其次是生活需求，包括生活上的互助，增进农户的交往和信任等；文化和维权的需求还比较微弱。正如美国社会学家曼瑟尔·奥尔森在《集体行动的逻辑》中指出的，如果与组织相比，个人的、没有组织的行动能够同样、甚至更好地服务于个人利益时，建立组织就毫无意义了。因此，农民对于现实中的困难并不是都期望交由组织来解决，而是希望组织能够帮助他们处理那些他们无法独自克服的困难。

表4-3　　　　　　　　　　农民组织需求

组织需求	频次	百分比
更好地销售农产品	87	49.2
提高技术、种苗等生产资料	61	34.5
提供市场和市场信息	31	17.5
提供资金帮助	87	49.2
提供产品价格和市场地位	4	2.3
生活上互帮互助	42	23.7
增进农户间的交往	8	4.5
增进情感和信任	8	4.5
增进维权意识和能力	8	4.5
提供公共参与意识和能力	15	8.5

注：本题为多项选择题。

深入访谈显示，与专家学者和各级部门的工作人员不同，农民个体对组织化的重要性和意义缺乏足够的认识，建立组织或参与组织的意愿并不强。在农民看来，"自己家里的事情，只能靠自己"，一些农民甚至认为，不管什么合作社、协会还是其他的组织，"不是形式，就是违法的、骗人的"。而且，农民对组织需求本质上是整个家庭的需求，而不是农民个人的需求，当追问他们个人的需求时，他们会自然地将自己放到整个家庭之中，将家庭的需要作为自己的需要。因此，组织需求差异更多的是一种家庭差异，而非个体差异。两性的差异仅表现为更多女性因遭遇家庭暴力或对子女赡养状况不满而提出了维权的需要。

（三）组织程度

组织程度考察的是农民参与组织的总体情况。我们将农民的组织划分为五个层次：一级为最低层次，没有组织需求也没有组织行为，即原子化的农民个体；二级为有组织需求但因为当地没有相应的组织或其他原因没有参与组织；三级为非自愿参与组织（同时包含仅参加基层党组织和村委会的成员）；四级为自愿参与组织或参加了两类及以上的组织；五级为最高层次，即组织的发起人或负责人。据此，农民的组织化状况如表4-4所示。

表4-4　　　　　　　　农民组织程度的性别差异

组织程度	男性		女性		总体	
	频次	百分比	频次	百分比	频次	百分比
一级	21	25.3	73	31.5	94	29.8
二级	31	37.4	117	50.4	148	47.0
三级	20	24.1	28	12.1	48	15.2
三级	6	7.2	9	3.9	15	4.8
五级	5	6.0	5	2.2	10	3.2
总计	83	100.0	232	100	315	100.0

Pearson 卡方值 = 13.131　　df = 4　　P = 0.011

由表4-4可见，农民的整体组织化程度很低，突出表现在：近八成农民没有参加任何组织；近五成农民尽管有组织的需求，但是没有组织的行为。那么，为什么政界和学界普遍认可农民组织化可以降低成本，减小风险，有助于农民维护自己的权益，但几乎所有调查都显示农民组织参与率低？从实地调查来看，留在家乡进行农业生产的多是老人与妇女，他们更多关注的是与自身生产生活更为直接相关的问题。老人们的观念多依循传统，多限于原有的耕作方式。妇女们则对组织不太关心,她们认为组织是"领导的事情",是"男人的事情",她们只要"把自己家里的事情做好"就可以了。

表4-4还显示,农民的组织化程度存在着显著的性别差异。男性的组织化程度明显高于女性。在较低的组织化程度上,包括无组织需求无组织参与行为、有组织需求无组织行为,男性的比例均明显低于女性。而在较高的组织化程度上,包括非自愿参与组织、自愿参与组织或参加了两类以上的组织、组织的发起人或负责人,男性的比例均明显高于女性,大约为女性的两倍。

(四)组织类型

从实地考察来看,农民组织的发展状况并不理想,组织的数量少、覆盖率低、种类少依然是不容回避的事实。表4-5显示,无论是经济组织、文化组织还是维权组织,农民的参与比例都没有超过5%。政治组织因其特殊性,参与比例最高。

表4-5   组织类型的性别分析

组织类型	男性 (N = 83)		女性 (N = 232)		总体 (N = 315)		Fisher 精确检验 (双侧)
	参与人数	百分比	参与人数	百分比	参与人数	百分比	
文化组织	3	3.6	11	4.7	14	4.4	P = 1.00
经济组织	9	10.8	6	2.5	15	4.8	P = 0.005
维权组织	0	0.0	4	1.7	4	1.3	P = 0.576
政治组织	20	24.1	25	10.8	45	14.3	P = 0.005

统计结果还显示,农民参与组织类型存在着一定的性别差异,主要表现在经济组织和政治组织参与上。由表4-5可见,男性参与经济组织的比例显著高于女性,是女性的4倍,与此同时,男性参与政治组织的比例也明显高于女性,是女性的2倍多。就文化组织来看,女性的参与虽比男性略高,但并不显著。而维权组织的参与,因男女参与的比例都很低,故没有呈现出显著差异。

(五)组织环境

组织环境即各类农村组织发育发展的外部环境,包括政治、经济、文化等各个方面。一般来说,组织环境可以分为宏观环境、中观环境和微观环境三个层面。其中，宏观环境即社会环境；中观环境即区域环境；微观环境即组织所在社区的环境。就调查来看，各类组织的发展环境差异明显。政治组织作为农村保持党的领导地位和执行国家政策方针的最基层组织，其发展环境最为优越，无论是基层党组织还是村民自治组织，其合法性高、权威性高，无论是宏观环境、中观环境和微观环境，都是最好的。经济组织的发展环境自《农民专业合作社法》颁布以来虽明显好转，但呈现出宏观环境优于中观环境，中观环境优于微观环境的特征。而文化组织的环境，在当前国家和地方政府重视经济建设和政治建设的背景下，并没有得到足够重视，其所获的宏观层面支持极少，故发展环境呈现出微观环境优于中观环境和宏观环境的特征。维权组织作为一种新的组织类型，因其主题具有敏感性，宏观、中观和微观环境均较差。

仅就组织的环境来看，似乎是无关性别的。但是，因为两性参与的组织类型存在着明显的差异，男性参与较多的组织发展环境相对较好，获得的各种支持更多，因此，组织环境对男性的组织化更为有利。

综上可见，就农民的组织化现状来看，农民大多有对组织的需求，但绝大多数农民没有组织参与行为，组织化程度整体较低。这与大多数学者的实证调查结果或经验判断一致。然而，调查还发现，农民的组织化存在着较为明显的性别差异，主要表现在组织参与程度和参与的组织类型上，即女性的组织化程度整体低于男性，男性参与经济组织与政治组织的比例高于女性。简言之，农民的组织化不仅程度低，而且女性组织化程度更低。

二　在村妇女低组织化的原因

（一）传统的延续：组织的家庭性与家长的男性化

首先，在中国传统农村，以婚姻关系、血缘关系以及拟制血缘关系建立的家庭不仅是社会的细胞，而且是各种社会组织建立的基础。一直以来，农村社会组织的一个鲜明特征就是它通常是建立在家庭这一初级社会群体基础上的。这样一个传统在现代农村社会中依然可以看到其印迹，那就是很多农村社会组织是以家庭为参与单位的。典型的如各种农村经济组织，虽然参与的可能只是家庭中的一个成员，但这一成员并不仅仅代表他个人，而是代表整个家庭，因为农业生产资料是以家庭为单位的，农业生产的组织也是以家庭为单位的。因此各地在报道农民专业合作社的发展时，通常是"覆盖农户"多少，"带动农户"多少。

其次，在传统的中国农村，家庭是父权制的。父权制意味着一种社会结构，"在这种社会结构中，父亲就是家长"。因此，从狭义上看，父权制指父亲为一家之主，继嗣和家庭关系皆是通过父亲来确认的一种社会组织；从广义上看，父权制是指父亲居主要权力位置的一种社会，它指年纪较长的男性统治包括妻子、孩子及年纪较轻的男性在内的整个家庭的一种家庭类型。虽然在今天，父亲已经丧失在家庭中所拥有的至高无上的地位，但是，农村家庭中的家长依然理所当然地被认为应该是男性而且事实上也多是男性。

组织的家庭单位制与男性家长制相叠加，使农村女性常常被排除在组织之外。尽管当前中国农村处于现代化的过程中，但传统力量依然强大。依据惯习，农村组织依然是以家庭为基本单位的。虽然各类组织中也活跃着女性的身影，但是，她们并不一定被认为是组织成员。这一状况在经济组织中尤为突出，据调查，农民专业合作社中女性会员的比例普遍很低，组织成员大多登记的是家庭中男性的名字。

（二）性别社会化的结果：女性组织意识与组织能力缺乏，综合素质低于男性

中国传统家庭遵循男主外女主内的性别分工，这种分工至今依然是农村两性分工的基本格局。组织通常被定义为是一个"外"的事务，因此，组织一般被认为是和女性无关的。这一千百年来形成的惯习，不仅在社会化的过程中不断地再生产，而且经由社会化的过程，使女性的组织意识和组织能力欠缺，综合素质明显低于男性，因而难以加入到组织之中，更难以成为组织的发起者和负责人。

从性别意识来看，调查显示，尽管已经有47.8%的被调查者非常反对或比较反对"男人是一家之主，女人要听男人的"，50%的被调查者非常反对或比较反对"男人更有领导才能，女人不适合当干部"，但依然有41%的被调查者非常赞同或比较赞同"女人只要把家里的事

情搞好就行了，外面的事情不要参加"，67.6%的被调查者非常赞同
或比较赞同"照顾老人和孩子是女人的责任"。事实上，在大多数农
村家庭中，女性依然扮演着家庭守护者的角色。在社会化的过程中，
女性依然被教导为必须把家庭照顾好，养老扶幼、照顾丈夫依然被认
为是女性的天职。而表4-6显示，在整体持较传统性别观念的同时，
两性的观念存在着一定的差异。调查显示就"男人更有领导才能，女
人不适合当干部"来说，男性赞同的为20.7%的，反对的为63.4%；
女性赞同的27.3%，反对的仅45.2%。而对于"女性只有组织起来，
才能维护自己的利益"，男性赞同的为33.0%的，反对的为
18.3%；女性赞同的47.1%，反对的仅15.1%。这似乎反映了女性
当前的一个困境，即她们已经认识到了组织的力量，希望借助组织
来实现自我利益的维护，与此同时，她们却更倾向于否定女性可能
具有的组织能力。简言之，女性渴望有组织，但是，她们对自身的
组织能力并不自信。

表4-6　　　　　　　　　　性别观念的两性差异

性别观念	卡方检验
男人是一家之主，女人要听男人的	P = 0.282
女人只要把家里的事情搞好就行了，外面的事情不要参加	P = 0.059
男人更有领导才能，女人不适合当干部	P = 0.026
照顾老人和孩子是女人的责任	P = 0.050
女性只有组织起来，才能维护自己的利益	P = 0.012

与此同时，男女两性的家庭分工也显示（见表4-7），男性在家
庭收入上贡献更大，女性承担着更多的家务劳动，两性基本平等地进
行家庭收入管理，但女性在家庭重大事情决策上的地位明显低于
男性。

事实上，性别的社会化不仅在意识上对女性产生影响，也不仅仅
在家庭内部对女性产生影响，它同时也是女性的组织能力更低的主要
原因。它使农村妇女的文化程度普遍低于男性，女性的职业技能普遍
弱于男性，女性的综合能力素质不如男性，因此在组织资源的获取和

组织权力的竞争上女性也处于弱势。

表4-7　　　　　　　　　**家庭的两性分工情况**

项目	分工情况							
	男性为主		女性为主		夫妻共同		其他	
	频次	百分比	频次	百分比	频次	百分比	频次	百分比
家庭收入来源	135	43.3	8	2.6	108	34.6	61	19.6
家庭收入管理	82	26.2	97	31.0	101	32.3	33	10.5
家务劳动	33	10.5	186	59.4	72	23.0	22	7.0
重大事情决策	105	33.5	48	15.3	121	38.7	39	12.5

（三）两性权力的现状：男权社会对女性的压迫

塞缪尔·亨廷顿曾提出："组织是通向政治权力之路，也是政治稳定的基础，因而也就是政治自由的前提。"组织作为人群的共同体，它不仅意味着人群的合作、联合并因这样一种形式而获得力量，而且代表着一种权力。作为一种稀缺社会的资源，权力的分配与已有的社会权力结构是紧密联系在一起的。因为现代的农村依然是一个男权的社会，男性在社会中占据着更为有利的地位，依托这样一个优势地位，他们也更容易获得权力。在调查中，尽管也有不少男性表示，女性也有比较优秀的，也可以当领导，但是，他们所指的通常不是自己身边的女性，更不是自己家的女性，而是电视上那些已经当了领导的女性。在他们看来，男性还是要比女性强，男性如果在女性领导下做事，自己或他人都会认为是一件没有面子的事情。因此在组建各种组织的时候，村干部或村民们都更倾向于在男性中寻找权威。一些村民甚至坚持认为，女人"头发长，见识短"，"只能在家做做饭，带带孩子"，"家里的事情就够她们忙的了，都难得管好，更不用说其他的了"。事实上，女性要想加入到组织中来，不仅要面对来自传统习俗和来自自身的双重挑战，而且还要面对现实中男权世界的挑战，并会因挑战了男性的地位而面临各种或隐或现的问题和困难。因此，成为组织负责人的女性不仅数量非常少，以经济组织来看，据对该区农业局相关负责人的访谈，全区"一共就没有几个"，而且就实地调查来看，还有的是挂名的（一个很典型的是其丈夫为村委会主任，为了获得区对农民专业合作社的资金支持，以妻子的名义创建）。就我们对各类专业合作社的调查来看，女性会员的比例都非常低。大多女性表示，希望建立一些经济的、文化娱乐的组织，但是自己不会领头去做，除了不知道怎么做，自己也没有能力做，她们还认为这种事情是村里的事，是村干部们考虑的事情。

当前，不仅农村家庭是由以男性支配为主的家庭，整个社会实际上也是由男性统治的社会。男权制不仅是中国传统家庭关系和家庭权力结构的突出特点，而且是传统社会权力结构和社会控制系统的关键部分。女性在两性权力结构中一直处于从属的、服从的、被统治和被支配的地位。尽管越来越多的女性冲破男权主义的枷锁走向社会，参与各种经济与社会事务的女性越来越多，妇女的家庭地位也日益提高，但是如果将两性放入权力的格局中进行考察，不难发现，女性在高层管理中的比例一直很低，这在国家和地方政府这样的行政部门和在学校、企业等单位中都是如此。

三　在村妇女组织的发展困境

2005 年以来，随着女性人口流动的增加，在村的妇女也持续减少。中青年留守妇女的减少，使在村妇女老年化更为明显。这就使农村妇女组织的发展面临更为严峻的困境。

首先，在村妇女的整体素质进一步降低。无论是文化素质、心理素质还是身体素质，老龄妇女都明显低于中青年妇女。低素质的老龄妇女不仅更无能力发起建设组织，而且，参与组织也仅限于文化娱乐或者宗教性质的组织。这无疑大大影响了农村妇女组织的发展。

其次，组织的成本进一步增加，组织成效却相应降低。由于村落的女性群体规模缩小并呈老龄化，组织的成本显著上升，主要表现在：相同规模的组织成员分布于更广阔的区间，沟通与交流成本上升；对于文化等综合素质更低的群体，组织的管理成本更高。与此同时，组织的成效却进一步降低，主要是因为老龄妇女耕种的面积小，对土地收益的期望小，对经济组织等并无兴趣，组织无法创造效益，而运作组织，无论是经济的、文化的还是政治的，成本都在上升，因此组织成效降低。

再次，组织发展的动力不足。当农村在村妇女仅余老弱病残，她们自身没有能力与意识建立组织，组织的内部动力很低。外界力量或许会考虑采用一定的方式来帮助这一弱势群体，但考虑到前两个问题，借助外界力量组织这一群体难度较大，外部发展动力也很低。

事实上，这并不仅仅是农村妇女组织的发展困境，这是整个农村组织发展的困境。在村组织的发展，需要有作为组织基础的个人在村。当作为主力的农村妇女难以组织，提升妇女的素质虽然是题中之意，但更重要的是必须着力改善在村人口的结构，使之真正能够承担建设新农村的使命。

第五章　农村妇女组织体系的发展

各类农村妇女组织构成了一个"多元"的"统合"组织体系。多元是妇女组织发展的现状，也是未来的发展趋势；统合则是妇女组织发展的结果，也是现实的需要。这一体系的发展现状与未来趋势，不仅影响着农村组织的发展，更是农村性别文化发展变迁的标志。本章将农村妇女组织作为一个整体，探讨其发展背景、特征与问题。

第一节　发展背景

一　妇女社会地位上升，主体意识增强，组织意识萌发

无论是学界还是政界，对于新中国建立以来广大妇女社会地位的变化，都一致认为，妇女的社会地位在不断上升。这种地位的上升，在1990年以来由全国妇联和国家统计局共同主持的三次中国妇女社会地位调查中得以证明。调查显示，无论是妇女的政治地位与经济地位，还是妇女的教育地位与家庭地位，20年来都有了明显提升，突出表现为：政治上，女性参与管理的程度不断提高，社会参与的主动性增强；经济上，女性的经济能力逐渐增强，尤其是非农就业的比例显著上升；教育上，女性平均受教育年限明显提高；家庭里，妇女参与家庭重大决策的比例不断提高，女性对自己在家庭中的地位状况也比较满意。[①] 这说明，中国妇女整体受益于社会的发展，与传统社会相比，社会地位得到了显著改善。

社会地位上升的同时，广大妇女的主体意识也在不断增强。首

---

① 具体参见第三期中国妇女社会地位调查主要数据报告。

先，女性权利意识日益增强，不仅能够认识到自己是权利的主体，而且能够运用各种方法手段来维护自己的合法权益，并努力争取更多的权利。其次，妇女参与意识不断增强，突出表现为她们的政治参与、经济参与和社会参与的增加。再次，女性的性别平等意识在不断提升，她们不仅能够比较准确地认识平等的意义，而且逐渐摆脱了传统男尊女卑、男强女弱的社会性别文化的桎梏。当妇女具有较强的主体意识，她们不仅能够充分地认识到自己是社会的主体，而且，主体意识的增强会促进她们独立性的发展，真正成为自尊、自信、自立、自强的新时代女性。

伴随着主体意识的提升，广大妇女的组织意识也在逐步形成与发展。研究显示，妇女的组织参与行为虽然还很少，但她们已经对组织有了一定的认识。由于在日常的生产生活中或多或少遇到了这样那样的问题或困难，已经有了一部分妇女认识到很多事情只凭个人的力量是难解决的，只有组织起来，形成一个整体，依靠组织的力量才能解决。这种认识也使得她们建立组织和参与组织的意识开始逐步形成和加强（张翠娥、杨夏玲，2012）。

妇女社会地位的提升和主体意识的增强，是妇女组织意识萌发的前提，而妇女组织意识的萌发是新型妇女非政府组织产生的基础。

二　妇女社会问题依然严峻，组织需求上升

正如1995年《人类发展报告》所指出："中国在促进妇女权益，鼓励她们参与政府、投入经济和社会改革诸方面取得的成就，对于一个具有在世界上人口最多和人均收入很低的发展中国家而言，是十分了不起的。"但是，巨大的成就并不能掩盖我国依然存在着比较突出的两性不平等现象。事实上，伴随着妇女社会地位的提升与自主意识增强，妇女作为一个社会问题也日益凸显。

首先，女性的平均收入明显低于男性。2010年第三期中国妇女地位调查表明，城镇女性的收入大约为男性2/3（67.3%），农村女性的收入则仅为男性的56.0%（第三期中国妇女社会地位调查课题组，2011）。更值得关注的是，与第一、二期调查相比，性别收入的差距不仅没有随着社会发展而缩小，而且呈现出明显扩大的趋势。当女性

的收入水平大大低于男性时，不仅会导致女性的贫困化，而且会强化女性对男性的物质依赖和精神依赖。

第二，从受教育水平来看，女性依然低于男性。2000 年全国第五次人口普查数据显示中国有 8506 万人文盲，其中女性占 71%，是男性文盲的 2 倍以上。2010 年第三期中国妇女地位调查显示，18—64 岁女性的平均受教育年限比 2000 年提高了 2.7 年，但与男性相比，仍然偏低（第三期中国妇女社会地位调查课题组，2011）。

第三，由于性别歧视，女大学生就业难、女性晋升难、女职工下岗等问题依然较为突出。据调查，10% 的女性在就业上遭遇过性别歧视；在有求职经历的女大学生中，24.7% 曾遭遇过不平等对待；即使是女性高层人才，也有 19.8% 认为性别给自己的职业发展带来了阻碍。高层人才所在的单位，有 20.6% 存在着"只招收男性或在同等条件下优先招用男性"的现象，有 30.8% 存在"同等条件下男性晋升比女性快"的现象（第三期中国妇女社会地位调查课题组，2011）。

第四，对妇女的家庭暴力依然是一个突出的社会问题。据调查，5.5% 的已婚女性明确表示在整个婚姻生活中曾遭受过来自配偶的殴打，而在整个婚姻生活中曾遭过配偶侮辱谩骂、殴打、限制人身自由、经济控制、强迫性生活等不同形式家庭暴力的女性高达 24.7%（第三期中国妇女社会地位调查课题组，2011）。

妇女社会问题的存在促进了妇女组织需求的产生，而妇女的组织需求，是新型妇女非政府组织产生与发展的条件。

三 妇女群体日益分化与分层，需求差异性凸显

随着改革开放的深入推进，社会的分化日益突出。在这样的大背景下，妇女群体内部的分化日趋明显，女性群体内部的分层开始出现。

已有研究显示，不仅男性与女性之间存在着明显分层，女性群体内部的分化也日益突出。对女性分化与分层研究的学者一致认为，当前中国女性群体内部已经分化形成了不同的阶层。对于分化形成了哪些阶层，有的学者将其分为五层，其中上层包括管理者阶层、企业家阶层、专业技术人员阶层，中上层包括女白领、记者、演员及其他自

由职业者等,中层包括粉领阶层(中小学教师、幼儿园老师、护士、秘书、服务员等)、职业太太,中下层包括女工人、女农民及非正规就业者等,下层包括下岗未再就业的女性、女性失业者、性工作者等(王小波,2005)。也有学者借鉴十大阶层的划分方式,依据国家统计局的统计数据,对女性群体进行阶层划分,指出其是一种扁金字塔型,顶层很小,底层非常大(白鹭,2010)。

不管女性的分层如何划分,只要女性群体事实上已经分化为不同的阶层,不再是一个同质性的整体,而是由不同职业、不同收入、不同教育程度所构成的具有不同社会经济地位的社会阶层,则不同社会阶层的妇女由于利益不同,需求自然也不同。而不同阶层的妇女群体不同的社会需求,使她们对组织的需求也不同。在妇联组织成立后的半个多世纪中,尽管妇联组织在组织妇女上发挥了很大的作用,但随着社会的发展,这种单一的组织模式已经越来越难以满足妇女群众的需求。在调查中,无论是妇联组织的负责人还是新型妇女非政府组织的负责人,都谈到妇女群体分化的影响,认为妇女群体的分化以及由此而带来的组织需求差异化,是推动多样化的新型妇女非政府组织产生与发展的重要因素。

> 其实,妇联对我们的工作也很支持。因为像我们开展的活动,也是关心妇女弱势群体,在她们看来也是她们的本职工作。这些事妇联也不是不想做,但是她们行政性的事情比较多,比较杂,人也少,也没有能力来开展这么多的工作。因此她们也希望我们发展起来,这样整体的力量才大。(CZ-7)

> 现在妇女内部分化也非常明显,仅仅依靠我们妇联的力量肯定是不行的。所以我们对发展团体会员很重视。我们也希望通过团体会员,联系更多的妇女群众,把妇女工作渗透到各行各业,把妇联建成一个大妇联。因此,只要是对妇女来说是有帮助的妇女社会团体,我们不会把它看作竞争者,不是说她们和我们没有竞争,是有,但是更多的是合作。我们的目标是一样的。(CZ-14)

四　国际妇女力量推动，组织资源增加

19世纪末，国际妇女组织首先在欧美国家开始出现。第二次世界大战后，国际妇女组织的数量逐渐增加。20世纪90年代，具有影响力的国际妇女组织已经达到数十个，主要有国际民主妇女联合会、国际妇女理事会、国际妇女争取和平与自由联盟、国际妇女同盟等。

值得注意的是，国际妇女组织在发挥其作用时，都与联合国有着直接或间接的联系。联合国对妇女问题高度关注，在成立后的第二年就在联合国经济及社会理事会下设立了妇女地位委员会。联合国先后召开了四次世界妇女大会，极大地推动了包括中国在内的各国妇女社会地位的提升和妇女社会问题的解决。尤其是1995年在北京召开的第四次世界妇女大会，不仅使中国的学界、政界和企业界与国外的非政府组织有了接触并逐步建立了联系，而且直接推动了中国妇女非政府组织的产生与发展。从搜集到的妇女非政府组织资料来看，1995年前后是中国妇女非政府组织产生与发展的第一个高潮，当时成立的一批妇女非政府组织，至今依然具有较大影响。在调查中，也有多个组织创始人、负责人在谈及当前创办组织的原因时，提及第四次世界妇女大会的影响。

> 实际上，（机构成立）还有一个契机是1995年世界妇女大会，我们也受到很多的影响，包括×（机构的创始人）也出国去参加一些妇女的活动啊，进行考察呀，在这个过程中也有很多感触。（CZ－6）
>
> 1995年（第四届）世界妇女大会，提供了很多机会。我们也是那个时候才知道有NGO，知道国外有很多NGO，知道NGO可以做很多工作。当时还参加了一些国外的考察，就想着自己也办一个这样的机构。（CZ－4）

国际妇女力量的推动不仅使更多的中国女性尤其是知识女性了解了非政府组织，而且，还提供了切实的支持，一些新型妇女非政府组

织就是在国际项目的直接支持下创建的，而更多的妇女非政府组织在
发展的过程中也直接受益于国际项目的支持。

第二节 发展特征

与妇联组织不同，每个农村民间妇女组织的产生都历经艰难。这
些自下而上建立的组织结构不同、风格各异，旨在为不断分化的妇女
们提供多种多样的服务。那么，农村民间妇女组织是如何形成的？具
体来说，谁发起成立了农村民间妇女组织？谁加入了农村民间妇女组
织？农村民间妇女组织为谁服务？在不同的历史阶段和地理区域，其
结构和功能是否相同？简言之，农村民间妇女组织的发展整体上呈现
出了什么样的规律性？

一 结构特征

（一）发起人的特征

农村妇女组织的创始人对于农村妇女组织的产生至关重要。她们
不仅是组织的奠基者，也是组织的灵魂人物。由于大多数农村妇女组
织的历史并不长，规模并不大，因此这些创始人不仅仅是创始人，她
们基本上也是组织成立后的负责人，或者称之为组织的领导。那么，
这些对组织发展至关重要的人具有什么样的特征呢？

研究显示，大多数新型妇女非政府组织都是由女性发起的。在调
查的典型个案中，创始人为女性的 11 个，创始人为男性的 2 个。而
我们系统收集的 300 多个农村妇女组织信息中，95% 以上的组织是由
女性创建的。

为什么要创建农村妇女组织？调查发现，尽管创始人发起成立组
织的具体原因各不相同，但概括起来，她们发起成立组织的原因主要
有两类：一是为了工作的需要。典型的如武展社区打工妹之家的创
建，其创始人任莲芳时任社区居委会的主任，她认为，社区打工妹众
多，社区建设要创特色。因此，为了工作的需要，建设了打工妹之
家。相似的还有红丝带的创始人张军，也是因为工作的原因而建立了
组织。为工作需要而创建的农村妇女组织多是一种政策催生型的组

织，这类组织的建立更多体现了一种自上而下与自下而上的结合。二是结合自身的经历，希望帮助某一类型的农村妇女群体或促进某一类型农村妇女问题的解决。这一类妇女组织通常是自下而上建立的草根组织，典型如同心食用菌合作社、葡萄专业合作社等。同心将组织目标定位为服务打工妹，很重要的因素在于其创始人马小朵本身是第一批进城的打工妹。

对创始人发起成立组织的性别分析显示，男性创始人创建妇女组织的原因与女性相似，但又有一些不同。如果说女性创办组织更多是出于自身的经历，被某个问题或者群体的处境所触动，男性则多是基于更好完成工作的需要。不过，即使多是因为工作的需要，这些在妇女组织产生过程中活跃着的"男性女权主义者"的身影，依然是一抹不同的颜色，并且使妇女组织的发展更为多元，为妇女组织的发展增添了活力。

对创始人特征的深入分析，揭示了一些隐藏的性别规律。

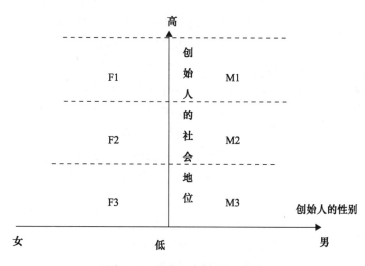

图 5-1　创始人的性别分析图

如图 5-1 所示，就创始人的社会地位来看，总体来说，女性创始人主要是女性中的精英，就其社会地位来说，多处于较高社会地位，主要表现为较高的学历、较好的职业、较丰厚的经济收入等；而男性创始人，则多处于中等社会地位。前者如北京打工妹之家的创始人谢丽华和同心的创始人马小朵等；后者如红丝带（Z02）的创始人张军等。

从时间发展来看，农村妇女组织的创始人在不同阶段也存在着明显差异。在早期阶段，组织的发起者主要来自强势的女性群体F1，如中国第一代妇女非政府组织的创始人，北京打工妹之家的创始人谢丽华等。在发展阶段，逐渐有来自弱势群体的女性加入，如同心的创始人马小朵、武展社区打工妹之家的创始人任莲芳、葡萄专业合作社的创始人韦红等。当然，即使是来自弱势群体，组织的创始人也多是这一群体中的精英，大体上属于女性的中间阶层F2。在后期，则不仅有来自F1、F2的女性，还逐渐出现了男性的身影。但加入的主要是男性中处于中等甚至于中等偏下阶层的群体，强势的男性其实并没有真正地加入到这一群体中来。

"妇女"常常被视为"贫弱"的同义，然而，如果将妇女非政府组织视为两性中弱者的联盟，我们却不难发现，作为弱势群体的社会组织，妇女非政府组织中的弱势妇女却并不多。真正在妇女非政府组织中活跃的，多为妇女中的强势群体或者说是地位处于中等以上的妇女阶层。

这样一个事实，与李小江对世界范围内的女性解放运动进行研究所得出的结论相似。他认为历史上女权主义运动的中坚始终是中产阶级妇女。他同时指出，这些中产阶级妇女所提出的"用女人的团结去反对男人的世界"的口号，始终没有得到底层妇女的响应，而且，即使在女权主义内部也从来没有过所谓的"全体妇女"的统一行动。中产阶级妇女乃至女权主义理论，长久未能正视劳动妇女在社会化的同时"阶级化"这一事实……"妇女"群体在社会生活中很大程度上只是一个虚拟的整体。（李小江，2005：59）

由女性精英来创建组织，对于组织获取外部资源、加强内部管理水平等方面无疑是有优势的。但是仅有精英女性的加入对于妇女整体的发展无疑是不利的。如玛尼莎·德赛所指出的："大部分女性主义者献身于妇女平等，但却与群体的妇女团体很少有联系，这样，她们就很可能最终陷入一种'前卫'的境地……虽然她们为所代表的妇女

说话，但却脱离她们，仅仅只是为她们提供服务或作为性别专家而已。"（玛尼莎·德赛，2006：129—141）

那么，由弱势女性来创建组织，是否可行？就调查来看，即使有像同心的创始人马小朵那样的来自弱势阶层的女性创建组织，但其比例无疑是低的，而且，在调查中，对其创办 NGO 的经历是否可复制，质疑的声音也不少。本研究认为，即使可复制，就马小朵的经历来看，也必须满足一些基本条件：第一，经济基础。自己的家庭经济状况较好，家人支持或不反对。第二，个人能力。自己有眼光，有奉献精神，有强烈的事业心。第三，获得经济支持。在三者都能满足的情况下，来自民间的力量是可以成长起来的。

如果说，弱势女性的加入需要内在和外在的双重支持，那么，男性的加入无疑也是非常重要的。在妇女非政府组织的发展中，强势男性极少加入，这与强势男性本身是整个男权社会最大的获益者有关。处于社会中间阶层的男性在两性的格局中获益较少，更容易感受到不同性别带给两性的桎梏，因而也更愿意关注和支持女性的组织。但处于底层的男性因自身的力量和视野的局限，很少会关注性别问题。

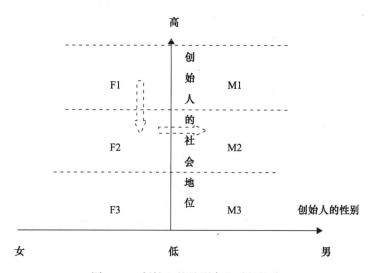

图 5 - 2　创始人的性别变化时间趋势

（二）被组织者特征

不同类型的新型妇女非政府组织的发展环境不同，发展轨迹亦不同。但是，借着1995年世界妇女大会的春风，这些组织如雨后春笋般迅速地成长起来。尽管不同组织之间规模不同，小的一两个人，大的几千人；活动领域各异，有的热衷教育，有的致力于反家庭暴力，还有的倾向于疾病预防；组织活动方式多样，有的主要运用咨询，有的主要采用教育，有的致力于研究，有的则通过组织活动。但是，这些差异并不能掩盖她们之间的共同，她们拥有一个共同的名称"新型妇女非政府组织"。对于这些新型妇女非政府组织，我们不仅关注她们是由谁创办的，我们也关注这些组织中被组织起来的人，即从更一般的情况来看，这成千上万的新型妇女非政府组织，究竟组织了谁？被组织者的角色、地位、职业等特征如何？她们如何认识新型妇女非政府组织，如何评价新型妇女非政府组织？

如果说组织的发起者是组织其他人加入到组织中来的核心力量，那么，被组织者的类型至少有以下几种类型：一是组织的工作人员，这是组织的核心力量，也是组织得以存在和发展的基础。二是组织的服务对象，这是被组织者中围绕着组织的核心而扩展的网络。三是组织的直接服务对象之外的所有与组织发生直接或间接联系的，受到组织直接或间接影响的个人与组织。他们是组织的进一步扩展网络。

1. 组织员工

组织员工对于组织工作的开展至关重要。在组织的形成中，创始人的第一任务，就是要建立一个实体的组织，而要建立一个实体的组织，就必须要找到志同道合的人。

由于大多数农村妇女组织都是创始人基于自身的人生经历和发展的需要而创建的，因此，在筹划创建这样一个组织实体时，她们基本上身边都围绕着这样一个目标人群。她们所寻找的志同道合的组织成员，本身也是这样一个群体的网络中的关键人物。或者是这一群体中的意见领袖或崭露头角者，或者是能够提供这一群体问题解决所需要的重要或关键资源者，或者是长期和自己一样关注同样问题和人群的同行者。

对多个农村妇女组织个案发展历史的追溯发现，农村妇女组织的组织规模变化很快，组织成员流动性很大。但在各个不同的发展阶段中，农村妇女组织的成员基本上都以女性为主体。

而从文献资料的收集整理来看，以女性为主体不仅是我们所调查的农村妇女组织的特性，而且是整个新型妇女非政府组织的基本特征。据我们收集的150多个研究型新型妇女非政府组织、100多个妇女庇护所以及上百个其他各领域新型妇女非政府组织的资料来看，都是以女性组织成员为主体，大多数组织（90%以上）没有男性成员，即使有男性成员，其所占比例一般来说也很低（一般都是个别）。这其实也是称其为妇女非政府组织的重要原因。

那么，农村妇女组织的成员主要是什么样的女性呢？她们通过什么方式组成组织？从个案看，不同类型新型妇女非政府组织的成员差异很大。为了深入探讨其具体情况，本研究以北京打工妹之家、北京同心、武展社区打工妹之家三个以流动女性为服务对象的农村妇女组织为例来进行深入分析。

杜芳琴（1999）曾指出，我国大多数民间妇女组织在诸多方面仍依附于妇联，这在我们的个案中依然明显可以看到。当追溯这些看似自下而上成立的新型妇女非政府组织的成长历程，很容易可以看到其背后与妇联千丝万缕的联系。只是有些联系比较直接，有的联系相对间接，有的联系比较简单，有的联系比较复杂。

北京打工妹之家虽然号称是国内第一个打工妹自己的组织，但如果上推，会发现其与妇联组织之间具有非常紧密的关系，从某种意义上说，它本身就是全国妇联的孩子。也正是得益于这样一层关系，该组织才能获得较多的资源，逐渐发展壮大起来。北京打工妹之家成立时没有专职的工作人员，志愿工作者也只有1个。历经10余年的发展，其管理机构发生了多次改革。当前，它主要是以执行团队的形式存在与发展。就工作人员来看，已经形成一支专兼职相结合、结构较为合理、成员相对较稳定的团队。其负责人是大学期间曾在此组织做志愿者，深受组织的影响，大学毕业后进入该组织工作的。

同心建立的时间不长，规模也一直都比较小。在我们2009年调查的时候，除了组织的创始人，它只有一个正式工作人员与两名志愿工作者，均为女性。正式的工作人员到该组织还不到1个月，之前在另外一家非政府组织工作。两名志愿工作者均为大学生,一名是临近毕业按学校要求到此机构实习,另一名是我们项目组的成员,受乐施会项目资助在此机构实习。此外,因为开办社会企业的需要,该组织还雇用了社区的多名妇女。此后的跟踪调查显示,其工作人员一直在不断流动,但规模始终在 4 人以下。

武展社区打工妹之家是由社区居委会倡办的打工妹组织,没有正式注册,只是挂靠在社区居委会下。它没有专职工作人员,主要由该社区的居委会主任以及两个相关工作人员兼职工作,三人均是女性。2010 年下半年以来,因为社区正在进行大规模拆迁,原来大量吸纳打工妹的餐馆和工厂受到波及,该社区的打工妹人数已经大量减少,为此,该组织也受到了很大影响。2011 年时组织依然存在,但基本上只用于宣传和应付领导参观,更多成为一种形式。2011 年下半年到该组织去的时候,该组织已经更名为江城新市民之家,服务对象涵括了打工妹,但不再限于打工妹。

事实上,三个组织代表了三种不同的类型。北京打工妹之家属于发展型,组织发展环境较好,组织的规模不断扩大,组织管理不断规范。同心属于稳定型,组织发展环境较差,多年来成员不断流动,组织规模一直较小。武展社区打工妹之家则基本可以说是消亡型,因为虽然其发展模式获得了推广,但作为一个妇女非政府组织,其组织发展环境变化很大,由此导致组织规模不断缩小,组织服务对象改变,所以从某种意义上说,组织已经消亡。

尽管展现出了不同的特点,但是除了以农村流动女性为主体这一特征外,这三个组织还表现出一些共性特征:第一,组织工作人员流动性大。第二,服务对象相似,均服务于弱势妇女。第三,组织发展受外在环境的影响很大。组织的外在环境越稳定,组织发展越稳定;组织环境变化大,则组织自身的发展会依外在环境的变化而变化,剧烈的变化甚至会直接导致组织的消亡。

与企业、政府等组织不同,非政府组织的组织结构中有一类非常特殊的工作人员,即志愿者。志愿者在我们调查的各个机构中都有,人数多少在不同机构以及机构的不同时期都不相同。但她们很显然在组织活动的开展中扮演着不可替代的角色。因为非政府组织的工作人员普遍短缺，经费也紧张，因此正式的工作人员很少，组织的很多工作，都是由志愿者承担的。志愿者既有高校的老师与大学生，也有一些长期参加组织活动的服务对象，此外，还有来自各行各业的一般人群。

2. 组织服务对象

如果将农村妇女组织所产生的影响看作一个以组织为中心的水波，则越靠近组织的核心，受到组织的影响越大。因此，组织的影响是一个扩散的、逐步弱化的关系网。尽管如此，组织一经成立，就会以其为中心，不断地向外宣传自己的观点，通过各种途径，产生影响。组织的服务对象无疑是围绕着组织成员的第一圈水波，她们是组织的直接影响对象。

组织的服务对象类型与组织的宗旨与定位紧密相关，服务对象的规模大小则与组织服务的形式紧密相关。从调查来看，以会员制为主的组织服务对象比较明确，服务对象的规模比较稳定。不设会员制的服务型组织，多以不确定的对象开展服务，一般来说，组织服务能力强的开展服务活动的次数多、规模大，服务人群为一般人群的组织活动较为容易，以特殊人群开展服务的活动组织相对困难，规模也会受到影响。

综上可知，不同农村妇女组织的服务对象虽然各有特色，但是作为农村妇女组织，其服务对象的共性特征也非常明显，即主要都是农村女性。然而，细分之下不难发现，以联谊型为主的主要服务于强势女性，以服务为主的则有相当部分是服务于弱势女性的，综合型的服务对象则覆盖范围比较广泛。

3. 组织公众

在此，组织公众指新型妇女非政府组织的直接服务对象之外的所有与农村妇女组织发生直接或间接联系的，受到农村妇女组织直接或间接影响的个人与组织。

如果说组织成员是受组织影响的核心，组织的直接影响者主要是组织服务的目标人群，那么组织的间接影响者则广泛得多。由前述可见，农村妇女组织的成员和服务对象主要是农村女性。但是，在组织的间接影响者中，虽然也可以说农村妇女组织的影响像水波一样一圈一圈扩展，影响包含了所有的公众，但事实上，距离核心圈与直接交往圈较远的人群所受的组织影响基本上可以忽略不计。主要被影响的是农村妇女组织的成员及被服务对象的直接交往圈。

即使是直接交往圈，它与核心圈的特征相比也已经呈现出了很大的不同，其中最明显的一点是，这些人具有多样化的特征，就性别来看，不仅包括女性，还有很多男性会被波及，如直接服务者的配偶；就年龄来看，涉及从儿童到老年人；就社会的阶层来看，也是多阶层的。

需要注意的是，如果说第一个圈层的影响是比较明显的，从影响的大小与方向来看均是如此，那么，第二个圈层的影响则要复杂得多。并且，第二个圈层的影响在考核评估非政府组织功能时常常被忽略。但是，因为妇女非政府组织多将两性平等作为推动的目标之一，性别平等显然不是单一性别的问题，而是一个与男性相比较的过程。因此第二圈层的反应和由此而产生的变化是非常重要的，它是性别权力改变和新的性别格局形成的重要影响因素。

当然，除了第二圈层，组织的影响还会持续外推。这种外推的影响力与第二圈层相比，更难以觉察，但是，这一影响也是广泛的、长期的，它常常在潜移默化中改变人们的性别意识与性别行为、调整着两性的性别关系，也是整个社会性别文化变迁的重要体现。

（三）组织结构特征

1. 女性化

如前所述，农村妇女组织组织起来的网络，从网络的发起人、组织的成员到组织的服务对象，整个网络的成员大多数都是女性。而且，离组织的中心越近，性别的同质性就越高。这毫无疑问是农村妇女组织的基本特征，也是其被称为妇女组织的原因。但是，这种性别的高同质性，会给组织带来什么样的影响？其组织网络具有什么优势？可能产生什么问题？

首先，我们会发现，性别的同质是组织创始人创建组织时的目标定位，是一种有意向的选择行为，而不是一种随机行为或者随意行为。正因为是一种有意选择，因此，它与组织的宗旨、目标是紧密联系在一起的。由此，它对组织的影响不仅涉及组织的抽象层面如组织的性质、定位、目标、宗旨，也涉及组织的具体操作层面如组织的服务对象确定、活动内容与方式等。这样一种具有高度性别同质性的网络，也使其在这些方面都具有一定的共同性。如果将推动男女平等作为目标之一，均关注性别权力、性别关系、性别意识等。而女性为主的性别网络是有助于组织活动的开展的，相同的性别使其具有一定的凝聚力。但其不足也是显而易见的，即单一性别使组织资源的获得有限，组织的影响有限，因此，组织的目标也不易实现，且容易产生偏离。

2. 组织间的异质性

被组织起来的网络，虽然是同性，但从社会地位来看，却并非同一阶层，不同类型的农村妇女组织组织起来的女性在社会阶层上具有明显的差异性。这种差异性表现在职业、受教育程度、经济收入、权力等各个方面上。比如，研究型的农村妇女组织主要是高校及科研机构的女性的组织，她们与那些女性农民工的服务型农村妇女组织的组织网络之间，在网络成员的社会阶层上就是明显不同的。前者的网络成员主要是高校教师或科研院所的研究者，受教育程度很高、收入较高、社会声望高，离权力中心比较近，拥有的资源较多，有较大的话语权；而后者的网络成员主要是女性农民工，受教育程度低、收入低、工作不稳定、工作环境差、没有什么社会声望，离权力的中心较远，拥有的资源少，多属于失语的一族。简言之，一个是强势女性的组织，一个是弱势女性的组织。

由此可见，整个农村妇女组织并不因网络的高性别同质性就自然相同，其组织之间，在社会特征上实际是高异质性的。这种非性别特征的高异质性对组织的影响也是很大的，它不仅使不同组织的社会动员与资源获取能力不同，还使组织因其社会阶层的差异性而较少联系与合作，弱化了将妇女非政府组织体系凝聚成为一个整体的能力，由此使组织体系的整体影响力降低。

3. 组织成员的同质性

虽然不同的农村妇女组织连接了不同阶层的女性，但是，高异质性只是组织之间的特征，就组织内部来看，成员之间更多的却是同质性。具体而言，就单个的妇女非政府组织来说，其网络的成员在社会地位上也是以同质性为主的。组织内部社会地位的高同质性,对于组织来说无疑具有很多优势。首先,成员面临的问题相似,组织开展活动较为容易;其次,成员之间社会背景相似,因此具有较多的话题,易于沟通;再次,组织的目标对象比较明确,易于达到组织的具体目标。但在具有这些优点的同时,其缺陷也是很明显的,即主要是相似的成员,使她们难以优势互补。

4. 组织网络规模小

总体而言,组织的网络规模都比较小。绝大多数组织核心层面的网络成员都只有几人,多的也不过十几人,几十人以上的微乎其微。扩展网络虽然一般在几十人以上,也有几百上千人的,但是长期性和稳定性较差。网络规模小使其管理简单,但也让其管理比较随意。就调查来看,由于人少,工作成员常身兼多职,分工难以明确,但相互的交往比较充分。虽然小规模看起来有利有弊,但当前农村妇女组织的网络规模小多是无奈的选择,它代表的其实是组织的不成熟与不完善。首先,核心层面的网络成员数量少,使组织的活动能力低;其次,组织的扩展网络小,说明组织的影响能力差。因此,网络规模小说明农村妇女组织的发展还在起始阶段,远未成熟。

5. 弱关系的联结

农村妇女组织所组织的网络成员之间,是非常松散的,并没有紧密的联系,就网络成员间关系的强弱来看,属于弱关系。无论是哪种类型的农村妇女组织,其扩展网络都是围绕着核心网络而产生,相互之间没有多少关联。这固然与自愿参与等原则有关,也是由组织活动的无规律性、不经常性以及相互交流不够深入等因素决定的。

6. 弱者的联合

无论我们是否承认,农村妇女组织将女性作为主体时都将女性视为两性中弱势的一方,期望通过组织提升女性的地位,借此促进两性平等。事实上,无论是强势女性的组织还是弱势女性的组织,将她们放入同一社会阶层中,她们确实都是该阶层中的弱势群体,她们需要通过妇女组织这样一个载体来相互联合,增强力量,改变地位,解决问题。

二　功能特征

虽然农村妇女组织的发展还处于初始阶段，远未成熟，但其产生、发展的过程中，依然吸引了无数女性的关注与参与。组织前行的每一步，都凝聚着女性群体的心血与汗水，也同时在改变着女性及其所生活的世界。

（一）组织内部的改变

尽管各个农村妇女组织的服务方式不同、服务对象也有差异，但是它们有一个共同的宗旨，就是通过服务妇女，促进两性平等。

农村妇女组织的发展过程确实改变了很多女性的命运。这些女性通过发起组织、参与组织或获得组织服务等各种不同的方式，与农村妇女组织结缘，被农村妇女组织所影响、改变，也由此缓慢地改变着社会的性别权力格局。

1. 创始人的改变

由前面创始人的故事可见，创建组织对创始人自身的影响也是非常大的。她们自己的人生因组织而改变。这种改变不仅表现为她们职业、社会地位、经济地位的变化，也表现为她们自身性别观念、能力水平的变化。

> （创办这个组织）就是好像在温暖的屋子里待久了，外面冰天雪地，还要光着脚踩出去，就是这种感觉。但是既然走了这条路，后半辈子就做这个了。……这个对我个人，对我的家庭，影响都挺大的。可以说，它改变了我的人生。（CZ - 1）
>
> 一开始我也没有想过，但是既然做了，就要做好。不懂怎么搞，就只好重新学习。我的命运，反正就和它连在一起了。（CZ - 2）
>
> 做这个（建立合作社）对我自己影响也挺大的。原来我种蘑菇，就是我个人的事情。但是现在，因为有了合作社，我就觉得不是我自己一个人了。办了合作社后，县里也很重视，有好多人来参观和考察。县里还组织我们学习，让专家给我们上课，告诉我们应该怎么管理合作社，怎么包装，怎么推销，还讲品牌呀什

么的，有时也给我们提供技术培训。讲了很多，有的还是很有帮助的。我觉得我现在胆子都更大了，也更有信心了。（CZ - 9）

2. 组织工作人员的改变

组织一旦开始组建，加入到组织中的组织工作人员就不可避免地会受到组织发展的影响。在一般的组织影响考察中，通常分析的是他们的薪酬、职位等物质性的以及知识能力等的改变。在本研究中，我们更关注他们性别观念等的改变。

从调查来看，不认同组织性别观念的工作人员，在组织中坚持的时间较短，而认同组织性别观念的，较容易融入组织，在组织中的人际关系更为和谐，坚持的时间更长。而在两者相互适应的过程中，组织成员的性别观念也在慢慢发生变化。

> 我一开始也没有想过这个问题，觉得男女都一样。进来工作后才发现，性别还真是个问题，男女还真不一样呀。那男的，他凭什么就不用做家务、就可以使唤人。我们相互之间也讨论这个问题，发现性别文化对人的影响还真大。（CO - 9）
>
> 我从小就不喜欢自己是个女的，觉得特别麻烦。每个月来好事都特别不舒服，有时疼得打滚。而且，我爸爸妈妈也不喜欢我，就只宠我弟弟。那时候小，我觉得这就是我的命。工作了以后，我做事很认真，就是非常自卑。后来接触了李姐（组织的一个负责人），参加了组织的培训，才发现原来不是命。我总记得培训老师说的，男的女的并没有什么不同，大家都是人，都是平等的。……后来慢慢熟了，我就做了这里的志愿者。……你问我现在怎么看自己的性别呀，我现在觉得男女都一样。（CO - 12）
>
> 我们经常给她们（组织的工作人员）进行培训，都是请的外面的老师，也请其他机构有经验的人，有时候也送她们到外面去参加这个方面的培训。她们原来都不知道什么是社会性别，也不知道社会性别有什么影响。现在她们都可以去做培训了。而且，看问题也和以前不一样了。以前看到农村的男的打家里那个女的，还会觉得这很正常，现在她们就会知道这不是家务事，打老

婆也是犯法的。她们还会跟那个男的做工作，而且还会教那个女的，教她们怎么保护自己呀什么的。（CZ－11）

我在这个机构有一年多了。有的人觉得这管的都是一些婆婆妈妈的事情，没什么作用，工资也低，做不了一段时间就走了，尤其是男的。我觉得这个工作还是很有意义的，而且我在这里也学到了很多东西。每次看到自己能够帮别人解决哪怕一点问题，我还是很高兴，觉得很有成就感。我是学社会工作的，做这个我觉得真的是助人自助。比如你提到的我们机构的宗旨里的社会性别，这个我以前也不知道，我也是培训了之后才知道原来性别意识对一个人影响还真大。我们的服务对象，如果不改变性别观念，就很难解决她们的问题。我以前没觉得别人怎么想怎么做和性别有什么关系，现在经常一听别人的话就会想到她们的性别。（CO－1）

3. 组织服务对象的改变

组织一旦形成，就具有自己的实体和文化，它所改变的就远远不止组织自身的成员。组织的功能，更多表现为组织对其服务对象所产生的影响。在调查中，我们深刻感受到，正如很多组织创始人所指出的，她们通过组织，用自己的行动改变了很多人的生命。

我们这个群体是很务实的群体啊，她要养家糊口，要生活。你要是每天都搞活动、培训、讲座，她们就算来了，对她们也没有什么实际的帮助，就变成她们在帮助我们做活动了。我觉得做我们打工群体、打工妇女的工作，就要解决他们日常生活当中的困难，她不仅能参与做，还要看到一点收入。后来我们就搞爱心超市，这个爱心超市很好，让妇女来参与，慢慢慢慢就能够真正开发一些妇女骨干，这也改变了她们，她们开始有了收入，在家里的地位就高一些了，也敢说话了，慢慢地能力也不断提高了。也不仅是妇女骨干，那些需要这些衣服的妇女以及她们的家庭，爱心超市也帮助她们解决了困难。（CZ－1）

没有上过学，有的妇女就觉得自卑，觉得自己没有文化没有用。通过我们这个学习她就觉得自信，她觉得她没有文化不是自己无能，是因为她生活在农村没有条件上学。她要是有条件上学的话，肯定也会很棒，所以她不把责任总是推到自己身上，觉得我没有文化是我没有用我该这样，她会觉得这不是她的错，是很多原因造成她现在的情况。经过学习以后，很多妇女整个人就活起来了，不像以前那样唯唯诺诺了，以前觉得那就是命吧，现在就觉得是可以改变的，整个人的精神面貌就不一样了。（CO－10）

（你觉得她们有些什么变化呢？）她们的变化很多，比如在教育孩子上，在夫妻相处上，各个方面都有。以前夫妻之间经常吵架啊，现在她知道和她丈夫去沟通去了。还有一个是她的心情，以前就是在家里看看电视睡睡觉啊，觉得生活没有意义，觉得自己的生活看不到什么希望，孩子在这样的打工学校也没有什么出头之日。她也说不来为什么这样郁闷，活得没有意义。现在就觉得生活充实了，有希望了，有目标了。（CZ－4）

很多组织用各种方式记下了他们的服务对象因组织的服务而产生的改变。北京打工妹之家办了一本内部刊物，上面有很多感人的故事，展示了服务对象的心声。我们不妨摘录其中一些：

1996年的冬天，我成为这个家（北京打工妹之家）的会员。在家里，我不仅参加了电脑培训，学会了怎样用法律保护自己，最让我自豪的是我也可以登上舞台展示自己，展示打工妹的魅力和雄心。

我是一名家政员，刚来北京时举目无亲，一闲下来就想家，一想家就想哭。用度日如年来形容一点都不为过。一次偶然的机会我认识了一位河北的大姐，她把我介绍到北京打工妹之家，我的生活从此发生了质的改变！

几年来我认识了许多好朋友，是她们把我介绍到打工妹之家，来到这个大家庭后，看到老师和姐妹们的热情，让我十分感动，而且有时还有意想不到的免费吃喝，如免费看电影，高兴得我不知如何是好。我深深地从内心感谢打工妹之家，它对我们每个打工妹都无比的关心。我要用实际行动做好我的本职工作。

　　——摘自《打工妹之家通讯》2006年第4期

　　并不是只有这些见之于宣传的。在调查中，各个农村妇女组织的工作人员也常常谈起服务对象的种种改变。

　　我们爱心超市的一个妇女连一年书都没有读过，刚开始连自己的名字都不会写。现在她都会了。超市要记账，有三四百件衣服要数。她说刚一开始我还很害怕，有三百多件衣服要数，现在都可以做了。以前她不怎么敢说话，现在开例会她发言都讲得很好啊。她讲一些家乡的俏皮话，大家都说她讲得很好，她慢慢地就觉得自己还是有能耐的，我们农村妇女也是有自己文化的。你看着她现在的样子，肯定都想不出来她以前的样子。（CO-2）

　　（我们在社区走访的时候）鼓励妈妈们积极参加我们中心免费的亲子活动，她们都答应了也表示感谢。走访过程中也遇到了一些家长为自己的孩子在我们的三点半学校参加活动，学习进步了不少而表示感谢的，他们白天忙于生计，没有空闲照顾孩子，对于我们所做的一切他们是由衷感谢的。（摘自CO-13的周记）

　　我们搞了几次妇女小额信贷之后，发现对一些农村妇女的帮助还是挺大的。有的农村妇女她不是没想法，就是没钱。小额信贷的钱虽然不多，但是可以帮助解决前期投入资金。（CO-10）

　　在与农村妇女组织服务对象的交流中，我们也能感受到她们的改变。她们用朴实的话表达着自己的感谢，感谢组织对自己的帮助，或增加了技能，或改变了观念，或拓展了视野，或增加了朋友，或减少了孤独，或减少了冲突……而这些，无不是令人欣喜的变化。

　　要不是参加了这个（组织），我现在都不知道在哪了。钱也

不知道怎么要回来,我从农村来的,从来没想过打官司,都不知道到哪去,要找谁呀。(CF-1)

孩子到这(机构的活动),我们也放心。有时也觉得他们有些变化了,喜欢看书了,喜欢跟别的小朋友一起玩了。我们工作忙,也没有时间管他们。(CF-6)

我现在自己能挣钱,虽然不多,但是不用总是问他要钱,不用天天看他的脸色,我自己觉得好多了。原来因为自己一直在家带孩子,什么都不会。……参加了好几次培训,而且她们还跟我谈过几次。后来,我想就试试看。现在虽然比以前忙,但是和他(老公)的关系比以前好。(CF-2)

以前我老公在外面喝醉了回家就喜欢打人,几次把我打得住院。我也没办法。后来我到她们(妇联)那儿去了以后,她们和村委会的人一起找他谈了。他当时也保证不打了。现在他有时候还是喜欢骂人,但是一般都不会再动手打了。比以前还是要好多了。(CF-7)

(二)组织对环境的影响

1. 组织环境状况

农村妇女组织是一个新生事物,其发展在很大程度上依赖于其所处的社会环境。从调查来看,为强势群体服务或由强势群体所组织的农村妇女组织发展环境较好,发展整体也较好,如妇女专业合作社。为弱势群体服务或由弱势群体所组织的农村妇女组织发展环境相对较差,发展整体也较差,典型如同心这样的流动妇女组织。

2. 组织改变环境的表现

农村妇女组织的发展也无时无刻不在改变其身处的环境。虽然农村妇女组织的力量还不够强大,但是,它在改善服务对象的生活处境、增强其能力的过程中,也在不断改变人们的性别观念,推动新的平等的性别文化的形成,促进了两性社会关系格局的发展。这些,不仅使组织生存的微观环境得以不断改善,而且,借由组织网络的扩大和组织影响的增强,女性的话语权、发展权也逐渐获得国家的重视并由此使宏观层面的性别制度、性别文化不断改善，进而使组织的宏观发展环境得以不断优化。调查显示，各类农村妇女组织都结合自己的工作，在一定程度上改变了组织所处的社会环境。

第一，农村妇女组织通过开展调查研究，了解妇女的发展状况，揭示其存在的问题，为各级政府和相关组织机构提供了政策建议。研究型的农村妇女组织在这方面的贡献尤为突出。如华中师范大学农村妇女研究中心、华中农业大学农村妇女研究中心等，这些农村妇女研究机构对农村妇女的生存状况和发展中面临的主要问题进行了多次调研，不仅撰写了学术论文，还向相关部门提交了多个咨询报告。

> 我们机构一直都很注重对农村妇女的调查。我们成立以来，基本每年都做一两次比较大的调查，一些老师自己有相关的课题，做的调查更多。我们还以项目形式支持一些专项调研。通过调查，不仅了解了情况，而且也能提出一些政策建议，体现我们的价值。(CZ-13)

第二，通过参与政策咨询与法律法规修改完善，推动社会性别主流化，从宏观层面创造有利于妇女发展的环境。北京打工妹之家在此方面做了不少工作。为了维护家政女工的合法权益，她们不仅提供法律援助，也向相关部门反映，推动有关法律法规的建立与完善。

> 现在不少 NGO 都能够认识到了，很多问题是制度的问题。就像我们做农民工的维权，你要是制度不改变，这个问题其实很难改变。所以我们现在很重视法律宣传。我们也在向国家有关部门提建议。(CZ-6)

第三，通过宣传、教育与服务，提升民众的性别意识，创造良好的微观环境。农村妇女组织结合自身的优势，对先进的性别文化进行了宣传，开展了丰富多彩的性别教育，同时为弱势妇女群体提供了服务。这样一种宣传、教育与服务，不仅促进了广大群众对农村妇女组织的认知与认同，而且，改变着农村妇女组织所处的社区环境。

> 去年一年，我们光宣传单就发了几千份。我们还在社区搞了几次大型的活动，宣传男女平等。（CZ－10）

> 原来社区的人也不知道我们是干什么的，有的还以为我们是搞传销的。后来我们就在社区里面搞活动，挨家挨户进行宣传，也发机构的介绍，告诉他们我们搞什么活动，让他们来参加。现在他们基本上都知道我们在这干什么，不忙的话，也愿意来参加我们的活动。我们也请居委会的人过来参加，他们对我们就没有那么怀疑了，有时候还为我们提供一些像场地呀什么的，对我们比以前支持多了。（CZ－1）

> 宣传、培训都做得比较多。这个也很重要。虽然一下子可能看不到作用，但是慢慢还是可以看到变化。（CZ－5）

（三）组织功能特征

1. 功能的多样性

农村妇女组织首先作为一般的非政府组织存在，尽管其研究对象或服务对象是农村女性，但从领域来看，已经广泛活跃在环境保护、艾滋病、打工者权益维护、妇女问题研究、妇女教育培训、扶贫等各个领域，其功能呈现出多样性。

2. 功能的独特性

从调查来看，农村妇女组织不仅具有作为一般非政府组织的基本职能，而且还具有自己独特的功能，即性别功能，主要表现为提升性别意识、推动妇女地位的提高、促进性别平等的实现。

3. 功能的有限性

各类农村妇女组织从自己所处的领域出发，在改善妇女发展条件、营造有助于两性平等环境方面，作出了一定的贡献。但是，它的力量整体还比较弱小，它们所发挥的功能与社会期望其发挥的功能之间还存在着巨大的差距。这一方面与其发展时间短，规模小等有关；另一方面，也是由于我国整体上与国家相对的社会发育还处于初始阶段，非政府组织整体上发展空间有限、组织能力不强，社会影响力较小。

三　时空特征

1. 时间特征

从发展的时间来看，20 世纪 90 年代以来，农村妇女组织的数量迅速增加，类型不断丰富，覆盖的领域和地域都在不断扩大，社会影响力也逐渐扩大。这既与 NGO 的总体发展特征相一致，又呈现出一些不同，主要表现在其性别特征上，即覆盖人群主要是妇女，社会影响力也主要局限于女性群体。

2. 空间特征

农村妇女组织的地域分布，虽然没有统计数据和调查数据，但从收集的农村妇女组织数据库来看，呈现出明显的东部发展地区数量更多、发展规模更大、社会影响力更强的特征。而且，这一特点不仅表现在东部流动妇女组织的发展上，还表现在东部在村妇女组织的发展上。次之的是中部农村妇女组织的发展。与中部整体的 NGO 发展并不理想相反，其农村妇女组织的发展相对于西部要略好，无论是流动妇女的组织和在村妇女的组织均如此。西部农村妇女组织虽然有特色，但其本身流动妇女的数量有限，因此流动妇女组织发展较少，其在村妇女组织发展总体不错，一些地区如云南、贵州，甚至优于一些中部地区。但整体而言，农村妇女组织的发展呈现由东部到中部到西部逐渐弱化的现象。

第三节　发展困境

农村妇女组织将女性通过各种方式组织在了一起，由此她们前行的道路不再孤单，但是，这不意味着前方的路因此就是通途坦道。事实上，在前行的过程中，还存在着各种各样的困难。无论是规模大的，还是规模小的，无论是服务型的，还是研究型的，农村妇女组织所走的都是一条充满坎坷的发展道路。

一　组织的合法性困境

组织一经建立，就面临着身份的问题。除了基层妇联组织因身份特殊，生而具有合法性，其他各类农村妇女组织几乎都遭遇到合法性问题。所谓合法性，一是"合法律性"，即一种行为或一个事物的存在是否符合法律的规定，大体对应英文的 legality；二是"正当性"或"合理性"，即一种行为或者一个事物的存在是否符合人们的价值准则，使人们因认可或赞同而自愿接受或服从，大体对应英文的 legitimacy（谢海定，2004）。

农村妇女组织的合法性问题首先表现在组织建立上，如何进行登记注册，包括能不能登记注册，有什么条件与要求，在什么部门登记注册，注册登记的程序如何等一系列问题。

就调查来看，农村妇女组织的注册方式主要有三种：一是在工商部门注册为企业法人；二是在民政注册为社会团体；三是不注册，有的挂靠在政府行政部门，有的挂靠在已注册的社团法人下，有的则都不挂靠。在民政部门注册的多与妇联或其他政府部门关系比较紧密，数量比较少；在工商部门注册的比在民政部门注册的要多，更多的则是不注册的。从注册的过程来看，即使最后成功注册的妇女非政府组织，大多在注册过程中也经历了各种各样的挫折。

> 当时找了很多地方，民政局等部门，那时候这种形式还是很新的，没有什么人去申请注册，而且说你要注册一定要找一个挂靠的单位。一直注册不了，所以我们在 2001 年前都没有注册，2001 年还是在工商部门注册的。（CO-1）
>
> 我们是希望在民政部门注册，但是它不让注。当时也想了很多办法，找了很多人，最后还是不行。后来没办法，只好在工商部门注册。（CZ-1）
>
> 我们没有注册，不是我们不想注册，注册很麻烦呀。我们主要就是把应该做的工作做好就行。（CO-3）

那么，注册方式的不同，对这些组织会产生什么样的影响呢？从调查来看，对于大型的、已经有一定影响的组织，影响要小一些，如北京打工妹之家，其负责人坦言，在开始发展的时候确实有一定的影响，现在影响要小一些，但如果可以在民政部门注册，对于组织筹款以及开展活动会更有利。对于小规模的组织，如同心，尽管与北京打工妹之家一样在工商部门注册，但是，其负责人马小朵认为工商部门注册而不是民政部门注册对组织影响非常大。她认为，因为注册为企业，所以无法进行筹资募款，哪怕是为农民工子女募集学习与生活用具，也会受到人们的质疑。而由于无法获得政府的支持，组织主要资金来源于海外基金会的项目，这不仅使她们难以开展自己想要开展的活动，而且常常因此遭到政府对她们工作的不信任。这种合法性获得的困难，使该组织不仅在北京奥运会期间多次被要求停止各项工作与活动，而且办公场所也难以稳定下来。本身因其服务对象的特征，该组织所在地已经非常偏僻，即使如此，租用一个稍微像样的房子依然非常困难，经多方努力，仍然只能租到一套居民长期不住的破房子。

组织生态学理论指出，在组织发展初期，合法性是组织能否取得快速发展的一个最重要因素。在访谈中，一个组织的创始人在谈到组织创建时表示"不管前面是地雷阵，还是刀山火海，我都要勇敢地走下去"。这虽然体现了作为组织创始人的勇气，但它其实也同样反映了组织创始人对外在环境的艰难程度的感受。组织的合法性困境是制约妇女非政府组织发展的最重要的问题之一，其实质是制度困境。

二　组织能力不足

不少非政府组织的研究都指出，我国非政府组织发展存在着突出的组织能力不足的问题。这个问题也得到了非政府组织自身的认同，为此，近年来，组织能力建设成为非政府组织自身改革发展的一个重要举措。然而，就调查来看，新型妇女非政府组织发展中仍存在着突出的组织核心能力不足问题。主要表现在以下几个方面：

第一，定位能力不强，发展定位不准确。组织定位对组织的发展至关重要，它决定了组织的发展目标、发展方向和发展策略。组织定位不准确，将引导组织往错误的方向发展，甚至导致组织的灭亡。新型妇女非政府组织多是自下而上产生，它们用性别标准划分分属于妇女组织，但如果依据组织的活动领域等标准划分，这些妇女组织将分属于不同类型的非政府组织。在实际动作中，它们会与那些相同活动领域（如农村扶贫），服务对象（如艾滋病患者）、服务方式（如培训）的非政府组织之间有更多的交流。在此过程中，一些组织常常迷失了自己作为妇女组织的性质，如马小朵就不断强调同心希望家园是一个劳工组织，正是因为其自我定位为劳工组织，在发展中没有充分利用其可利用的妇联组织等资源，反而因劳工问题的敏感性而在工作中陷于困境。而这并非个例，从实地调查和系统收集各类农村妇女组织的宣传材料来看，不少组织都忽略了自己的妇女组织本性，而强调自己是作为反家暴组织、环保组织、艾滋病组织、研究组织之类的组织特征。

最近一两年政府也比较注重 NGO 的发展，NGO 自己发展得也比较活跃，今年政府也出台了很多政策，我们也知道政府很关注这一块啊，也提出 NGO 要有专业性，我们这几年一直在做员工的能力建设，也希望将来政府能购买我们的服务，这也是我们的一个发展方向，第二就是社会企业，主要是觉得资金来源应该多元化。一边做一边看吧，先摸索一段儿，然后再确定一个明确的定位吧。（CO-1）

我们就是一个艾滋病方面的组织，这个病大家都怕，但是我们要让大家了解它。（CZ-8）

第二，社会动员能力不足，组织资源欠缺。非政府组织在我国还是一个新生事物，普通民众对其了解不多。而大多数农村妇女组织尽管面临着严重的资金匮乏，但不知道如何募款或者争取项目支持，在开展活动时没有宣传或者宣传范围有限、宣传方式不当，欠缺人力资源但不知如何发展、使用和管理志愿者，这使其所获得的各种资源明显不足，难以获得好的发展。同心的创始人马小朵认为非政府组织发展最紧张的资源在于资金和人员，而在这二者中，更为重要的是人员，是能抱团一起往前走的工作人员。她直言："现在最大的问题，一个是经费的问题，我们现在主要是依靠做项目，主要是国外的基金在支持，但是经费不多，而且对我们开展什么活动的限制很多，很难按照我们自己的想法来开展工作。另外一个就是没有人，要找到能够抱团的人不容易。人比钱还要重要。没有人，什么都做不了。"在此基础上，马小朵提出虽然资金困难是一个重要问题，但资金的独立性也异常重要。她指出："现在的 NGO 就像是养在家里的一盆花，永远要有人给你施肥。一旦没有人给施肥，就枯掉就死掉了。像我们这些草根，我就希望是野外的一棵草，它可以吸收土里的营养自己来活，而不是温室里的花，那样不适合我们。所以我一直在想办法，有项目来支持更好，但是也不能说一辈子就依赖项目。现在好多组织都是基金会不支持了，项目就没有了，组织就没办法办下去了。或者基金会兴趣一变，组织可能先是做劳工，做着做着，就做留守儿童教育了。一旦基金会对艾滋病感兴趣，可能又改做艾滋病了。组织如果不停地变化，就没有明确的目标。所以我们要自己能够成活。我们现在这个爱心超市就是能够活下来的，爱心超市就是卖给我们自己这个群体，她花个 2 块钱 5 块钱，她们愿意的。我一开始也不知道，后来知道这是社会企业。"

其他一些组织等的创始人也表达了类似的看法，即没有钱无法做事，没有人做不了事。

> 我觉得吧，NGO 现在最缺的还是人和钱。不过，对我们来说，我认为人比钱更重要，尤其是志同道合的人，我觉得这个是最重要的。（CZ - 3）

第三，专业服务能力不足，组织功能有限。由于农村妇女组织的资源有限，难以吸纳高素质专业人员的加入，导致其工作人员数量少、素质不高，加上人员的流动性大，组织的服务能力受到很大制约，尤其是专业性的服务能力明显不足，开展的社会活动不多，社会影响力不大。

> 你也看得到，我们这条件艰苦。我们也没有多少钱，待遇和好的公司相比，肯定是不如它们。能力稍微强一点的，我们也比较满意的人，来这儿后，干了一阵，觉得没前途，就走了。什么

专业不专业的，现在要找一个愿意做的都不容易呀。(CZ－3)

我们也想提高专业化，但是我们就这样的条件，条件好的人他不愿来呀。(CZ－3)

第四，创新能力不够，发展空间不足。农村妇女组织作为一种独特的组织类型，在组织发展上应该发挥自己独有的作用，但其发展思路与发展路径多限于传统，未能充分发挥作为非政府组织的优势，这使其难以拓展新的发展空间。而这一点，现有的农村妇女组织自身还欠缺认识。

三　功能选择两难

农村妇女组织的功能是以服务对象的需求满足和组织目标的实现为评价的重要标准，调查发现，在不少组织的发展过程中，都存在着功能选择困境，突出表现为服务对象的需求与组织目标之间的差异带来的两者难以兼得。在此，我们尝试以同心的发展为例，分析组织在功能选择上的两难问题。

实地调查发现，同心服务对象的需求主要包括：生存方面，购买廉价生活用品、增加幼儿活动场所等；生产方面，挣钱的机会；再生产方面，保健卫生育儿知识、增加幼儿活动场所；个人权益方面，平担照料家庭和子女的责任、结成利益表达的群体组织、生育自由的权利、挑战基于社会性别的劳动分工、参与家庭决策的权利。

如果我们从同心所在社区妇女的感受出发，列出强需求—弱需求，并参考摩塞框架，从组织的目标即改变女性弱势地位的影响出发，[①] 列出重要—非重要需求，结合这两个维度来理解女性的需求，

---

① 马克辛·莫利纽克斯于1985年首次提出实用性和战略性社会性别利益，之后被卡罗琳·摩塞发展成为项目工具并改称为需要。实用性社会性别需要指：如果这些得到满足，那么女人的生活会得到改善而不必改变现存的基于社会性别的分工，如健康生活条件。战略性社会性别需要指：如果这些得到满足，那么现存的男女间不平等的关系就会所有改变，如妇女对自己生活的支配权。参见 Candida Jarch et al.《社会性别分析框架》，社会科学文献出版社2003年版，第18—20页。

如图 5 – 3 所示。

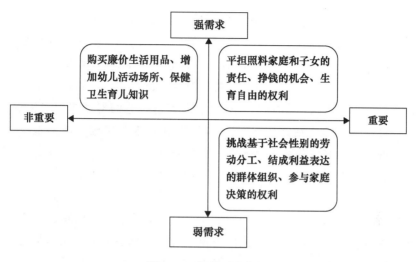

图 5 – 3　妇女需求分析

在重要—非重要轴上的主要为战略性社会性别排序，是以外部组织对女性需求的界定为尺度，在强需求—弱需求轴上的主要是实用性社会性别的排序，是以女性对自我需求的界定为尺度。之所以要对摩塞分析框架进行加工在于，双轴分析框架能够清晰地区分女性自我的需求和服务机构对女性需求的构建，据此可以找到服务的介入点和服务的终极目标，以评价组织功能。

就同心来看，分布在强—重要层面的需求包括平担照料家庭和子女的责任、挣钱的机会、生育自由的权利；分布在强—非重要层面的需求包括购买廉价生活用品、增加幼儿活动场所、保健卫生育儿知识；分布在弱—重要层面的需求包括挑战基于社会性别的劳动分工、结成利益表达的群体组织、参与家庭决策的权利。

为了工作的方便，组织工作的介入一般都是从强需求入手，同心的活动也主要以强需求为导向开展，如开展爱心超市满足购买廉价生活用品的需求、开展妇女儿童活动中心满足增加幼儿活动场所需求、开展育儿知识讲座满足保健卫生育儿知识获取的需求，聘用社区妇女为工作人员满足增加其挣钱机会的需求等。从强需求入手好处在于符合社区妇女的需求，能够让社区尽快地接纳机构，增加参与性，为其长期开展服务打下良好群众基础。

但仅仅开展以强需求为指向的项目是不够的，这是因为一方面有些强需求无法从根本上改变社区妇女的弱势状况，也就是它处在强需求—不重要层面，例如增加幼儿活动娱乐场所，开展文娱活动。另一方面女性可能并没有意识到某些需求对自己的重要性，也就是忽视了处于弱—不重要层面的需求，例如结成利益表达的群体组织。因此，引导社区妇女的"觉醒"，从自我关注的强需求到机构关注的重要需求过渡，是在完成强需求介入之后更为重要的工作。

在同心的发展历程中，我们可以看到这样的努力是如何在潜移默化中进行的。同心是一个开放的机构，常常会有同社区中的妇女的互动如聊天、拜访，女性所关注的话题多为家庭和孩子，组织的工作人员会提到自己的家庭角色和工作角色的统一，如在承担平等的责任和义务的家庭关系下，也能够获得幸福的家庭。在孩子的养育上，重在孩子的培养而不是重在男孩的生育。以爱心超市为例，在项目开展之初，是以节约资源，为社区省钱的口号进入的，这同时也为社区解决了部分就业问题，衣物的运输、整理、消毒、卖出环节为社区妇女提供了挣钱的机会，这些都是在满足社区妇女的强需求导向下开展的。在被社区接纳后，同心以爱心超市为依托，聚集社区积极骨干，定期开会讨论社区事宜，引导社区妇女对自我权益的关注，而超市的全职工作也挑战了妇女专注于家庭的传统观念，迫使男性承担更多的家庭责任。

这种努力也会遇到阻力，如妇女儿童活动中心的宗旨是提高移民社区妇女的参与能力，增强移民社区妇女的主体意识，也就是说是以孩童为介入点，以亲子活动为依托，引导妇女走出家门，开展妇女的工作，构建互助网络。但在日常实践中，活动往往就停留在亲子活动层面，成为一个单纯的儿童活动室，而难以达致妇女工作。考察其原因可以发现，一方面，社区妈妈老师缺乏相关的引导妇女工作技巧与经验，即难以引起社区妇女对于自我权利状况的关注，缺乏引导日常活动向宗旨过渡的专业技巧；另一方面，从社区实际来讲，妇女关注孩子甚于关注自己，带孩童参加活动的需求显然胜过妇女自我发展的需求，将活动中心工作重点由亲子活动转到妇女自身，很可能导致社区妇女参与积极性下降，活动中心的工作也难以为继。

由双轴分析框架出发评价同心希望家园机构的功能，我们可以发现：

其一，同心所开展的活动对应的需求主要集中在"强需求—非重要"层面，购买廉价生活用品需求对应开展爱心超市、增加儿童活动场所需求对应开展妇女儿童活动中心、保健卫生育儿知识需求对应开展知识讲座。就此而言，同心能够最直接地满足社区妇女的强需求，即实用性社会性别战略需求。

其二，抽象的、意识层面上的社会性别意识促进工作较难开展。在从强需求到重要需求的引导上，同心选择的是以社区妇女的物质消费和子女教育问题为媒介，在日常实践活动中推进组织目标的实现。但这种通过物质消费和子女教育为介入点来开展妇女工作的形式成本较大，它会在一定程度上造成组织资源的浪费甚至有可能因为缺乏推进引导造成停留在"强需求"而无法推及"重要需求"的结果，最终导致日常实践和组织宗旨的脱节。尤其是以子女教育为介入开展妇女工作的成本尤为高，甚至开展儿童项目是否引导达至妇女工作是值得商榷的，虽然我们可以说改变一代人最好的办法是改变他们的母亲，但从妇女儿童活动中心的实际工作来看，并不能使女性在自我权利的觉醒上，在反思传统社会性别的问题上有些许进展，而活动室本身也只是使女性找到关注于家庭讨论的联盟。如果说从儿童身上开展妇女活动不容易实现组织目标，或许可以考虑换一种介质，如以丈夫们为介入点是否可行等，这些都是值得继续探讨的。

其三，同心希望家园目前所开展的工作几乎无法撼动妇女对"弱需求—重要"需要的重视，因为基于社会性别的劳动分工，女性有较低的家庭决策权利已成为社区默认的行为守则，同心希望家园以其尚稚嫩的力量无法改造整个社区的观念。而在无法改变社会制度不平等的情况下，同心将"改造"的对象指向承受矛盾的女性本身，这对于个体改造的意义在于鼓励女性反抗丈夫的权利，反抗既有的照顾家庭的角色，破除"准时回家为孩子或丈夫做饭"、"女性挣小钱是零花，男性挣大钱是顾家"等行为观念的应然性。一些社区妇女最终离开了同心,显示出社区骨干也会在这种话语下承受压力,尤其是当她们的家庭也不赞同这种观点时,这种话语易将不平等的存在视为女性个体责任的未完成,这种对于女性个体的要求,不论其是否是进步的观念,但因为忽视或者说是无力改造个体所处的结构性社会大环境,这种开展项目的方式由于可能造成女性最重要的社会支持网络——家庭关系的断裂而遭到女性的抵制,而常常使组织自身陷入发展缓慢和效果反复的境地,无法真正实现引起妇女对"弱需求—重要"需求的关注。

综上可见,同心对于二元体制下的制度身份的压制是无力的,而对于自由资本,同心的工作并不能将女性农民工从自由资本的压榨中解放出来,而只能试图帮助这一社区的妇女更好地适应自由资本所带来的市场化运作,即虽然不能参与游戏规则的制定,但是可以教会她们了解和熟识规则的运作。通过提升社区妇女的资本,参与市场的竞争。对于传统社会性别,与分散居于城市工作地点的农民工不同,位于北京郊区的同心所在社区,不论是从亲属关系的连带性还是从男主外女主内的半生产的家庭结构而言,都更类似于传统乡土社会的延伸,因此传统社会性别对女性的压抑也更显突出。同心并未直接触动社区的社会性别关系,而是通过鼓励社区妇女就业和扎根社区潜移默化的工作手法来影响社区妇女的观念,通过工作创造直接的经济价值来重新审视自己的价值并提升家庭的地位,通过聊天拜访等潜移默化的工作手法提供一种不同于传统社会性别价值观主导下的生活方式以促使社区妇女意识到原有生活方式并非理所当然。但同时又因囿于无法将社区妇女作为一个脱离社会的单独个人来改变而使组织陷入发展的困境。中国的非政府组织力量方兴未艾,而作为妇女非政府组织尤其是农村妇女组织这一特殊身份的组织则注定在工作中面对更多的障碍和困惑需要克服和探索。

第四节 发展趋势

一 从"她组织"到"我组织"

从组织产生与发展的推动力量来看,在早期阶段,农村妇女组织发展的推动力量更多来源于外在，发起组织的更多是强势人群。因此，对于创始人而言，此时建立的组织多是一种"她组织"，即组织并不是为与自己相类似的人而建立的，如北京打工妹之家是一个典型。当然，"她组织"并不仅仅在农村妇女组织发展的早期阶段存在，在后期依然存在，尤其是在城市的流动妇女组织中比较普遍，典型如武展社区打工妹之家以及当前城市中几乎所有的流动妇女之家。就总体而言，早期的组织基本上都是"她组织"。

而随着时间的推移，更多来自弱势群体的农村妇女成为组织的发起者，开始创建"我组织"，即组织是为和自己一样的人群而创建的，典型如同心。农村中的妇女专业合作社、妇女的各种文化娱乐组织也大多数都是由农村妇女所发起的"我组织"。

当越来越多的农村妇女自己创建了组织，这种依靠自身力量建立的组织，在农村妇女组织体系中的数量越来越多，逐渐成为农村妇女组织体系的主体，农村妇女组织的发展才会逐渐走向成熟。这样一种自下而上自我组织起来的新生力量的发展壮大，不仅是非政府组织未来发展的方向，将改变整个妇女组织的格局，而且还会真正赋予农村妇女以组织的力量，使她们能够真正走向平等。

二　从"为她们"到"为我们"

在农村妇女组织的发展过程中，从组织的宗旨来看，组织整体的发展经历了一个从"为了她们到为了我们"的转变。

由于一开始主要是强势人群（主要是非农村的妇女）推动创建了农村妇女组织，因此在开始阶段农村妇女组织的宗旨更多是为了帮助弱势的她们。也就是说，在这一阶段，组织的创始人与工作人员这些核心成员与服务对象之间表现出较大的差异性，非同类，创建组织的目的，更多是为了作为另一类的"她们"，而不是与自己相似的我们。

但随着时间的推移，一方面，早期农村妇女组织的创始人在与服务对象的长期接触中，逐渐建立了亲密的关系和深厚的感情，开始将自己也视为与服务对象一样（尽管事实上两者仍存在着明显的差异），同时开始吸收与服务对象更为相似的人群进入组织，由此组织逐渐建构成为服务对象"我们自己的组织"；另一方面，更多的农村妇女逐渐成长起来，成为农村妇女组织的发起者，开始创建"我们自己的组织"。这就使农村妇女组织体系的发展目标随着时间的推移呈现出明显的从"为了她们"到"为了我们"的转变。

对于早期的农村妇女组织宗旨的转变，从北京打工妹之家的发展中可见一斑。北京打工妹之家的发展，一开始，是比较典型的为了她们而建立的组织，而在后期，组织的转型及发展理念使其在雇用员工、活动方式上都更为强调成为打工妹自己的组织。而自己的组织，实际上，就是为了与自己同类的人群而建立的"我组织"。

透过北京打工妹之家的发展历程，可见随着其服务对象的不断扩大，服务内容的不断丰富，组织逐渐将自己融入了服务的群体中，不再仅仅作为一个为服务对象提供服务的外在于服务对象的"她群体"，而是和服务群体成为一体，构成了"我群体"的一员。而同样由强势群体所创建的武展社区打工妹之家，其发展历程显示，如果不能实现这样一种发展，组织将难以持久，会不断衰亡。

对于后者，可以看到的除了同心的发展，还有大量的草根农村妇女组织。这些草根组织，既包括大量由农村妇女发起建立经济类的农村妇女专业合作社，也包括文化领域、环保领域以及其他领域中的农村妇女文化团体等。

三 从"弱组织"到"强组织"

从弱组织到强组织，首先是农村妇女组织个体的发展路径，最终却体现为农村妇女组织体系的整体发展特征。

从理论上说，任何一个组织都不可能在一开始就是强大的组织。组织的发展有一个从小到大、从弱到强的过程。因而，所有强大的组织都经历过开始时的弱小。但并不是所有的弱小组织都能够成长为强大的组织。一些组织会在发展的过程中因各种原因而被淘汰，还有很多组织因各种原因可能停留在弱小阶段无法壮大。

同样，作为一个新生的组织类型，农村妇女组织体系的发展也有从少到多、从弱到强的过程。这样一个从弱到强的发展过程，也是组织是否能够适应社会的需要，是否能够依据环境的改变而改变的检验过程。如果组织体系不能适应社会的需求，或者不能适应环境的改变，则其不仅不能发展壮大，而且会自然消亡。

　　就组织整体来看，农村妇女组织的力量虽然至今依然不够强大，但从总的发展趋势来说，自 20 世纪 90 年代以来，这一组织类型不仅表现出了实力逐渐增强的特征，而且，这种趋势还将继续延续。就世界范围来看，妇女解放是一个不可阻挡的发展趋势，而妇女的组织既是这一历程的必然条件，亦是这一进程的坚定推动力量。中国尽管在大力推进农村城镇化的发展，但农村妇女在相当长一段时间内仍会有较多的人口数量。置于妇女解放这样一个不可阻挡的大的历史进程中，农村妇女的组织将获得一个较长时期的良好发展环境，进一步发展壮大。

第六章　农村妇女组织的性别

如果将组织视为一个有机体，则其不仅有年龄（即生命周期），还有性别。与个人一样，组织不仅有生理性别，还有社会性别。组织性别是组织分层的重要影响因素，更是社会性别文化建构的核心机制。农村妇女组织的社会性别影响着其发展空间和发展未来。本章着重探讨农村妇女组织的性别及其影响。

第一节　组织的性别及其建构

组织的性别是组织必然具有的基本特质。要探讨农村妇女组织的性别及其社会建构并分析农村妇女组织的发展对于社会性别制度建构的意义，首先必须对组织的性别建立一个分析的框架。

一　组织性别的内涵

早在社会学成立之初，社会就被看作一个有机体。社会学的创始人孔德将社会与生物有机体进行比较，认为社会有机体可以分解为家庭、阶级、种族以及城市与社区，家庭是社会的细胞，阶级和种族是社会的组织，城市与社区是社会的器官。斯宾塞提出了社会有机体理论，指出社会与生物之间具有很多相似之处：两者都在生长、发展着，这不同于无机界；两者规模的增长都意味着复杂性和各部分间区别性的增长；伴随着结构的分化，两者的功能都会发生分化；两者的整体内的各部分都相互依存，一部分的变化会影响到其他部分；两者的整体的每一个部分都可以自成一个小组织；两者的整体的生命被毁灭后，其中部分都还会维持生存一段时间（赫伯特·斯宾塞，1996）。

马克思主义在批判的基础上，将社会有机体视为囊括全部社会生活及其关系的总体性范畴。

不仅社会是一个有机体，每一个组织都可以视为一个有机体，社会与生物之间的相似性用之于组织与生物亦然。事实上，"组织"（organization）一词本来就源自"有机体"（organism）。有机体表示有生命之物。将组织作为一个有机体，即视组织为一个有生命、有意志的存在体，和个体一样，组织这一有机体，不仅有产生、发展与消亡的过程，而且会生病与痊愈，亦有自己的结构，有组织的意识，会产生自己的行为。个人有机体作为一个生物有机体，性别是其一项基本的属性。社会中的芸芸众生，各自尽管不同，在基本特质上却是相同的，如都具有性别。那么组织有性别吗？由于早期的组织研究者都是男性，他们的研究也主要是基于对男性行为的观察。此后，虽然开始有女性学者的加入，但性别问题并没有受到重视，组织在很长的时间中一直被认为是性别中立的。然而，20世纪中后期以来，越来越多的研究显示，组织并不是性别中立的，而是具有突出的男性化倾向。美国社会学家坎特（Kanter）在《公司中的男性与女性》一书中就明确指出，正式的组织结构和非正式的工作场所实践，并不像官僚组织的传统观点认为的性别中立，而是充满了性别化的意义和实践，这种意义与实践既建构了工作中的性别化主体性，也打造了符合特殊性别认同的不同工作规范。由此，在女性集中的女性化职业中，男性往往会成为掌管权力和资源的人，而女性在男性化职业中往往只能充当"门面"的角色（Kanter，1977）。此后，学者们对组织中的性别现象的关注逐渐增多，也尝试从不同角度解释组织中的性别差异。然而，对于组织作为一个实体，其本身是否有性别，如何认识其性别，却一直没有引起学者们的关注。事实上，在组织的早期研究中，组织主要被看作开展工作的场所，是实现特定目标的工具，而很少关注其作为一个实体自身的发展（斯科特、戴维斯，2011）。即使将组织自身作为研究对象，学者们的关注点也主要是组织的权威、合法性、制度等，对其性别意蕴少有关注。虽然组织的类型众多、数量庞大、形态各异、特点不同，它们也并不是真正意义上的生命体，但是，依然可以认为，这些形态各异的组织和个人一样，也是有性别的。组织性别，简言之，即组织作为一个有机体所具有的性别特质与性别倾向。借鉴社会性别理论的观点，可以认为，组织同样具有生理性别与社会性别。

二　组织的生理性别

组织的生理性别即由组织所有成员的生理性别所形成的性别结构中所体现出来的对某一性别的倾向性。与个人不同，个人的性别仅有男女之分，但组织的性别从理论上而言，有组织生理性别为绝对中性的组织，即男女各占50%。尽管只是一个分割点，但是却彰显了组织性别的独特性。据此，组织的性别具有三种常态类型，即男性、中性与女性。

平等是相比较而言的，就单个事物而言，无法讨论平等。两个完全相同的事物，也无法讨论平等。平等概念本身，就是有差异的事物之间的比较。而因为本身是有差异的，因而平等永远只是相对的，而不可能是绝对的。从这个意义上说，相对平衡的组织性别结构亦可以被视为中性。由此，中性的划分是一个难以确定但值得深入探讨的重要问题。

由于相对平衡的划分依据不是固定的，如图6-1所示，中性的两个端点在不同的时空可以适当变化，但依据已有研究，30%是一个非常重要的比例，这一比例也常常被看作考察组织是否存在性别隔离的一个重要标准。如果以此为标准，可以认为，当组织整体中女性比例达到70%以上，女性在这一组织中就占据了主导地位，组织的生理性别可确定为女性；同样，当组织整体中男性比例达到70%以上，男性在组织中就达到了主导优势，组织的生理性别可确定为男性。如果没有任何一个性别在组织中处于主导优势，则组织的生理性别可确定为中性。据此，一个以女性占据绝对主体的组织，其生理性别为女

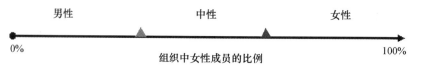

图6-1　组织的生理性别

性;相对地,以男性为主导优势的组织,其生理性别为男性;而如果两者均不占据主导优势,则组织的生理性别为中性。

三 组织的社会性别

组织的社会性别指组织文化上的性别倾向。此处的组织文化是一种广义的文化,既包括组织的物质文化,也包括组织的精神文化,是由组织的价值观、信念、仪式、符号、处事方式等组成的组织特有的文化形象。而且,此处的文化指的是组织的主流文化,即组织中居于主导地位的文化。由此,组织的社会性别指组织的物质文化在整体上所具有的性别倾向与精神文化中为组织大多数成员所认同的文化所具有的性别倾向。简言之,一个组织的主流性别文化是男权文化,则其社会性别可认定为男性;相反,如果其主流性别文化为女权文化,则其社会性别可界定为女性;如果为平权文化,则组织的社会性别可界定为中性。具体来说,如果组织的社会性别为女性,则其组织文化具有女性化特征,其从聘用标准、职业细分、升职机会、薪酬体系等各个方面都对女性更为有利,而且,组织大多数成员对这种女性有利倾向是认同的。而如果组织的社会性别为男性,则其从聘用标准、职业细分、升职机会、薪酬体系等各个方面都对男性更为有利,而且,组织大多数成员认同于这种对男性有利的倾向。

相对于组织的生理性别来说,组织的社会性别要复杂得多,也更不易观察。组织的生理性别可以很轻松地进行判断,它的社会性别判断却是一个复杂的问题。是否组织生理性别为女性,其社会性别也必然是女性?从实地的考察来看,并不必然如此。由此,我们不难发现,组织的生理性别与社会性别出现了不一致的现象,这使它们呈现为不同的类型。

四 组织性别的类型

为了更好地分析不同类型之间的差异,依据组织的特性,我们将生理性别与社会性别三分为男性、女性与中性,由此构成九种类型,如表6-1所示。

表 6 - 1   组织性别的类型

类型		生理性别		
		男性	中性	女性
社会性别	男性	类型 I	类型 II	类型 III
	中性	类型 IV	类型 V	类型 VI
	女性	类型 VII	类型 VIII	类型 IX

由表 6 - 1 可见,从表格的纵向来看,主要是生理性别的分类。生理性别为男性的组织主要有类型 I、类型 IV 与类型 VII;生理性别为中性的则有类型 II、类型 V 与类型 VIII;生理性别为女性的则包括类型 III、类型 VI 与类型 IX。从表格的横向来看,主要是社会性别的分类。社会性别为男性的有类型 I、类型 II 与类型 III;社会性别为中性的有类型 IV、类型 V 与类型 VI;社会性别为女性的有类型 VII、类型 VIII、类型 IX。

对九类组织进一步分析,可以分为两大类,一是社会性别与生理性别相一致的组织,即类型 I、类型 V、类型 IX;一类则是社会性别与生理性别不同的组织,即类型 II、类型 III、类型 IV、类型 VI、类型 VII、类型 VIII。九种不同类型的组织不仅结构不同,组织的内部文化不同,它们所处的环境和面临的问题也不同。

由于社会中男女的比例大致相当,虽然女性的组织化程度低于男性,但是生理性别为男性、女性与中性的组织数量都是不少的。因此,生理性别并不是本书对组织探讨的重点。我们更关注的是组织的社会性别。

社会性别为男性的组织有三类,其中类型 I 包含了绝大多数的政治组织与中高层次的经济组织,它们都是男性占主体,也是男权文化的维护者。类型 II 和 III 则包含了大多数以女性为主体或男女比例大体相当的各类中低层经济组织与社会组织,它们同样认同和维护男权文化。这三类组织是当前中国社会组织的主体。即无论组织的构成如何,当前占主导地位的组织是社会性别为男性的组织。

社会性别为中性组织的虽然是本研究认为的理想类型,即以两性平权为典型特征。它所包含的三类,尽管性别的构成不同,但都赞同两性平等的性别文化。但因其仍是对男权文化的挑战，其占据主导地位，才意味着社会性别的平等。这种社会性别的平等可以在不同的生理性别中存在。但是，最容易在生理性别也为中性的组织中存在。当前最值得特别关注的是生理性别为男性但社会性别为中性的组织类型Ⅳ，它通常是由具有先进的性别文化的男性所发起组成，它也是推动两性平等的重要力量。

理论上说，组织也有生理性别为男性、女性与中性但社会性别为女性的类型，但在当前中国社会，除了生理性别为女性的一些妇女非政府组织其社会性别为女性（即人们常称其为女权主义组织）外，其他两类组织在现实中几乎只是一种形式的存在。但这在女权社会中比较常见。在女权时代，虽然组织化程度低于当代社会，但是其组织无论其生理性别构成如何，认同的主要是女权，因此其社会性别是女性。

五 组织性别与组织分层

由以上分析可见，组织不仅是有性别的，而且和个人一样，有生理性别与社会性别的区别。因此，我们必须摒弃组织是中性的视角，只有这样，才能更深入地认识组织与性别的问题。

仅仅认识到组织的性别分类是不够的，因为如前所述，组织同时也是分层的。虽然社会分层的研究基本上都是以个体为单位进行的，探讨的是在社会的分层结构体系中个体的位置，但如果将不同性别类型的组织放入整个组织的分层结构体系中进行考察，我们可得到图6－2。也就是说，组织性别是组织分层的重要指标。

图6－2显示，就生理性别来看，男性为主体构成的各类组织总体上处于组织分层的上层。这一分层是外显的，由学者们关于性别与组织的研究不多可以获得证实。调查显示，以女性为主的企业其工资水平明显较低，企业的女性比例与其员工的平均工资成反比（蒋永萍，2008）。而对中国社会分层状况的性别分析显示，社会阶层结构存在着明显的性别差异。三个最具优势地位的阶层（控制着组织资源的国家与社会管理者，控制着经济资源的私营企业主以及拥有较多文化资源、经济资源和组织资源的经理人员）都以男性为主，男性约占

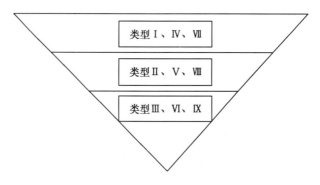

图 6-2 组织的生理性别分层

其中的 3/4；在社会的中间层中，现代中产阶层（专业技术人员和办事人员）男女分布较平均，但其上层（较高等级的专业技术人员和办事人员）中男性比例较高，中下层（较低等级专业技术人员和办事人员）中则女性比例较高，传统中产阶层（个体工商户）中则男性比例高于女性；在社会经济地位较低的阶层，商业服务业人员中男女分布较平均，产业工人中男性比例略高（3/5）；无业失业半失业人员中女性比例远高于男性（女性占 70%—80%）（李春玲，2002）。这虽然是个体的社会分层数据，但由于两性在社会中比例大体相当，如果假定两性都在一定的组织之中，则依据这一分层数据可以推断，同样以组织资源、经济资源与文化资源来进行组织分层，拥有越多资源的组织在社会的分层结构中位置越高，则整体上说，组织中女性的比例越高，组织在社会分层体系中的地位相对越低，以女性为主的组织整体来说在社会分层中处于较低的位置。简言之，生理性别为男性的组织地位最高，生理性别为中性的组织次之，生理性别为女性的组织地位最低。

美国社会学家 R. 柯林斯（Randall Collins，1971）提出了性别分层的概念，并指出，性别分层是社会分层的一部分，而且，性别分层属于从属性分层（Ascriptive stratification）。这与雷·布鲁姆伯格对性别分层和不平等的观点相似。雷·布鲁姆伯格（1984）认为，性别不平等是"嵌套"在不同层次的外部环境之中的。具体表现在男女两性之间的关系是嵌套在家庭之中，家庭又嵌套在社区之中，家庭和社区嵌套在阶级机构之中，而阶级结构又容纳在一个更大的由国家掌控的社会之中。也就是说，现有的性别分层在各个层次都是存在的，并且小的层次是被大的层次嵌套的，从国家、阶级到社区、家庭，都存在着性别分层。

从这个意义上说，女性组织的底层化是性别职业隔离的重要表现，是中间层次的性别分层。然而，近年来西方社会学界虽然逐渐认识到职业性别隔离对性别收入差异的影响并注重其作用机制的研究，国内对这一领域的研究也越来越多，但研究依然主要集中于个体或群体的层面，甚少从组织的角度来探析。那么，妇女组织这样一种生理性别为女性的组织，是否是对男性的性别隔离？答案很显然是否定的。因为组织不仅是性别化的，而且也是阶层化的。以妇女为主体的组织中男性的缺席，不是隔离男性的表现，而是女性被隔离的结果。就整个组织的体系来看，越是高阶层的组织，其女性化的程度就越低。以中国当前的情况来看，整个社会的组织体系，其生理性别无疑是男性。首先，政治组织作为组织阶层体系中的上层，无论是各级最高领导者的性别比例还是整个组织体系工作成员的性别比例，都是男性的。中国妇女参政呈现出典型的三高三少特征：高层领导少、正职少、国家权力的核心部门少；基层、副职以及教育、文化、卫生等传统上属于女性活动范围的部门相对较多。不仅政治组织如此，处于中高层次组织阶层体系的经济组织也是如此。因此，妇女非政府组织的女性化，仅仅说明的是这一组织类型在组织的分层结构中处于底层。因而其并不是对男性隔离的结果，而是被男性隔离的结果。

由图6-3可见，就社会性别分层来看，组织层面占社会主导地位的首先是社会性别为男性的组织，其次是社会性别为中性的组织，社会性别为女性的组织则整体上处于组织分层体系的下层。这一分层虽然没有数据的支持，但是从我国社会依然是一个男权社会，主流文化为男权文化，不难推测组织的性别文化其实就是国家主流的性别文化。组织是为了实现相同目标而形成的，组织目标从何而来？很显然，组织中个体的目标不可能完全相同，那么，共同目标取决于什么呢？无疑取决于组织中的强势群体。而由于组织的资源和权力主要都掌握在男性手上，因此这一强势群体，在当前主要是男性，这就使女性的目标常常被忽略。

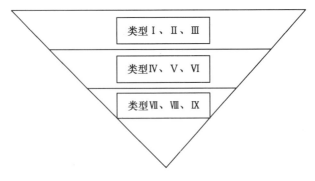

图 6 - 3 组织的社会性别分层

如果将社会性别与生理性别结合起来，同时纳入组织的分层体系中，无疑可以构成更详尽深入的分层体系。但由于其中的关系错综复杂，本书也没有对这些不同类型的组织进行实证考察，因此只能作为值得深入探讨的另一研究主题。

即使如此，我们依然可以推测，从整个组织体系来看，生理性别与社会性别均为男性的组织不仅数量上是最多的，而且其占据的地位也是最高的。其次是生理性别为中性但是社会性别为男性的组织，后面的位次就有些交缠。生理性别与社会性别的不一致让不同类型之间的地位难以简单判断。但在当前男权制的背景下，无疑最为边缘、地位最低的是生理性别与社会性别均为女性的组织。但在整个组织体系中，生理性别为女性的组织本身已经不多，同时社会性别是女性的组织更是微乎其微。

恩格斯曾指出："妇女解放的第一个先决条件就是一切女性重新回到公共的事业中去。"但是，即使女性都回到公共劳动中，如果组织性别分层存在并且男性组织占据着组织的上层，妇女依然无法解放。

从社会性别视角来看，一个理想的社会，规范每个人的权利和义务的基础不再是生理性别，所有的与性别有关的选择，对每个人都是平等的，与人与生俱存的性别之间没有关系（James P. Sterba，1994）。

六　组织性别的建构

如果说组织是有性别的，那么，国家是否有性别？如果有性别，国家是什么性别？国家的性别对两性个体及由个体所组成的组织会产生怎样的影响？如果国家没有性别，那么，国家如何面对性别化的个人与组织？

我们认为，国家事实上也是有性别的，国家的性别同样可以用生理性别与社会性别来分析。国家的生理性别由一国国民的生理性别所决定，在一定的时期，通常是稳定的和难以改变的。在一般情况下，国家的生理性别依据自然规律，通常为中性。国家的社会性别即其性别文化所体现出来的性别倾向性。如果性别文化总体上对男性较为有利，男性在国家中占据着更优势的地位，则其社会性别为男性，反之则为女性。如果两性地位相当，没有性别处于优势地位，则为中性。据此，就目前的中国来说，生理性别为中性，但社会性别为男性。这主要表现在：第一，整个社会，就性别权力来看，是男性主导的。虽然社会转型中，两性的平等有了质的进步，但我国目前依然是一个男权社会，其特点是家庭父权与公共父权相结合。第二，就社会性别文化来看，是有利于男性的。主流的社会性别文化依然赋予男性更高的社会地位、更多的发展机会。第三，就性别关系来看，依然是一种不平等的等级关系：把男性看作尊贵的，把女性看作卑微的，通过剥夺女性的权利来使男性增进自己的利益和资源。

本书关注的是：组织是如何进行社会性别的建构的？它在社会性别的整体建构过程中的角色与地位如何？

组织的社会性别建构贯穿于组织的各个层面，各个环节。如图6-4所示，组织的社会性别建构者包括组织的所有成员，既涉及组织的领导和管理者，也包括组织的一般员工。组织的建构过程从组织的招聘到组织的分工、考核以及选拔等各个环节都会涉及。

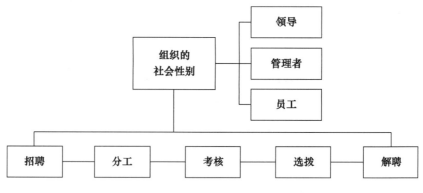

图 6 - 4　组织的社会性别建构

　　组织作为性别建构与重构的重要一环，它在性别的建构与重构过程中占据着极其重要的地位。如图 6 - 5 所示，它承上启下，连接国家与个人。正是组织，将性别层化；也是组织，不断地将性别层化的结果进行强化、巩固或调整。

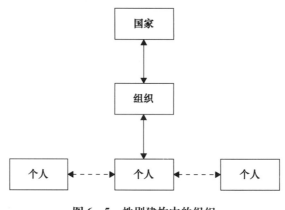

图 6 - 5　性别建构中的组织

　　在前面关于组织性别分层的分析中可见，当前我国的组织体系在性别结构上呈现出明显的男性化特征。也正是这样一个性别结构失衡的组织体系，形塑着个人的社会性别，同时建构着整个国家的性别。只要这种男权的性别建构在不断延续，男女的平等就依然未能真正实现。

第二节　农村妇女组织的性别与
性别的社会建构

基于前述建构的组织性别的分析框架，本节主要试图分析农村妇女组织这样一个组织实体的性别及其在自身的发展过程中有着怎样的影响，同时，尝试揭示农村妇女组织的性别对农村社会性别的建构的影响。

一　农村妇女组织的性别

1. 生理性别：女性

农村妇女组织的生理性别无疑是女性。之所以被称为妇女组织，本身就是基于性别差异而建立的一种特殊的组织类型。

农村妇女组织的生理性别为女性，一方面表现在组织的管理结构上，另一方面表现在组织的服务对象上。就前者而言，组织的性别结构不仅表现为工作人员性别结构以女性为主体，女性工作人员在妇女组织中占据着绝对的多数，而且表现为从整体上看，组织创始人主要为女性、当前负责人的性别主要为女性。对于以服务为主的农村妇女组织，组织的生理性别为女性还表现为其服务对象主要是妇女，因此即使覆盖到服务对象所在的家庭，或者偶尔开展包含两性的活动，但其出发点和最终目标是女性。

农村妇女组织的生理性别为女性，不仅从研究所收集的典型个案来看是如此，从我们收集到其他学者界定为妇女非政府组织的组织数据库文件来看，也是如此。由于生理性别为女性不仅是单一农村妇女组织的结构特征，而且是几乎所有的妇女非政府组织的结构特征，因此由农村妇女组织所构成的组织体系以及由妇女非政府组织所构成的组织系统，其生理性别也是女性。

如果说，生理性别为女性是组织自我的限定和选择，那么，这样一种组织结构对男性意味着什么？换言之，它对男性是封闭的还是开放的？这种生理的女性，是不是性别隔离的结果？

就调查来看，生理性别为女性虽然与农村妇女组织的宗旨有关，正是由于它以女性为服务对象或研究对象，因此工作人员也以女性为主。但从调查来看，大多数农村妇女组织以至于妇女非政府组织在聘用工作人员与开展组织活动中，对男性实际是开放的。组织中男性的缺席，并不是组织对男性的排斥，常常是男性出于理性的选择不进入、不参与。一个妇女专业合作社的负责人明确指出，村里的男人们认为，如果是男性组织了专业合作社，男人们愿意加入，但如果是女性组织的专业合作社，他们就不愿意加入，认为没有面子。某妇联组织的办公室主任是一位男性，在调查中，他坦言自己并不太愿意到妇联工作，但是因为是组织的安排，没办法，"总觉得这不是男人做的事情，每次别人问起工作的单位，都很尴尬，不知道怎么回答别人，别人也很奇怪，说你一个大男人，怎么在妇联工作"（CO－11），并表示一旦有机会，希望调离妇联组织。我们对一些高校妇女研究中心的调查显示，即使是受过高等教育的人群，也是男性对妇女研究的主动隔离。如一个妇女研究中心的工作人员指出的，"我们每次活动，都非常希望有男老师、男同行加入，但是关心妇女问题的（男老师、男同行）很少，每次能够有一两个参与进来就不错了"（CO－8）。而对其中热心参与的男性的访谈显示，即使偶尔参与这样的活动，他们也并不认为自己是做这个方面的研究的，一些男性研究者直言妇女研究只是边缘，自己的研究重心不可能放在这样一个边缘的领域。

组织的女性化结构对组织会产生什么影响？就调查来看，农村妇女组织基于组织宗旨与目标而形成的独特的组织结构，对组织的影响是巨大的。

首先，女性化的组织结构使组织发展形成了女性化的管理模式。学界对性别与组织管理的研究显示，两性的组织管理风格是不同的。组织社会学通过对女性价值观与组织结构之间关系的探讨，将以女性特有的心理观念为基础而建构的组织称为女性化组织，认为女性社会化的方式决定了她们更为偏爱女性化的组织。组织社会学家乔伊斯·露丝查德（Joyce Rothschild）指出，女性化组织在管理上具有六个特征：一是重视组织成员的个人价值；二是非投机性；三是事业成功与否的标志在于为别人提供了多少服务；四是重视员工的成长；五是创造了一种相互关心的社区氛围；六是分享权力（Stephen P. Robbins,

1997）。妇女非政府组织的女性化组织结构，会产生新的具有性别特征的管理模式。这种新的组织管理模式在被调查的组织中已经呈现出雏形，由前面对妇女非政府组织领导的分析可见。

其次，女性化的组织结构创造了女性化的组织文化。当女性是少数群体或弱势群体时，她们常常要屈从于男权的组织文化。一个以女性为主构成的组织，女性不仅是一个多数群体，而且也是其中的强势群体。调查发现，这样的组织不仅更容易发掘和发挥女性的优势，而且常常呈现出一种不同于一般组织的新的组织文化。其中比较突出的一是组织的外在形象更为女性化，让人备感温暖，亲切。如我们考察的多家城市流动妇女组织，机构外观和内部装修所选用的色调大多比较活泼、温馨，暖色调运用更多，在周围众多建筑中呈现出非常明显的不同。二是在组织的管理上，更有人情味，会充分考虑各个下属的不同情况，而且组织之间虽有分工，但领导与员工之间并无森严的界限，在进行调查时，能经常看到组织领导与员工一起开展活动的和谐景象。

最后，女性化的组织结构彰显了性别的不平等问题。由于组织并不是生存于真空中，而是处于现实的社会环境中。这样一种"异类"的组织类型，使环境中的性别歧视从潜问题转化为显问题。由于相当一部分农村妇女组织的组织宗旨凸显出鲜明的性别特色，它们都明确展示了自己的性别理念，多将推进两性平等写入组织的章程，因此，在组织的发展过程中，它们实践自己的目标常常要挑战已有的性别格局，这就使组织面临的问题也具有了突出的性别特征。农村妇女组织是女性的组织，但这些女性，无论是领导还是成员，都不是独立的个人，她们生活于家庭、组织和社会中。如果说透过组织，她们有了一个同性的网络，那么，她们的问题常常来源于这个网络之外，是原有的那些网络中的男性一起构成了她们需要面对的问题，比如暴力、贫困问题等。作为性别的组织，更容易面对性别化的问题。在农村妇女组织的发展中，组织整体致力于解决的是性别不平等问题，但组织的领导、组织成员和服务对象以及组织整体却不得不面对传统性别制度的桎梏。常见的主要有：第一，由于女性被认为具有更多的家庭责任，女性自身也多将家庭视为自己的责任，因此家庭与事业常常成为鱼与熊掌不可兼得。调查显示，大多数女性都坦承面临着或经历过家庭与事业发展的冲突。而且，与男性不同，女性在家庭与事业发展难以兼顾时，常常难以获得家人的支持，也更容易出现自我的愧疚，在冲突激烈时，多选择为家庭牺牲事业。第二，女性事业发展不仅存在着家庭内的性别不平等问题，而且常常要面对社会对其投身事业的不认同，面临沉重的社会压力。第三，在资源的获取上，已有的性别权力结构认同于男权文化，因而妇女非政府组织整体是边缘化的，可获取的资源有限。

2. 性别的组织

女性是与男性相对应的，是性别中的一种分类。因此，妇女非政府组织不仅是女性的组织，也是性别的组织。只是，性别的组织不仅包括女性的组织，还包括男性的组织。广义上说，性别的组织除了包括男性的组织和女性的组织外，还可以包括致力于两性的跨性别组织，只是其不是一般的组织，是关注性别议题，以促进性别平等为己任的组织。

性别的组织，本身也是多元化的、丰富的。理论上说，社会组织的各种划分标准，原则上都可以适用性别组织的细分。如可以依据组织的规模分为大型组织、中型组织和小型组织；可以依据组织的性质分为政治组织、经济组织、文化组织和宗教组织等；也可以依据组织的目标分为营利组织、非营利组织；依据成员的身份来分，可以分为大学生组织、社会大众组织、特定职业组织（如农民工、记者、企业家、医生等）组织、独特身份（如家庭暴力受害者）组织。

性别的组织具有较强的同质性。当运用常见的组织划分的标准来进行组织的研究时，不同类型的性别组织常常被淹没在了浩如烟海的组织群体中。它们与那些非性别组织之间可能存在着共性，但存在着更大的差异。相对而言，尽管性别的组织自身也千差万别，它们以千千万万各不相同的形象活跃在我们的日常生活中，呈现出多样化的形态。其中既有以研究为主的学术型性别组织，也有以社会行动改变和挑战社会性别价值、结构为主的运动型性别组织，还有以提供同性之间相互联系为主的联谊型性别组织和涵括以上各功能的综合型组织以及以集结相关资源、联结各性别组织、整合性别资源为主要目的的联盟或组织平台，但是，这些组织内部的差异远比不上它们与其他组织的差异。

性别组织对于性别的关怀使它们强调改变两性的关系，并致力于建构一个更为合理的性别格局。这种对性别的关注，使它们在组织的宗旨、发展目标、活动对象等各个方面都会融入性别的视角。也正是因为如此，性别组织得以与其他组织相区分。

3. 性别组织与非政府组织

从更广泛的角度来看，无论作为女性组织还是性别组织，农村妇女组织以至妇女非政府组织都只是非政府组织的一个组成部分。那么，这一类型的非政府组织，与其他类型的非政府组织之间是什么关系呢？

妇女非政府组织是国内最早发育的非政府组织类型之一，也是发展最快的非政府组织类型之一。如果从性别的视角来追问，我们会发现，除了具有非政府组织共同的特征之外，妇女非政府组织的发展也具有其独特的一面。从某种意义上说，妇女非政府组织的迅速发展，不能简单归结为女权主义运动的功劳，在一定程度上，它应归功于女性自身的弱小。如果说美国农民问题研究专家詹姆斯·C. 斯科特（2007）的《弱者的武器》一书分析了弱者反抗的武器，在妇女非政府组织的发展中，则可以深刻地感受到弱本身也是一种武器。当认识到妇女是弱势群体，则"弱"也是可以被利用的。因为弱从某种意义上也代表着安全、无威胁。安全和无威胁也即是可以允许存在和发展的。在不确定性较强的环境中，弱所意味着的安全和无威胁更容易获得信任和发展空间。正是因为如此，妇女非政府组织获得了较一般非政府组织宽松的发展空间，迅速发展成为非政府组织的一支重要力量。

不过，尽管性别组织具有较强的独特性，但追踪妇女非政府组织的发展历程，可以发现，这一组织类型在非政府组织发展中也非常具有代表性。它代表了发展较为顺利的一类非政府组织。妇女非政府组织发展最早，发展最为迅速，其发展历程体现出非政府组织发展的一些共同特征：一是发展的路径相似，均在 20 世纪 90 年代后蓬勃发展起来；二是发展的影响因素相似，都受国家政策的影响较大；三是发展的环境相似，发展空间有限，管理体制尚未理顺；四是发展面临的问题相似，自身的能力还不强，社会的认同度不高。这些共同特征也使妇女非政府组织的研究对于非政府组织的研究具有一定的代表性和借鉴意义。

4. 社会性别：男性为主

尽管生理性别为女性，但从社会性别来看，在调查的农村妇女组织中，没有一个强烈主张并坚决实践女权主义，不少农村妇女组织尤其是城市流动妇女组织倡导两性平等，但从创办人或负责人的性别观念和性别意识，组织内部的性别文化和性别制度，组织扩展的组织文化来看，只有少数组织的社会性别为中性，大多数组织的社会性别仍是典型的男性。更多的农村妇女组织尤其是在村的农村妇女组织甚至没有意识到性别的问题，所秉持的是男性主导的传统性别文化。就这个意义上而言，它们仅仅是以农村妇女为主的组织而已，其社会性别实际上是男性。

事实上，不仅是在妇女非政府组织中相对比较传统的农村妇女组织在社会性别上表现出以男性为主的特征，我们对国内不同类型的妇女非政府组织的考察显示，总体来看，妇女非政府组织的社会性别亦以男性最多，中性的次之，只有极少数为女性。因此，不能苛求农村妇女组织，这与农村妇女组织所处的社会环境是紧密联系在一起的。

二 农村妇女组织性别的社会建构

组织的性别是如何建构的？组织的性别建构在整个性别体系的建构过程中，处于什么样的位置，扮演着什么样的角色？

尽管学界早已关注到性别与组织的关系，却较少探讨这一问题。主流的组织理论及实践强调经济活动中的策略、效果和效率，并认为这些是与性别无关的。也就是说，在主流的组织理论与实践中，男女之间的差别是被忽视的。为此，安克尔（Acker）在《性别组织理论》一文中明确指出，男性长期对组织的控制导致了组织理论的男性化：第一，两性分工产生了男女不同的工作类型；第二，创立了男性组织标志与形象；第三，男性与女性的关系是领导与被领导的关系；第四，由于组织内男女分工和机会不均，不同性别应有不同行为和态度的观点逐渐成为心理和思维定式（Acker，1992）。但学者们对组织中两性差异的研究显示，组织中的两性差异是客观存在的。女性无论自身条件如何、她们所持的性别观念如何，在组织中尤其是经济性和政治性组织中，都会受到差别性的对待。这种对待不是针对具体的单个女性的，而是针对女性整体的。

而这种差别性对待背后所隐藏的，其实就是组织的社会性别建构。那么，这样一种社会性别建构是如何实现的呢？安克尔（1992）曾提出的四套性别化的过程较好地解释了这一问题。第一套性别化过程是在组织结构中进行性别分工。性别隔离在工作流程、职位和等级的组合中，以及在招聘、选拔和职业生涯规划等分配过程中得以再生产。第二套性别化过程包括组织文化中男性气质和女性气质的符号表征。符号、形象、规则、惯例和价值观，指引、维持或者有时候挑战性别分类。成规是一种顽固的社会性别形象，对于这一点，那些被误认为是秘书的高级女主管和被误认为是医生的男护士肯定有更深的体会。第三套性别化过程涉及构成组织行为的社会交往过程。性别在各个不同的层次上影响着相互交往，管理者和员工的相互交往、同事之间以及业务员和客户之间的交往都是同性之间或异性之间的交往。第四套也是最后一个性别化过程，是把组织成员的身份看作是性别化了的个体。组织中性别差异的再生产是通过组织成员的身份，通过他们对劳动的性别分工的看法、体验和表达，以及对"适应于性别"的组织行为的期望而实现的。在涉及结构和文化的组织进程与包含互动和认同的个人发展之间存在着复杂的关系。当性别化过程集中在组织的中间层面时，它们意味着为了对性别与组织复杂二元性有更好的理解，分析需要延伸到微观层面的个人以及宏观层面的社会。组织中的性别化过程不是在真空中产生的：很明显，建立性别与组织并非开始于办公室或工厂门口。工作和生活是相互联系的。在劳动力市场上的生理性别区分也是和男女在家庭中的不同责任有关的。个人的动机和野心通过对社会结构状态和机会以及社会预期的感知而被激发起来。

由此可见，组织无时无刻不在进行着社会性别的建构。宏观的性别文化都是通过嵌入个人的组织生活经验来实现对个人的影响的。组织是连接个人的社会性别建构与国家的社会性别建构的桥梁与纽带。正是通过组织，社会性别得以将宏观的性别文化传递给个人，同时将个人进行性别分层，融入整体的社会性别结构。

在此过程中，核心问题在于性别化组织结构的形成和性别化分工体系的构建使两性的差异与组织中权力不平等联系起来。而这一切，却常常被隐藏在组织效率等看似中性化的话语后面，性别的差异被视为正常，性别的不平等也被掩盖了。

三　性别社会建构中的农村妇女组织

（一）无处不在的组织网络

如马克思在《1844 年经济学哲学手稿》中所指出的："任何人之间的直接的、自然的、必然的关系是男女之间的关系。"性别关系是人与人之间最基本的社会关系之一，其影响无处不在。个人作为一个生理性别与社会性别的统一体，其性别统一体是在生而具有的生理性别基础上，在具体的社会关系网络中，透过对组织的性别文化认知与认同，逐渐完成性别社会化的过程。

个人生活在社会关系网络中，但是网络中的每个人并不是平等的，他们因性别、年龄、种族等先赋条件的不同和个人努力等后天的差异，拥有的资源是不同的，所处的社会地位不同，对其他人的影响力也是不同的。从性别来看，在农村社会中，男性在整个社会关系网络中无疑处于更高的地位，拥有更大的权力。这种有差异的性别权力网络，不仅影响着人们的性别认知，而且通过性别认知形塑着人们的性别关系，并实现社会性别关系的再生产。

具体来说，男性主导的社会关系网络，为了维护男性的优势地位，他们通过建构差异化的性别价值，赋予不同的性别不同的价值。这种差异化的性别价值主要表现为男优女劣，即男性是优于女性的性别。从一出生，男性就受到全家的热烈欢迎，被视为家庭的继嗣者，而女性则常常受到冷遇，被认为是别人家的人，赔钱货，不能传宗接代。这种差异化的性别价值在两性成长的过程中不断被其身处的社会关系网络所传递，逐渐成为他们的性别认知，并发展为他们的性别认同。不仅如此，男性主导的社会关系网络还制造了差异化的性别机会，使男性拥有比女性更多的发展机会。首先，男性由于被赋予更高的价值，他们身上常常集中了家庭的资源，无论是受教育的机会，还是创业的资金资源，男性都处于比女性更优越的地位。而女性常常成为家庭中男性发展的牺牲者，不仅年少时多沦为男性的照顾者，常常被剥夺了发展的机会，而且成年后依然要为家庭做奉献并要牺牲自己为男性的发展创造更好的发展机会。正是这样，社会建构了一个男尊女卑、男优女劣的社会性别关系。这种性别关系不断再生产，不仅使女性成为依附于男性的弱势群体，而且不断巩固着男权的国家制度。而本研究所考察的农村妇女，就是在这样一种性别的关系网络中出生、成长、生活。

（二）性别的重构：改变"男性的国家"

要促进性别的平等，根本性的组织变革是必需的，而已有的处方——增加组织中女性的比例和促进两性的融合——是无法改变组织中的性别不平等的（马尔科姆·沃纳主编，2008）。

农村妇女组织的产生与发展对于农村已有的性别结构格局无疑是一个新的因素。因此，考察这一组织类型的发展，可以帮助我们深入地认识性别的重构方向与重构中存在的问题。

在农村妇女组织的产生与发展环境中，是否充满了男权主义的偏见和歧视？答案是肯定的。那么，农村妇女组织的产生与发展，是否有助于改变不平等的社会性别文化，促进男女平等的实现？答案依然是肯定的。

在调查中，我们深刻地感受到了男权主义的偏见与歧视对妇女非政府组织的产生与发展的影响。我们发现，女性精英的组织和女性弱势群体的组织所面对的是不一样的环境。对于女性精英来说，由于她们的发展对男性形成了一种挑战，所以，她们常常遭遇的是玻璃天花板问题。这突出表现为虽然女性获得了进入几乎所有领域的合法权利，但她们进入社会经济地位较高的领域时仍会面临各种各样的障碍。这在妇女从政上表现得格外明显，能够担任高职、正职和重要岗位的女性干部数量极少。而在权力的顶端，新中国建立以来，不仅没有出现过一位女性国家主席或者党的总书记，女性中央政治局常委或者女性总理也没有出现过。女性的最高领导职务是中央政治局委员、国务委员、人大常委会副委员长及国家名誉主席。对于弱势的女性，整个社会尽管给予同情和帮助，但事实上，她们本身就是整个制度的牺牲者。她们或深受暴力的伤害，或因家庭贫困失学，或因家庭负担而离职。这些问题的根源，都与社会的性别文化紧密相关。在组织妇女追求平等的过程中，不仅会被劝导"这是一个家庭问题"、"忍一忍，过几年就好了"，而且会因为"这是家庭内部矛盾"而使女性的权益被漠视、被忽视、被无视。传统的社会性别文化依然是女性追求自由平等的桎梏。

从整体上来看，农村妇女组织及妇女非政府组织具有推动社会性别平等的功能。其功能主要表现在以下几个方面：

第一，传播社会性别意识，促进两性平等观念。无论是政府性较强的妇联组织，还是非政府性更强的新型妇女非政府组织，无论是研究型的妇女非政府组织，还是服务型的或者综合型的妇女非政府组织；无论是面向强势妇女群体的妇女非政府组织，还是面向弱势妇女群体的妇女非政府组织，都将传播先进的性别文化，促进两性平等观念作为组织的一个重要任务。通过公众教育、宣传、培训、专业教学与研究等各种活动，在传播社会性别意识，促进两性平等观念上做了很多工作，取得了一些成效。妇女非政府组织的发展，不仅促进了社会性别的教学与研究，而且借此促进了民众性别意识的觉醒，尤其是女性性别意识的觉醒，这对于女性自身的发展和女性社会地位的提升起到了非常重要的作用。

第二，维护妇女权益，提升妇女社会地位。妇女非政府组织在维护妇女权益、提升妇女社会地位方面开展了大量工作。无论是妇联组织，还是新型妇女非政府组织，都将维护妇女的权益作为组织的重要使命之一。妇女非政府组织通过建立女性就业促进会、反家庭暴力庇护所、贫困女性群体互助合作社、下岗妇女自主创业援助基金等组织，保障妇女的发展权、就业权、保障权、参与权、婚姻家庭权等各种权益，同时结合妇女教育与培训，提升女性的素质，挖掘女性的潜能，提高妇女的社会地位。

第三，支持妇女发展，促进妇女成才。通过加强女性学历教育与职业培训、设立专项项目给予经济支持等方式，妇女非政府组织促进了女性自身能力素质的提升，促进了女性的成才。随着大量的女性接受高等教育，性别关系在一些方面已经发生了改变，但是还有很多的性别不平等在一些当代的组织中仍然存在。横向的性别歧视——男性和女性从事不同的职业，纵向的性别歧视——女性在组织高层位置数量很少，以及一直以来男女之间的工资差异，这些都是典型的组织与性别互相影响的特征。

第四，创造两性平等的社会环境。一方面，以妇联组织为核心，妇女非政府组织用社会性别意识审视公共政策，用社会调研的成果和建议报告影响决策，用联系代表、提出议案等方式推动立法，促进了社会性别主流化，创造了更为平等的社会环境。另一方面，通过开展宣传教育和各种活动，逐步改变了社会大众的性别观念，营造了更为公平的性别文化。

通过以上途径，农村妇女组织和所有的妇女非政府组织一样，正在潜移默化地改变社会的性别文化和性别权力结构，改变"男性的国家"，建构新的性别文化和更为平等的社会。

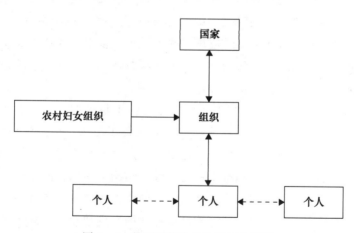

图 6 - 6　性别重构中的农村妇女组织

由图 6 - 6 可见，农村妇女组织的出现，既是一个新的组织类型，也是组织结构的深刻变化。这种变化，会作用于由组织而形成的国家，也会影响构成组织的个人。如果说，农村妇女组织是推动社会性别平等的力量,那么,它的出现,自然在改变组织结构体系的基础上,会推动国家性别制度的变革,也会推动个人的性别概念与性别行为的改变。

由此,社会性别的重构,除了自上而下的推动和自下而上的改变两种路径外,还有一种新的路径,即组织推动的双向路径。严格来说,即使是自上而下的推动和自下而上的改变路径,在实践的过程中也必须经由组织来进行实现。因此,组织的性别文化变化,不仅是社会性别重构的关键,也是重要的外在指标。

当然,由于组织处于国家与社会的中间,它的发展固然在一定程度上会推动国家的改变,却在更大程度上受制于国家的制度环境。因此,组织推动的双向路径面临着独特的困境,即上下两难。正因为如此,农村妇女组织的双向性别重构工作是一个多方博弈的过程。如有人所描述的那样,"如果你为妇女的权益而工作,这可是项进两步(如果你真的很聪明又够幸运的话)退一步的活儿,实际上你经常会倒退两到三步。而具有讽刺意味的是,这倒退的几步往往还是你工作效果的证据:因为这表明你确实对现有权力框架构成了威胁,并且其试图把你推回来。有些时候,即便你取得了一些'成功案例',那也不过是现有权力集团努力适应现实并为阻止更多根本性变革而作出的些微妥协"(Kathambi Kinoti and Sanushka Mudaliar,2009)。这形象地描述了农村妇女组织的博弈过程。

"在宇宙层面上,我们的生命周期是微不足道的,然而正是在我们短暂的生命周期里所有有意义的问题被提了出来。"在整个社会的发展中,个体的性别化人生经历也是微不足道的,但透过个体的性别遭遇与问题,却可以一窥整个社会的性别结构。性别化的社会关系网络是性别社会化的主体,这个社会关系网络具体体现为各种各样的社会组织与社会群体。它为了维护已经存在的性别传统,日复一日地进行着复制、复原性别传统的工作,以稳固它作为无所不在的性别文化的影响力,尤其是在当代这样一个传统性别文化面临严峻挑战的时期。但是,现代性别框架还在不断地萌芽发展,女性性别意识的觉醒、平等话语在不断冲击着男权主义的桎梏,这使整个社会不得不向两性平等的理想靠拢。但接受两性平等就意味着要接受新格局,打破旧体系，这无论对男性还是女性其实都是不容易的，因此，已有的性别关系网络一方面小心翼翼地维护着男性的优越地位，另一方面又强调要促进女性的发展、主张要将社会性别纳入主流，倡导建立两性平等的社会。

性别的男女区分使女性自成一体。但因女性长期处于依附和从属地位，使性别在社会分析中容易被忽略。因此，尽管近年来社会性别的研究成为学术研究的一个热点，但依然未能改变其边缘性。与种族、阶级等更受关注的问题相比，性别不常被作为一个独立的因素来进行考察，而常被视为一个非独立的因素被融入到其他因素中进行附带考察。但事实上，由于性别现象的普遍性和性别内涵的丰富性，性别是一个与种族、阶级一样值得深入研究的问题。虽然目前社会性别主流化已经成为世界性的思潮，但整体来说，中国社会性别主流化的进程并不顺利。中国历史上浓厚的"男尊女卑"观念并不是一朝一夕可以改变的，要将社会性别意识纳入社会发展和决策的主流，实现男女真正意义上的平等，需要一个较长的过程。1995 年联合国第四次世界妇女大会通过的《北京宣言》和《行动纲领》中，中国政府是承诺社会性别意识主流化的 49 个国家之一；同样在 1995 年，中国将男女平等作为促进社会发展的五项基本国策之一；2001 年，妇女发展的目标任务被纳入中国国民经济和社会发展的总体规划。由于社会性别主流化内涵广泛，涵括"在各个领域和各个层面上评估所有有计划的行动（包括立法、政策、方案）对男女双方的不同含义。作为一种策略方法，它使男女双方的关注和经验成为设计、实施、监督和评判政治、经济和社会领域所有政策方案的有机组成部分，从而使男女双方受益均等，不再有不平等发生。纳入主流的最终目标是实现男女平等"（Bureau for Gender Equality，2000：3）。因此社会性别主流化涉及政治、经济、文化、社会等方方面面，覆盖同工同酬、参与决策、资源、暴力、健康、生育、参政、赋权、变革、技巧、教材等各个问题，它的推进意味着已有社会性别文化的重构，社会性别关系格局的重建，是一个系统工程。

由此，作为学术界，其实也同样面临着将社会性别纳入主流的问题。这不仅是学术界的任务，也是当前学术研究发展的需要。就社会学的研究来看，社会性别研究很显然从未成为主流。而深究其原因，不仅是因为性别问题不像腐败问题、贫富分化问题那样对社会具有直接的破坏力，因而常常被视为并非关系国计民生和社会经济发展的重大问题；而且还因为男权社会绝不会主动将性别纳入主流。就整个社会学的学术传统和当前的研究取向来看，如果要赋予其一个性别，其无疑是男性。因而，性别的研究，本质上是对已有男性主导的研究传统的挑战。这种男性主导的研究传统，不仅是传统上研究主体的男性化，更是已经形成并不断再生产着的男性文化在研究中的体现。无论是研究的选题，还是研究已经建构的理论，无不深刻地烙印着男权的文化。这绝不仅仅是社会学的特色，事实上，经济学、政治学等无不如此。因此，性别研究的深入，不仅要将性别问题作为一个社会问题进行研究，而且要作为一个重要的社会问题进行探讨，将性别研究纳入主流。这对于学术研究也是一个发展的契机，它提供了一种新的视角，帮助人类重新认识自己。它并不是妇女的研究，而是一个涵括两性的探讨，需要男女两性的共同参与，需要社会的关注与推动。因此绝不能将性别研究简单化为妇女研究，将性别问题的解决简单等同于增强妇女的权力、提升妇女地位，但针对当前研究的现状，女性确实是问题性的存在，因此，性别研究的推进无疑更需要女性的自觉与努力，需要更多的人思考"如何改造世界，以便结束并超越女性的从属状态和不平等待遇"（Rosaldo & Lamphere，1974）。

第七章　为了更平等的未来

世界是男人的，也是女人的，是男人与女人共有的。两性中离开了任何一方，人类社会都无法发展延续。农村妇女组织的产生与壮大，以及我们对农村妇女组织的研究，都是为了一个共同的目的：创造一个更平等的未来。

第一节　农村妇女组织与农村社会

农村妇女组织是农村妇女的组织，其成长经历的每一步都直接关系着农村妇女的发展，鲜明地展示出农村社会性别文化的演变，折射着农村社会的现代化转型需求。

一　农村妇女组织与农村妇女发展

作为农村妇女的组织，促进农村妇女的发展是培育与发展农村妇女组织的题中应有之义。就世界范围妇女组织的发展状况来看，妇女组织的发展与妇女的发展之间都存在着非常紧密的关系。从本研究对各地区农村妇女组织的考察来看，尽管缺乏权威的统计数据支撑，但实地的调研同样显示，中国农村妇女组织的发展与农村妇女的发展之间亦存在着紧密的关系。无论是农村妇女组织的总量还是经济组织、文化组织或维权组织等某一类型的农村妇女组织发展状况都表明，那些农村妇女组织的数量更多、规模更大、管理更规范的地区，其农村妇女的整体发展状况也更好。

农村妇女组织发展与农村妇女发展之间的高度相关，从我们对农村妇女组织发展的考察来看，与农村妇女组织的发展对农村妇女的发展的促进有着密切的关系。尽管不同类型的农村妇女组织在发展过程中面临着各种各样的问题与挑战,这些组织之间的发展也不平衡,有的发展较好,有的处于停滞状况,有的甚至因各种原因而消亡,但总体而言,农村妇女组织体系的规模和社会影响力在不断发展壮大,而且,其成长壮大为农村妇女的发展提供了有力的支撑,增加了农村妇女发展的资源,从而在一定程度上促进了农村妇女的全面发展。

但从另一方面来看,农村妇女组织发展与农村妇女发展之间的高度相关,亦可能是农村妇女自身的发展状况影响农村妇女组织的发展。本研究对这一部分的揭示不多,但从农村妇女组织的创始人和负责人的访谈和对相关部门工作人员的访谈来看,这可能是影响农村妇女组织发展的一个非常重要的因素。

由此可见,农村妇女组织发展与农村妇女发展之间的关系可能是一种双向关系。两者可能因各自的良性发展而互相促进,也可能因各自的发展不足而相互掣肘。因此,在培育和促进农村妇女组织发展的过程中,必须充分关注当地农村妇女组织发展与农村妇女发展之间的关系状况,打破其恶性循环的链条,形成良性促进的机制。

二 农村妇女组织与农村组织发展

由于长期以来农村人口向城市流动中存在着一定的性别不平衡,一些地区的农村的劳动力呈现出明显的女性化倾向。这种倾向在有些地区或许仅是一个短时期的存在,在有些地区,也可能是一个较长时期的持续。这一特征,虽然会给农村组织的发展带来较大的阻力,因为调查显示,农村妇女的综合素质和组织能力都明显低于男性,这对于组织的发展无疑是不利的,但这一农村组织发展的困难时期,从另一个角度来看,却可能成为农村社会组织发展的一个重要转折点。

传统的农村社会是一个静止的社会,农民们祖祖辈辈在同一地域,过着"生于斯长于斯老于斯死于斯"的生活。在这样一种社会中,由于一个农村家庭的所有成员都在一起,他们依靠家庭的力量可以解决大多数的困难与问题。而一个没有流动或者极少流动的农村社区,村民之间的血缘关系与姻缘关系所形成的天然的互助网络能够较好地解决绝大多数农村家庭自身无法解决的困难与问题。这样一个农村社会，并不需要本书所关注的这样一种现代社会意义上的非政府组织。简言之，正是因为大量的人口流动打破了村落原有的社会结构，改变了村落的互助模式，才使村落的发展陷于无法依托原有组织，又没有建立形成新的组织的困境。

这种困境，也是当前学者们共同担忧的农民组织化问题。不过，对此，本书认为，这种困境也是一个转机。如果没有陷入足够的困境，人们就不会有强烈的组织需求，亦可能不会激发人们强烈的组织意愿。从安徽含山的农村留守妇女互助组的发展中可见，由于大量的农村人口流向城市，农村中的"三八六一九九"部队因为弱小确实陷于困境。为了解决困境，农村的妇女组织起来了，并且，其组织模式迅速地获得了全县、全省直至全国的大力推广。由此可见，这种困境也可能提供一个转机，成为新的组织形态发育的原动力。

三　农村妇女组织与农村社会发展

农村妇女组织的培育与发展是农村社会转型的重要推进力量和保障机制。

如果说，农业的女性化趋势使农村妇女被推上农村社会建设的前台，而农村妇女的弱势使农村的发展处于困境。那么，一旦推动了农村妇女的联合，就会形成农村社会中一种新的力量。这一新的力量不仅会改变村落中原有的性别关系和性别权力结构，而且会进一步改变村落中原有的人际关系和交往方式，重塑村落的性别文化。当农村妇女被逼着走上农村社会的前台，将自己认同并被社会所认同为农村社会的主体，农村妇女就能真正参与到农村的社会发展中。在这种情况下，农村妇女组织的发展也具有了崭新的意义。它将成为农村组织发展的重要力量并由此成为农村社会发展的重要力量。

即使没有出现农业劳动力的女性化，农村妇女也应是农村社会的主体。只是中国长期以来的男性家长制，使女性的力量及其对社会的贡献常常被忽略。当大多数人甚至于农村妇女自身都不认为自己有力量，自己对社会有贡献时，缺失主体性的农村妇女是无法组织的，也无法改变自身的命运。如果忽略了这一点，盲目地尝试借助外力培育农村妇女组织，是很难推动组织的发展进而推动农村社会发展的。

农村社会的性别制度对农村妇女的发展依然是一个桎梏。从某种意义上说，要激发农村妇女的主动性和创造力，必须打破传统社会性别制度的桎梏，建构一个新的两性平等的性别文化。因此，农村妇女组织的发展对女性的支持和改变既是其存在和发展的重要意义和价值，又同时借由这一功能，使农村妇女组织成为农村组织发展和社会发展的重要力量，改变农村传统的性别制度。这同时也可能是当前农村组织发展的必经之路和重要突破点。

值得注意的是，中国农村社会历来对家庭的注重，使家户的平均掩盖了个体的性别不平等。随着流动性的增强和个人意识的萌发，越来越多的女性意识到自己是独立的个体，有着自己个人的利益。正是如此，才出现了众多外嫁女对于个人土地利益的维权。而如果没有形成组织，个人的力量有限，维权常常难以实现。因而，女性的崛起，绝不是个人的发展可以实现的，必须借助于组织发展，改变整体的环境，也即整个社会。事实上，两性平等的内涵是非常丰富的，叶文振（2004）曾将其归纳为男女之间同样的生命意义、同等的生存水平、同量的参与机会、同值的社会回报和同一的舆论评判。要真正实现两性的平等，必须推动整个社会的转型，促进社会的现代化。

第二节　建构平等的性别之网

从组织与环境的关系来看，环境影响甚至决定着组织的发展，组织的发展同时也在不断地选择环境、适应环境并逐渐改变环境。本节依据组织与环境的关系理论，从政府和农村妇女组织两个方面提出了推动农村妇女组织健康发展的对策。

一　政府对策

组织环境对组织的形成、发展和消亡具有重要的影响。当前，如民众所期望的，国家是推动两性平等的最大责任承担者，也是推动社会性别主流化的主导力量。男女平等是我国的基本国策，社会性别主流化是中国政府在 1995 年第四届世界妇女大会上作出的庄严承诺。中国政府也一直在践行自己的承诺，认真执行《北京行动纲领》和

《消除对妇女一切歧视公约》，积极推动联合国千年发展目标在中国的实现，努力在法律、社会资源、发展机会等各方面为妇女提供更好的发展环境。这些举措，有力地促进了中国性别平等和妇女发展。但不可否认的是，性别不平等在我国各个不同领域依然不同程度地存在，推进社会性别主流化任重而道远。因此，政府应致力于将农村妇女组织打造成推动社会性别主流化、促进两性平等的重要力量，从多方面着手，创造良好的环境，促进农村妇女组织的健康发展。

（一）明确角色

由于农村妇女组织是非政府组织的重要组成，农村妇女组织的发展在很大程度上依赖于政府与非政府组织的关系。因此，要促进农村妇女组织的发展，首先必须在理顺政府与非政府组织关系的基础上，明确政府在农村妇女组织发展上的角色。

非政府组织的发展通常被视为与国家相对的社会一极的崛起。从发展的眼光来考察新中国建立以来国家与社会之间的关系，康晓光（1999）认为其可能会经历三个阶段，一是国家对社会实行绝对的全面控制阶段；二是国家与社会合作，但国家处于主导地位，社会团体发挥"第二行政系统"职能阶段；三是在中国共产党的领导下政府主导型改革取得巨大成效，政府成为高效运转的政权组织形式，社会获得充分的自治与发展，社会团体与政府积极合作，建立起具有中国特色的社会合作主义模式。据此，当前我国政府与非政府组织的关系无疑处于第二阶段。

由于政府处于主导地位，因此，政府应对中国当前非政府组织的发展进行全面的调研，了解它们的发展现状，明确其存在的问题，在此基础上，正确地定位非政府组织，理顺自己与非政府组织的关系，明确各自的角色，确定我国对于非政府组织发展的指导思想与基本原则。只有将双方都摆在正确的位置上，才有助于两者建立起互促共进的关系。而从当前的发展现状来看，至少必须认识到，非政府组织不是反政府组织，而是公民社会的组织形式；不是与政府争权的组织，而是帮助政府管理社会的力量；不是接受机构精减人员和离退休人员的政府附属机构，而是承接政府部门社会职能的独立组织。这样，才能为农村妇女组织的发展奠定基础。

就调查来看,农村妇女组织的发展虽然还存在着这样或那样的不足,但其发展整体上来说有助于维护女性的权益,提升女性素质,促进女性发展从而促进两性平等。而作为非政府组织的重要组成部分,它们也较好地发挥了拾遗补阙的作用,促进了我国国家—社会二元体系中社会的发育与成长,有助于政府从全能型政府向精简型政府转变。

由于妇联组织的存在,农村妇女组织是非政府组织中独特的一类。政府应借助于妇联这一准官方的性质,依托其完整的组织体系,在将其转型为非政府组织的同时,将其建设成为农村妇女组织的核心、桥梁和纽带,通过其来完成对农村妇女组织的体系建设。由此,政府在农村妇女组织的发展中占据着主导地位,它的角色主要是培育者、监督者、管理者、支持者和合作者,同时还包括研究者、倡导者等。而农村妇女组织对政府而言,是有益的补充,主要扮演着合作者、竞争者等角色。

(二) 分类管理

在农村妇女组织结构与功能的探讨中,已经很清晰地看到,农村妇女组织内部存在着较大的差异,其发展无论在结构上还是在功能上,都呈现出明显的异质性。因此,政府在对农村妇女组织进行管理时,不仅要加强管理的规范性、科学性,更要注意进行分类管理。

分类管理的基础在于分类。此处的分类,并非指用于科学研究的农村妇女组织分类,而是指为便于政府部门管理,应对农村妇女组织进行分类。我国长期以来,对于非政府组织的管理使用的是层级管理方式,即将非政府组织分为国家级、省级、市级等不同的层级,分别由相应层级的政府部门进行管理。各级在进行管理时,虽会关注非政府组织的类型,但其分类主要是依据组织的活动领域以及所属的类型即社会团体、基金会等的不同来进行规范管理,而很少依据组织的发展与社会发展需求是否一致,组织非政府性的强弱进行管理上的分类。而要有针对性地管理好农村妇女组织,首先在于明确其发展与社会需求是否一致,其是否是一个真正的非政府组织。

如图7-1所示,农村妇女组织发展的理想类型是 A,即社会对其发展具有较高的需求,其自身具有独立性、自主性,是一个真正的非政府组织。这类农村妇女组织目前数量极少，政府对此类组织应重点支持，给予其较大的发展空间。

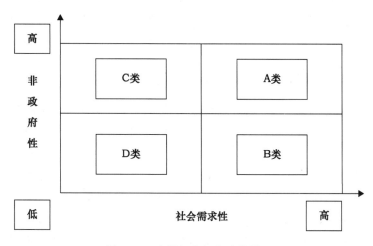

图7-1　农村妇女组织分类管理

妇联组织作为农村妇女组织中独特的一类，因其与政府之间复杂的关系，其非政府性较弱，但它的存在与发展符合社会发展的需要，属于 B 类农村妇女组织。妇联的管理，应厘清与政府的关系，着重推动其从准政府组织向非政府组织转化。

农村妇女组织内部差异很大，应进行细分类。对于发展与社会需求相一致的 A 类与 B 类，应以支持为主。由于 A 类组织不多，更多的组织属于 B 类，其中相当一部分作为妇联组织团体会员存在，与政府关系比较密切，因此可在支持其增强实力、扩大规模、增强影响力的基础上增加组织的独立自主性。C、D 两类，C 类主要是一些对社会发展需求了解不够，组织定位不准确的自下而上建立的农村妇女组织，对此应着重于引导其关注社会需求，准确定位。D 类多挂靠在相关政府部门下，因无法适应社会需求，多已沦为形式性存在，可以通过定期不定期的考核，对没有存在价值的组织进行清理。

（三）强化监督

从调查来看，尽管农村妇女组织的发展主流是好的，但还是有一些组织，尤其是一些草根组织，由于在发展的过程中，国家政策不明朗，当地政府不仅基本上没有给予支持，而且对其常持怀疑态度，致使其发展道路比较曲折，它们对政府也颇有怨言。虽然这些非政府组织绝不是反政府组织，但国家对非政府组织的双重管理机制在实际执行中存在着较大的问题，存在着严重的缺位现象，对非政府组织的实际运行过程缺乏监督管理。还是应加强对各方面的监控，以免这些组织为国外反对势力所利用。此外，由于组织类型不同，一些农村妇女组织的运作与发展理念与党和政府倡导的价值观之间存在一定的差异甚至存在着一些冲突，政府应通过不同的支持策略促进那些与党和国家的核心价值观保持一致的非政府组织，引导和改变有冲突的组织。具体来说，政府对农村妇女组织的监督应从以下四个方面加强。

第一，明确政府监管部门的责任。当前，多元管理主体的设计虽然有分工合作的优势，但分工不明、责任不清却成为其弊端。因此，政府应明确每一部门的具体职责，这样才能真正进行监管。

第二，降低登记注册门槛。当前，由于注册门槛较高，农村妇女组织体系中存在着大量没有在相关部门注册的草根组织。没有进入国家统计管理的范畴，对这些组织的发展状况就难以进行有效监管。国家应在注册资金、人员规模、办公场所等条件上适当降低要求，尤其是对农村地区和不发达地区，只有登记注册的农村妇女组织比例越高，对其的管理才越有效。

第三，加强过程监管。一方面，可通过过程监管加强对非政府组织日常运作情况的了解，监督其活动的开展情况，督促其职能的实现，既避免非政府组织流于形式，也及时发现违规的组织，避免因其越位、错位对社会发展与稳定造成不良的影响；另一方面，可通过过程监管督促非政府组织加强过程管理，规范组织建设，促进组织的发展。

第四，完善监督制度。政府应推动建立包括政府监管、社会公众监管及非政府组织自我监督管理的全方位监管体制。在加强政府监管的基础上，建立完善非政府组织监管制度。一方面，加强社会监督管理，通过制度，要求非政府组织不仅向政府相关部门定期汇报，而且要求非政府组织定期或不定期向公众公开其财务状况、工作计划、组织活动状况、工作总结等，促进社会了解与监督，增强组织的社会监督力度；另一方面，督促非政府组织自身建立起比较完善的监管管理制度，改变内部监管形式化的现象。

（四）改善环境

任何组织的发展都需要一个良好的发展环境。要促进农村妇女组织的发展，政府首先要为非政府组织的整体发展创造一个良好的环境。

非政府组织所处的社会环境有不同的类型，如表7－1所示。四类环境中，就环境的风险性或不确定性来看，1是高风险、高不确定性，这类环境不仅存在着大量的外部环境要素而且各要素异质性强，这些要素还经常变化，难以测量；4是高稳定性，外部环境的要素少而且相似，要素基本上没有变化或者是在缓慢地变化；2和3则居中。

表7－1　　　　　　　　　　　组织所处的环境类型

环境的类型		环境的变化程度	
		大	小
环境的 同质程度	低	1 动态复杂	3 稳定复杂
	高	2 动态简单	4 稳定简单

很显然，当前非政府组织的发展环境整体上属于1，即环境变化的程度大，与此同时，环境的同质程度低。这不仅表现在国家对非政府组织的态度不明确，政策不稳定，而且表现在国家对这一组织类型的规范化程度低，各种影响因素关系错综复杂。因此，要创造一个良好的发展环境，应致力于宏观环境的稳定性和简单化。

具体来说，政府应以法律形式明确非政府组织的性质、职能、宗旨、地位、权利、义务、组织形式、活动的范围、经费来源，明确其成立的必备条件、登记制度与程序以及资本构成，保障非政府组织领导体制、人事制度和机构设置的独立性，使其真正成为产权清晰、权责明确、自我发展、自我约束、完全独立的社会组织。只有这样，非政府组织才能获得一个良好的发展空间，真正承担起其应有的功能。

与此同时，政府应成为非政府组织强有力的支持。政府可通过各种方式为非政府组织提供支持。一方面，政府可以通过购买社会服务、提供税收优惠、设立项目支持等方式对非政府组织的发展进行经济支持，弥补非政府组织普遍存在的经费不足问题；另一方面，政府可以通过加强相关人才培养、培训，尤其是加强社会工作人才队伍的建设，通过建设一支结构合理、素质优良的社会工作人才队伍，为非政府组织的发展提供人才支撑。

从农村妇女组织来看，其组织环境总体来说较一般的非政府组织好，这一方面得益于妇联组织与党政部门之间的关系；另一方面，也是由于农村妇女组织关注的是妇女问题，这个问题不仅因男女平等是基本国策被认为是一个比较重要的问题，而且因女性的弱势被认为是一个不会危及、对抗国家安全和稳定的问题。

针对农村妇女组织发展环境的改善，政府还可以从以下方面采取措施。一方面，推动社会性别的主流化，为妇女及农村妇女组织的发展创造更好的宏观环境；另一方面，加强妇女的教育与培训，提升妇女的社会地位，使妇女自身具备更强的性别意识和能力素质，由此促进农村妇女组织能力的提升。

二 组织对策

在组织与环境的关系中，组织的成长深受环境的影响，但组织也无时无刻不在影响环境。组织不是被动的主体，而是主动的行为单位。因此，农村妇女组织在发展的过程中，不能坐等国家的支持，而必须通过自己的努力，争取国家的支持，证明自己的价值。恩格斯曾鲜明地指出，妇女解放的先决条件是一切女性重新回到公共劳动中去。从某种意义上说，也就是妇女必须加入到家庭之外的社会组织之中，充分展示女性的社会贡献，才能争取并获得解放。

针对农村妇女组织自身的特点与存在的问题，本书认为，应从以下方面加强组织自身能力的建设，促进组织的发展。

（一）回归使命

农村妇女组织尽管类型不同，关注的内容和活动方式不同，但是，它们都是妇女组织。如果没有了其作为妇女组织的独特使命，其作为性别组织的意义将不复存在。因此，回归组织使命，提升组织性别功能，是农村妇女组织发展面临的首要任务。

　　尽管大多数农村妇女组织在成立时都将"推动性别平等"、"促进妇女社会地位的提升"、"提升妇女的性别意识"等作为组织的宗旨与重要目标，但从调查来看，在实际的发展过程中，很少有农村妇女组织能够始终牢记自己作为妇女组织推动两性平等的使命。组织宗旨不明确，这不仅表现在组织的目标人群不明确，更表现为组织的发展路径和发展目标不清晰。即使一些农村妇女组织将组织的宗旨以文字的形式写出来了，但如同一些组织负责人自己所言，"只是形式"。

　　但是，与政府及广大妇女对农村妇女组织的期望相比，农村妇女组织在提升性别平等上的贡献无疑还需要进一步加强。这也是农村妇女组织区别于其他各类组织的独特性所在。如果忽略了组织的性别价值，则其作为妇女组织的特色无法彰显。而且，近年来国际上和我国政府对性别主流化都非常关注，也在此主题下设立了很多项目，这也是妇女组织难得的机会。

　　（二）正确定位

　　正确的定位是组织发展的前提和关键。农村妇女组织只有明确自己的位置，才能找到适合的发展路径，谋划有效的发展策略，实现快速的发展。

　　农村妇女组织不可能无视自身的发展历史盲目定位，更不可能完全脱离自身的发展状况随意定位，只有了解自己的过去与现在，明确自己的优势与不足，才能找到最适合自己的位置。当前中国的农村妇女组织已经初具规模，在社会发展中已经具有一定的社会影响，但各个不同的农村妇女组织的发展状况和目标定位是不同的，因此，农村妇女组织首先必须全面认识自己及整个农村妇女组织体系的发展历史与现状，了解自己的优势与不足。

　　在认识自己的基础上，组织还要分析自身所处的社会环境，明确政府与妇女群体对组织发展的需求。只有明确政府对农村妇女组织的要求，才能处理好与政府之间的关系，获得政府的支持；只有了解妇女群众的需求，才能明晰组织的目标，回应和满足妇女的需求。

　　在认识自身和识别环境的基础上，农村妇女组织应定位组织的发展目标和发展途径。农村妇女组织在定位时要注意几点：一是要明确与坚持组织使命，即组织的成立不是为了追求个人的名利，而是为了促进妇女的发展和两性的平等；二是组织不是政府的附属，更不是政府的对立，应与政府建立起良好的合作关系，共同促进目标的实现；三是组织不是营利的，是非营利的，应着重于创造良好的社会效益；四是组织应具有自己的特色，不能千篇一律，否则就没有了发展的意义与价值。

（三）拓展资源

组织资源是组织运行和发展所必需的各种要素的总称。从调查来看，无论是妇联组织自身还是妇联系统之外的农村妇女组织，在组织资源上均存在着较大的限制。农村妇女组织要进一步发展，必须拓展组织资源。具体来说，应着重加强以下四个方面的组织资源建设。

第一，丰富组织人力资源。人力资源是组织资源的核心。从调查来看，农村妇女组织的规模普遍不大，正式成员极其有限，志愿者的数量也较少。拓展农村妇女组织的人力资源，首先要吸引更多具有共同价值观和公益性目标的妇女加入到组织中，扩大组织的规模。此外，农村妇女组织应加强志愿者的招募和培训，扩大志愿者的规模，同时提升其素质，这可以在极大地降低组织运行成本的基础上，扩大组织的社会影响。尤其要加强高层次女性在农村妇女组织中的参与，借助其专业技能，实现妇女之间的互助。其次，正式组织成员的来源也可以更为广泛。除了专职，可以加强兼职成员的聘请，尤其是可以将一些有热情、认同组织目标的农村妇女研究者或农村相关部门的女性管理者吸引到农村妇女组织的建设中来。

第二，拓展组织资金来源。充足的资金来源是农村妇女组织生存的基础和发展的重要保障。资金来源的多元化不仅可以保障资金的充足性，同时也可以降低对某一资金来源的过分依赖。从国外非政府组织的资金来源来看，民间捐赠、服务收费和政府补贴是最主要的三个渠道。本研究显示，绝大多数农村妇女组织都面临着资金问题，这不仅表现为资金的不足，还表现为资金来源的单一。因此，农村妇女组织必须努力提升自身的筹资能力，尽可能动员一切可能被动员的社会资源，包括向政府、企业、社会公众发动筹集资金、物资或者劳务等，同时要对所筹集的资金进行合理有效的管理、运营和使用，防止有限的资金被滥用或者挪用。民间捐赠是非政府组织独特的收入来源，也是非政府组织与企业及政府机构等相区别的重要标志之一，其中既包括企业、基金会等的捐赠，也包括个人的捐款。这是我国农村妇女组织发展中应重视的一个资金来源。此外，服务收费也是非政府组织获得资金的重要来源之一。农村妇女组织不是营利性的，但这并不表示其不能进行服务收费。适当的服务收费可以使农村妇女组织具有更好的经济条件，吸纳更优秀的人才，设计出更好的项目，从而获得更长足的发展。

第三，充分利用各种信息资源。现代社会是一个信息社会，信息资源对组织的发展具有特别重要的意义。针对农村妇女组织物质资源有限、社会影响不大的现状，农村妇女组织应充分利用各种信息资源，为组织的发展创造良好的条件。首先，农村妇女组织应利用各种渠道，包括出版刊物、印制发放宣传单、建立组织网站等各种方式，帮助外界认识、了解组织的宗旨、目标、活动等各种信息，为组织发展创造良好的环境条件；其次，农村妇女组织应注重收集各种信息，包括政府的需求与政策，服务对象的需求与评价，了解所处环境的变化，为组织制定发展规划、谋求发展提供坚实的基础。

第四，建立广泛的关系资源。组织的关系资源是组织最重要的无形资源，它对组织的社会环境及社会影响起着重要作用。农村妇女组织一方面应建立起同类组织的交流平台，与同类组织之间建立起良好的关系；另一方面，农村妇女组织必须与相关政府部门建立起良好的关系。虽然是非政府组织，但是，并不意味着要与政府划清界限，相反，农村妇女组织与政府部门之间的良好关系对其发展极其重要。此外，农村妇女组织还应与新闻媒体、社区居民等建立良好而广泛的联系。

（四）提升能力

组织的能力提升是组织发展的关键。上述各举措的目标也是为了提升农村妇女组织的能力，只有农村妇女组织自身具有实力，其社会功能才会不断增强，社会影响才能不断扩大。

针对农村妇女组织的能力不足，可以着重从以下几个方面加强。

第一，提升领导者的领导能力。农村妇女组织的创始人多凭着热情创立组织，要使组织健康发展，首先自身要学习组织管理知识，学习先进的管理理念。仅凭热情和热心是无法做好组织管理工作的，必须要具有相应的能力与素质。

第二，提升工作人员的服务能力。要加强组织能力、沟通能力等的训练，在此基础上，应进行组织宗旨的培训，尤其是进行社会性别的培训。只有工作人员认同于先进的性别文化，具有性别平等的意识，才能真正推动组织开展工作中的性别影响。

第三，完善组织结构，增强组织的凝聚力，提升整体的能力。国外女性主义者提倡建立平等、参与、合作的组织结构，她们提出了"全纳"（Gender-Inclusive Feminism）理念。"全纳"不仅意味着包容、接纳和参与的态度与行为，而且强调民主平等和尊重差异的价值取向。这一理念认为，在组织管理中，应充分考虑女性的特点和经验，将家庭、母性、关怀、联结等都纳入组织的考虑范畴，建构一种"女性主义的专业化"。农村妇女组织的能力提升可能是一个长期的过程，组织应有意识地朝着一个有助于两性平等的方向去设定目标并进行努力。此外，组织能力是一个整体，只有组织的成员进行良好的配合，拧成一股绳，才能贯彻组织的宗旨，实现组织的目标，使组织不断发展壮大。

第三节　展望

农村妇女组织的产生与发展使性别平等问题成为一个显问题得以呈现，农村妇女组织壮大的过程，也是两性日趋平等的过程。农村妇女组织不仅是非政府组织的重要组成部分，而且具有自己独特的存在价值，在促进妇女发展和推动两性平等上发挥了重要的作用。

农村妇女组织的发展在微观上改变了很多人的命运，在宏观上逐步改善着传统的社会性别文化与性别制度。但其进一步发展不仅需要政府给予一个更为宽松的环境，更需要农村妇女组织自己准确定位，提升自己的能力。

平等是否等于幸福？很显然两者之间并不能简单划等号。追求平等并非是一句轻松的口号，它包含了极其丰富的内涵，这些内涵不是每一个人都有能力理解和承受的。从某种意义上说，通向幸福的过程常常不是幸福的，甚至可能是痛苦的。两性的平等，也许只有经历这样一个痛苦的过程，才能通向一条新的幸福的康庄大道。而只有无数的个人走过了这样一个过程，整个社会才会形成一个新的环境，两性的平等才会以一种幸福的感受环抱着人们。而这需要我们共同的努力。

参考文献

一 中文文献

1. ［澳］亨利·理查森等：《女人的声音》，郭洪涛译，广西师范大学出版社 2003 年版。

2. ［澳］杰华：《都市里的农家女：性别、流动与社会变迁》，吴小英译，江苏人民出版社 2006 年版。

3. ［法］西蒙娜·德·波伏娃：《第二性》，陶铁柱译，中国书籍出版社 1998 年版，第 309 页。

4. ［加］丽贝卡·J. 库克编著：《妇女的人权：国家和国际的视角》，黄列译，中国社会科学出版社 2001 年版。

5. ［加］伊恩·斯迈利、［英］约翰·黑利：《NGO 领导、策略与管理：理论与操作》，陈玉华译，社会科学文献出版社 2005 年版。

6. ［加］朱爱岚：《中国北方村落的社会性别与权利》，胡玉坤译，江苏人民出版社 2004 年版。

7. ［美］W. 理查德·斯科特、杰拉尔德·F. 戴维斯：《组织理论：理性、自然与开放系统的视角》，高俊山译，中国人民大学出版社 2011 年版。

8. ［美］斯蒂芬·P. 罗宾斯：《组织行为学》，孙建敏、李原等译，中国人民大学出版社 1997 年版。

9. ［美］詹姆斯·C. 斯科特：《弱者的武器》，郑广怀、张敏、何江穗译，凤凰出版传媒集团，译林出版社 2007 年版。

10. ［印］玛尼莎·德赛：《跨国主义：北京世妇会后的女性主义政治面貌》，《国际社会科学》（中文版）2006 年第 2 期。

11. ［英］C. N. 帕金森：《幽默发达学堂》，周庆荣译，河南人民出版社 1991 年版。

12. ﹝英﹞坎迪达·马奇、伊内斯·史密斯、迈阿特伊·穆霍帕德亚：《社会性别分析框架指南》，社会性别意识资源小组译，社会科学文献出版社 2004 年版。

13. ﹝英﹞马尔科姆·沃纳主编：《国际工商管理百科全书》（第 3 卷），中国人民大学出版社 2008 年版。

14. 安瑞娟、屈巍：《中国民间组织发展中现存问题分析》，《哈尔滨商业大学学报》2004 年第 2 期。

15. 蔡禾、吴小平：《社会变迁与职业的性别不平等》，《社会》2005 年第 6 期。

16. 陈向明：《质的研究方法与社会科学研究》，教育科学出版社 2000 年版。

17. 陈秀峰、鲁克雄：《研究型妇女 NGO 在性别平等意识建构中的研究与行动》，《中华女子学院山东分院学报》2010 年第 1 期。

18. 程蹊：《从典型个案看农民个 NGO 的建立——基于海南外来共之家、北京打工妹之家的实证对比分析》，《武汉科技大学学报》（社会科学版）2005 年第 2 期。

19. 大理白族自治州地方志编纂委员会编纂：《大理白族自治州志·卷 3》，云南人民出版社 2001 年版。

20. 大理市文化丛书编辑委员会：《大理市文化志》，云南民族出版社 1996 年版。

21. 邓国胜：《非营利组织评估》，中国社会科学出版社 2001 年版。

22. 邓国胜：《我国 NGO 的变化与发展趋势》，《文汇报》2004 年 2 月 22 日。

23. 第三期中国妇女社会地位调查课题组：《第三期中国妇女社会地位调查主要数据报告》，《妇女研究论丛》2011 年第 6 期。

24. 杜芳琴：《多样与创新——中国民间妇女组织》，《中国妇女报》1999 年 8 月 31 日。

25. 杜芳琴：《现代化与父权制：性别视角的审视——〈父权的式微：江南农村现代化进程中的性别研究〉评介》，《妇女研究论丛》2001 年第 5 期。

26. 高焕清、李琴：《底层妇女与民间妇女组织的整合》，《华中科技大学学报》（社会科学版）2012 年第 1 期。

27. 高小贤、谢丽华主编：《中国妇女 NGO 成长进行时》，金城出版社 2009 年版。

28. 高小贤：《不断扩展的空间——关于陕西省妇女理论、婚姻家庭研究会的个案分析》，《中国妇女报》1999 年 8 月 31 日。

29. 高小贤：《当代中国农村劳动力转移与农业女性化趋势》，《社会学研究》1994 年第 2 期。

30. 郭建梅：《中国民间组织的生存与发展——以北大法学院妇女法律研究与服务中心为例》，《妇女研究论丛》2000 年第 5 期。

31. 郭又新：《"妇女与发展"：印尼的妇女非政府组织》，《东南亚研究》2007 年第 3 期。

32. 郝翔、朱炳祥：《周城文化——中国白族名村的田野调查》，中央民族大学出版社 2001 年版。

33. 何增科：《公民社会与第三部门》，社会科学文献出版社 2000 年版。

34. 何志魁：《互补与和谐——白族母性文化的道德教育功能研究》，广西师范大学出版社 2009 年版。

35. 胡传荣：《国际关系、全球治理和妇女非政府组织》，《妇女研究论丛》2006 年第 5 期。

36. 黄列：《中国妇女非政府组织评述》，网络指导委员会编，孙世彦、威廉·莎巴斯执行主编《中国人权年刊》（第 2 卷 2004 年），社会科学文献出版社 2006 年版。

37. 金耀基：《从传统到现代》，台湾时报文化出版企业股份有限公司 1990 年版。

38. 金一虹：《非农化过程中的农村妇女》，《社会学研究》1998 年第 5 期。

39. 金一虹：《妇联组织：挑战与未来》，《妇女研究论丛》2000 年第 2 期。

40. 金一虹：《妇女组织：回顾与展望——中国妇女组织和国际妇女组织研究研讨会综述》，《妇女研究论丛》2009 年第 5 期。

41. 康晓光：《权力的转移——转型时期中国权力格局的变迁》，浙江人民出版社 1999 年版。

42. 康晓光：《转型时期的中国社团》，《中国青年科技》1999 年第 10 期。

43. 康晓光等：《NGO 与政府合作策略》，社会科学文献出版社 2010 年版。

44. 李春玲：《社会阶层划分与性别因素》，《中国妇女报》2002 年 12 月 24 日。

45. 李春玲：《中国职业性别隔离的现状及变化趋势》，《社会学研究》2009 年第 3 期。

46. 李静之：《试论党的领导、政府支持和妇女解放的关系——兼论妇联和国家的关系》，《妇女研究论丛》2001 年第 2 期。

47. 李莉：《共同体与有机团结：中国妇女 NGO 的组织行为性质探析》，《中华女子学院山东分院学报》2010 年第 1 期。

48. 李睿：《20 世纪 60 年代以来美国妇女政治地位转变的原因再探讨——论妇女组织的核心作用》，硕士学位论文，云南师范大学，2005 年。

49. 李小江：《"妇女解放"质疑：历史与现实》，《女性/性别的学术问题》，山东人民出版社 2005 年版。

50. 李小江：《50 年，我们走到了哪里？——中国妇女解放与发展历程回顾》，《浙江学刊》2001 年第 1 期。

51. 梁巧转、杨喜明、马建欣：《组织中最优性别比例模型研究》，《系统工程理论与实践》2000 年第 8 期。

52. 林春：《国家与市场对妇女的双重作用》，邱仁宗等编《中国妇女与女性主义思想》，中国社会科学出版社 1998 年版。

53. 刘伯红、杜洁：《国际妇女运动和妇女组织》，中国妇女出版社 2008 年版。

54. 刘伯红：《中国妇女非政府组织的发展》，《浙江学刊》2000 年第 4 期。

55. 刘培峰：《社团管理制度的比较分析：从中国的许可等级制度出发》，吴玉章主编《社会团体的法律问题》，社会科学文献出版社

2004 年版。

56. 刘筱红、吴治平：《农村妇女竞选村委会成员的政治环境分析——基于湖北省 S 市的经验》，《华中师范大学学报》（人文社会科学版）2008 年第 5 期。

57. 吕新萍：《本土草根 NGO 发展历程中的张力与挣扎——对一个 NGO 宗旨与使命的日常实践分析》，古学斌等编《实践为本的中国本土社会工作研究》，社会科学文献出版社 2007 年版。

58. 马冬玲：《在促进农村妇女参与村委会选举中推进社会性别平等——妇联组织与民间妇女组织的努力》，《妇女研究论丛》2006 年第 6 期（增）。

59. 马焱：《妇联组织职能定位及其功能的演变轨迹——基于对全国妇联一届至十届章程的分析》，《妇女研究论丛》2009 年第 5 期。

60. 全国妇女联合会、国家统计局：《第二期妇女社会地位调查数据》，《中国妇运》2001 年第 10 期。

61. 尚晓媛编著：《冲击与变革：对外开放中的中国公民社会组织》，中国社会科学出版社 2007 年版。

62. 沈海梅：《国际 NGO 项目与云南妇女发展》，《思想战线》2007 年第 2 期。

63. 苏红：《多重视角下的社会性别观》，上海大学出版社 2004 年版。

64. 孙立平、晋军等：《动员与参与——第三部门募捐机制个案研究》，浙江人民出版社 1999 年版。

65. 孙立平等：《改革以来中国社会结构的变迁》，《中国社会科学》1994 年第 2 期。

66. 孙晓梅编著：《中外妇女运动简明教程》，天津大学出版社 2008 年版。

67. 谭琳主编：《1995—2005 年：中国性别平等与妇女发展报告》，社会科学文献出版社 2006 年版。

68. 田凯：《机会与约束：中国福利制度转型中非营利部门发展的条件分析》，《社会学研究》2003 年第 2 期。

69. 田凯：《组织外形化：非协调约束下的组织运作——一个研究中国慈善组织与政府关系的理论框架》，《社会学研究》2004 年第

4 期。

70. 佟新：《社会性别研究导论》，北京大学出版社 2005 年版。

71. 万江红、张翠娥：《近十年我国民间组织研究综述》，《江汉论坛》2004 年第 8 期。

72. 王凤仙、米晓琳：《NGO 话语与民间妇女组织的自我认同》，《妇女研究论丛》2007 年第 6 期。

73. 王富：《鲁川志稿》，大理白族自治州南诏史研究会编印 2003 年版。

74. 王虎：《马来西亚妇女非政府组织的发展》，《南洋问题研究》2007 年第 3 期。

75. 王杰、张海滨、张志洲主编：《全球治理中的国际非政府组织》，北京大学出版社 2004 年版。

76. 王名：《NGO 及其在扶贫开发中的作用》，《清华大学学报》（哲学社会科学版）2001 年第 1 期。

77. 王名：《民间组织通论》，时事出版社 2004 年版。

78. 王名：《中国 NGO 研究：以个案为中心（2001）》，联合国区域发展中心 2001 年版。

79. 王名等：《中国社团改革：从政府选择到社会选择》，社会科学文献出版社 2001 年版。

80. 王绍光：《多元与统一》，浙江人民出版社 1999 年版。

81. 王小波：《试析中国女性群体的分化与分层》，《妇女研究论丛》2005 年第 5 期。

82. 王颖、折晓叶、孙柄耀：《社会中间层：改革与中国的社团组织》，中国发展出版社 1993 年版。

83. 王政、杜芳琴主编：《社会性别研究选译》，三联书店 1998 年版。

84. 吴新叶：《包容与沟通：执政党与非政府组织的互动关系——一个比较视角的检视与思考》，《南京社会科学》2007 年第 11 期。

85. 吴愈晓、吴晓刚：《我国非农职业的性别隔离研究 1982—2000》，《社会》2008 年第 5 期。

86. 萧新煌：《非营利部门：组织与运作》，巨流图书公司 2000 年版。

87. 谢海定：《中国民间组织的合法性困境》，《法学研究》2004 年第 2 期。

88. 谢莉、毕霞：《女性社会组织在社会管理中的作用研究——以江苏省为例》，《社团管理研究》2012 年第 2 期。

89. 熊瑞梅、周颜玲：《性别化的组织：工厂员工工作聘雇、安排与升迁》，新世纪，新社会，科技、劳动与福利研讨会，台北大学及台湾社会学会合办，2000 年 12 月 21—22 日。

90. 徐宇珊：《浅析妇联与其他妇女组织的关系》，《妇女研究论丛》2004 年第 2 期。

91. 杨炼：《论非政府组织与社会弱势群体的利益表达》，《湖北社会科学》2008 年第 10 期。

92. 杨熊端：《白族老年妇女的"莲池会"研究》，纳张元主编《大理民族文化研究论丛·第 3 辑》，民族出版社 2009 年版。

93. 叶文振、葛学凤、叶妍：《流动妇女的职业发展及其影响因素——以厦门市流动人口为例》，《人口研究》2005 年第 1 期。

94. 叶文振：《男女平等：一个多维的理论建构》，《东南学术》2004 年第 4 期。

95. 叶文振主编：《女性学导论》，厦门大学出版社 2006 年版。

96. 仪缨：《不同的声音——一次别开生面的中国妇女组织研讨会》，《妇女研究论丛》1999 年第 3 期。

97. 仪缨：《当代中国妇女研究组织初探》，《妇女研究论丛》2000 年第 2 期。

98. 俞可平：《治理与善治》，社会科学文献出版社 2000 年版。

99. 俞可平等：《中国公民社会的兴起与治理的变迁》，社会科学文献出版社 2002 年版。

100. 袁北星、康风云：《论社会转型时期妇女组织的职能和作用》，《社会主义研究》2003 年第 5 期。

101. 张翠娥、杨夏玲：《社会性别视角下的农民组织化——基于武汉市新洲区的调查》，《妇女研究论丛》2012 年第 2 期。

102. 张桂华：《关于妇女组织性质与发展的思考》，《长白山学刊》1993 年第 5 期。

103. 张桂华：《关于妇女组织性质与发展的思考》，《长白学刊》1993 年第 5 期。

104. 张洪英：《妇女组织的社会资本和个人资本及其资源动员能力——以"热心大嫂"服务中心为例》，《妇女研究论丛》2003 年第 1 期。

105. 张莹：《社会性别视角应用研究》，知识产权出版社 2007 年版。

106. 张钟汝、程福财：《民间妇女组织的兴起与妇联组织的回应》，《中华女子学院学报》2002 年第 5 期。

107. 张钟汝、吕明霞、李汉琳：《上海民间妇女组织发展状况研究》，《中国妇运》2005 年第 1 期。

108. 张钟汝：《增强民间妇女组织能力　促进社会性别和谐平等》，《上海大学学报》（社会科学版）2006 年第 1 期。

109. 仉乃华：《非政府组织话语及其对中国妇女组织的影响》，《妇女研究论丛》2000 年第 5 期。

110. 赵黎青：《非营利组织与可持续发展》，经济科学出版社 1998 年版。

111. 赵黎青：《非政府组织的扶贫事业》，《中国农村经济》1998 年第 9 期。

112. 中国青少年发展基金会、基金会发展研究委员会编：《处于十字路口的中国社团》，天津人民出版社 2001 年版。

113. 周志忍、陈庆云：《自律与他律：第三部门监督机制个案研究》，浙江人民出版社 1999 年版。

114. 朱考金、刘瑞清、张翠娥：《妇女非政府组织在农村妇女身份建构中的运作分析》，《四川理工学院学报》（社会科学版）2008 年第 5 期。

115. 朱晓明：《中国民间组织生存发展的法律环境研究》，《浙江社会科学》2004 年第 3 期。

116. 祝平燕、夏玉珍主编：《性别社会学》，华中师范大学出版社 2007 年版。

117. 庄平：《非政府组织与妇女发展》，《山东大学学报》（哲学社会科学版）2004 年第 2 期。

118. 左芙蓉：《非政府组织与社会服务——以中国基督教女青年会为例（20 世纪 80 年代至今）》，《华东理工大学学报》（社会科学版）2006 年第 3 期。

二 外文文献

1. Acker, Joan. 1992. Gendering Organizational Theory. In Albert J. Mills and Peta Tancred, *Gendering Organizational Analysis*. Thousand Oaks, CA：Sage Publications, pp. 248 – 260.

2. Akpabio, I. A. 2007. "Women NGO's and the Socio-economic Status of Rural Women in Akwa Ibom State, Nigeria". *Journal of Agriculture & Social Sciences*. 3（1）：1 – 6.

3. Amin, R；Becker, S；Bayes, A.. 1998. "NGO-promoted microcredit programs and women's empowerment in rural Bangladesh：quantitative and qualitative evidence". *Journal of Developing Areas*. 2（32）：221 – 236.

4. Annis, S. 1987. "Can small-scale development be a large-scale policy? The case of Latin America". *World Development*, Volume 15, Supplement 1, Autumn 129 – 134.

5. Barbara Reskin. 1993. "Sex Segregation in Work place", *Annual Review of Sociology*, 19：241 – 270.

6. Bielby, William and James Baron. 1986. "Men and women at work：Sex segregation and statistical discrimination". *American Journal of Sociology*, 91（4）：759 – 799.

7. Bureau for Gender Equality. 2000. ILO：*Gender：A Partnership of Equal*, Geneva.

8. Claudia Goldin. 1990. *Understanding the Gender Gap：An Economic History of American Women*, Oxford：Oxford University Press.

9. Drude, Lenita Freidenvall. 2011. *Constituting Equality：Gender Equality and Comparative Constitutional Law*. Cambridge University Press, 143 – 145.

10. Edward Gross. 1968. "Plus? A Change...? The Sexual Structure of Occupations over Time". *Social Problems*. 16：198 – 208.

11. Edwards, M. ；Hulme, D. 1992. Making a Difference：NGOs and Development in a Changing World, London：Earthscan, Publications,

p. 16.

12. Fatmi, Mohammad N. E. , Kabir, A. , Sabri, Asgar Ali. 1998. *A Case Study of BRAC*, Souu Asian NGO Management Project, Dhaka.

13. Femida Handy and Meenaz Kassam etc. 2006. *Grass-roots NGOs by Women for Women: The Driving Force of Development in India.* Sage Pubilication Inc.

14. Hedayat Allah Nikkhah, etc. 2011. The Effect of Non-Governmental Organizations (NGO)'s Approaches on Women's Empowerment in Shiraz, Iran, krepublishers. com.

15. Ijere. M. O. ; Mbanasor. J. A. 1998. Modern Organization and management of women cooperatives. Owerri: Alphabet Nigeria publishers. International Federation of Agricultural Producers (IFAP), 1992. Towards self-supporting farmers' organizations. Paris: IFAP.

16. Irene Tinker. 1999. "Nongovermental Organizations: An Alternative Power Base for Women?". *Gender Politics in Global Governance.* Edited by Mary K. Meyer and Elizabeth Prugl, Maryland: Rowman & Litterfield Publisher, Inc. pp. 88 – 106.

17. James P. Sterba. 1994. *Feminist Justice and Pursuit of Peace.* Hypatia, Bloomington: Vol. 9, Issue 2.

18. Kanter RM. 1977. *Men and Women of the Corporation.* New York: Basic Books.

19. Karl M. 1995. *Women empowerment: participation and decision-making*, London: Zed Books.

20. Kinoti, Kathambi and Sanushka Mudaliar. 2009. "*The Pitfalls of Monitoring and Evaluation: Do Current Frameworks Really Serve Us?* A Summary of Part I 'Capturing Change in Women's Realities: The Challenges of Monitoring and Evaluating Our Work' a Paper by Srilatha Batliwala and Alexandra Pittman. " http: //www. awid. org/eng/Issues-and-Analysis/Issues-and-Analysis/The-pitfalls-of-monitoring-and-evaluation-Do-current-frameworks-really-serve-us. February 2010.

21. Lorine Swainston Goodwin. 2006. *The Pure Food, Drink and Drug Cru-*

saders, *1879 ~ 1914*, Jefferson, North Carolina and London: McFarland & Com pany, Inc. , Publishers.

22. Maria Charles and David B. Grosky. 1995. "Models for Describing the Underlying Structure of Sex Segregation". *American Journal of Sociology* 100: 931 – 71.

23. Michael Edwards, David Hulme. 1996. *Non-Governmental Organizations: Performance and Accountability*, London: Earthscan Pub. Organizational Theory, edited by Albert J. Mills and Peta Tancred. London: Sage.

24. Oscar E. Anderson, Jr. 1958. *The Health of a Nation: Harvey W. Wiley and the Fight for Pure Food.* Chicago: University of Chicago Press.

25. Rae Lesser Blumberg. 1984. *Ageneral theory of gender stratification. Sociological Theory.* pp. 23 – 101.

26. Richa Nagar, Saraswati Raju. 2003. "*Women, NGOs and the Contradictions of Empowerment and Disempowerment: A Conversation*". Antipode, (1) .

27. Richard Anker. 1998. Gender and Jobs. Sex Segregation of Occupation in the World, Geneva: International Labor Office.

28. Rosaldo, M. Z. and Lamphere, L. (Eds.) .1974. *Women, Culture and Society*, Stanford: Stanford University Press.

29. Ruwanpura K. 2007. "Awareness and action: the ethno-gender dynamics of Sri Lankan NGOs". *Gender, Place and Culture* 14 (3): 317 – 33.

30. Sainsbury, Diane. Gender. 1996. *Equality and Welfare States.* Cambridge University Press.

31. Steinberg. N. 2001. *World federalist movement—Background paper on CONGOs and QUANNGOs AND wild NGOs.* http: //www/wfm. org/ WFMNEWS/wfm pubs. html.

32. Stewart, J. 1978. "Understanding Women in Organizations: Toward a Reconstruction of Organizational Theory". *Administrative Science Quarterly*, 23 (2): 336 – 350.

后　记

　　本书是张翠娥副教授主持的国家社会科学项目"社会性别视角下的妇女非政府组织研究"（07CSH014）、中央高校基本科研业务费专项资金资助项目"农村社会管理的组织基础研究"（2012RW010）与"农村妇女研究中心"培育项目（2013PY048）的重要成果。

　　感谢华中农业大学社会学系钟涨宝教授、万江红教授对本研究的长期支持和课题组成员狄金华副教授、许彩丽副教授等为本研究所做的贡献。华中农业大学社会学系研究生付敏、付佳、董慧、杨夏玲等参与了本研究资料的收集和整理工作，杨政怡、李跃梅等协助进行了书稿的校对，在此一并表示感谢。

　　感谢我的父母、爱人和儿子！没有他们对我的理解和支持，就没有本书。

　　如同女性追求自己的幸福之路往往艰辛而曲折，本书的完成亦是这样一个过程，不是一个终点，仅是一个驿站。

张翠娥于美国威斯康星大学麦迪逊校区

2014 年 5 月 20 日